本书获湘潭大学精品教材立项出版资助

劳动与社会保障法

原理与案例

王霞 著

LABOR AND SOCIAL SECURITY LAW

PRINCIPLE AND CASES

法律出版社 LAW PRESS·CHINA
北京

图书在版编目(CIP)数据

劳动与社会保障法：原理与案例／王霞著. -- 北京：法律出版社，2020(2022.1重印)
ISBN 978-7-5197-4302-4

Ⅰ. ①劳… Ⅱ. ①王… Ⅲ. ①劳动法－中国－教材②社会保障法－中国－教材 Ⅳ. ①D922.5

中国版本图书馆CIP数据核字(2020)第037878号

劳动与社会保障法:原理与案例
LAODONG YU SHEHUI BAOZHANGFA:YUANLI YU ANLI

王 霞 著

策划编辑 陈 妮
责任编辑 陈 妮 贾方武
装帧设计 马 帅 臧晓飞

出版发行 法律出版社
编辑统筹 法治与经济出版分社
责任校对 杨锦华
责任印制 吕亚莉
经 销 新华书店

开本 710毫米×1000毫米 1/16
印张 16 **字数** 300千
版本 2020年7月第1版
印次 2022年1月第2次印刷
印刷 固安华明印业有限公司

地址:北京市丰台区莲花池西里7号(100073)
网址:www.lawpress.com.cn
投稿邮箱:info@lawpress.com.cn
举报盗版邮箱:jbwq@lawpress.com.cn
销售电话:010-83938349
客服电话:010-83938350
咨询电话:010-63939796

书号:ISBN 978-7-5197-4302-4
定价:86.00元
凡购买本社图书,如有印装错误,我社负责退换。电话:010-83938349

前　言

“劳动与社会保障法”不仅是高等院校法学专业的核心课程，同时也是一门与大多数人职业生涯息息相关的实践学科，无论是法学还是非法学专业的学生，都有必要学习这门课程。

本书是在充分考量法学专业与非法学专业学生共性与特性的基础上，以马克思主义工程统编教材为蓝本，以问题为导向，选取司法实践中的高频劳动争议案例所进行的编排。每部分均由“知识背景”“典型案例”“案例分析及法理拓展”“举一反三”等几部分构成，深入浅出，理论联系实际。既能满足法学专业学生在现行理论与制度学习之外的实践拓展需求，又能指导非法学专业学生针对具体问题寻找法律解决方法。

目前，我国劳动与社会保障法的体系较庞杂，除《劳动法》、《劳动合同法》、《劳动争议调解仲裁法》以及《工伤保险条例》等重要的法律法规之外，还有一系列法律、法规、司法解释、部门规章及司法意见在具体的劳动关系实践中产生作用。通过透彻分析各层级的法律制度在司法案例中的具体适用，学生能真切感知立法背后的社会关系的真实样貌，理解立法目的，从而更准确地把握法律适用的方向。

需要特别强调的是，本书既可以独立使用，也可以作为湖南省普通高等学校省级精品在线课程“劳动与社会保障法：原理与案例”的配套教程，是作者多年探索的教学改革成果的一部分。在内容上，本书涉及的知识与在线课程的专题配套；在体系上，本书每一节“举一反三”部分提出的思考题，都能在该在线课程中找到明确答案，做到在线课程与教材的深度融合。

课程开放平台：

1. 中国大学 MOOC（慕课）_国家精品课程在线学习平台　https://www.icourse163.org/

2. 智慧树在线教育_全球大型的学分课程运营服务平台　https://www.zhihuishu.com/

王　霞

2020 年 1 月 6 日

本书所涉主要法律、法规、司法解释简称

1. 最高人民法院《关于审理劳动争议案件适用法律若干问题的解释》简称《劳动法司法解释(一)》

2. 最高人民法院《关于审理劳动争议案件适用法律若干问题的解释(二)》简称《劳动法司法解释(二)》

3. 最高人民法院《关于审理劳动争议案件适用法律若干问题的解释(三)》简称《劳动法司法解释(三)》

4. 最高人民法院《关于审理劳动争议案件适用法律若干问题的解释(四)》简称《劳动法司法解释(四)》

5. 原劳动和社会保障部《关于确立劳动关系有关事项的通知》简称原劳动和社会保障部《通知》

6. 原劳动部《关于贯彻执行〈中华人民共和国劳动法〉若干问题的意见》简称原劳动部《意见》

目　录

第二章
劳动合同

第三章
劳动基准

第四章
劳动争议处理

第五章
社会保障

第一章　劳动关系

第一节　劳动法的调整对象

一、知识背景

法的调整对象,是指法所调整的能够体现为意志关系的具体社会关系。劳动法的调整对象,是指劳动法所调整的社会关系。具体而言,劳动法的调整对象包括两类:一类是劳动关系;另一类是与劳动关系密切联系的其他社会关系。

(一)劳动关系

在劳动法的两类调整对象中,劳动关系是其中最核心的部分。劳动关系是劳动者与用人单位之间在实现社会化劳动的过程中产生的社会关系,对劳动关系的认识是一切劳动法问题的起点。实务中,任何劳动争议的解决,都以认定劳动关系为前提。然而,在实践中,用人单位与劳动者常常在劳动关系是否存在这个问题上发生争议,甚至不同仲裁机构、不同法院在这个问题上也会产生分歧,因此有必要对劳动关系认定的标准有较清晰的认识。

总体而言,认定劳动关系,主要考虑两个标准。第一个标准是主体标准。其一,劳动关系的构成必须一方是单位、一方是自然人。其二,从用人单位的角度来看,主体标准要求用人单位具有用工资质;我国劳动法关于用人单位主体资格的认定标准,是有关机关的审批或登记,经批准或登记设立的法人、非法人组织、个体工商户等依法取得用人单位主体资格,享有用工权利。从劳动者的角度来看,主体标准对劳动者提出了两个方面的要求:一是年龄要求,除国家另有规定外,劳动者必须年满 16 周岁,因此,在一般情况下,未满 16 周岁的未成年人不能与用人单位建立劳动关系。二是自由度要求。也就是说,劳动者应当能够自由支配自己的劳动力。例如,学生在校学习过程中受制于学校规章制度的管理,即使已经达到法定就业年龄,其也无法自由支配自己的劳动力,因此,原劳动与社会保障部规定,在校学生利用业余时间勤工俭学不视为就业,不建立劳动关系。

仅有主体标准并不能让我们快速地认定劳动关系,因为主体标准并不是判断劳动关系的唯一标准。在符合主体标准之后,在界定劳动关系时还需要同时考虑第二个标准,理论上叫作从属性标准。

原劳动和社会保障部《通知》规定,如果符合下列要求,应当认定为劳动关系:用人单位依法制定的各项劳动规章制度适用于劳动者,劳动者接受用人单位的劳动管理;劳动者从事用人单位安排的有报酬的劳动;劳动者提供的劳动是用人单位业务的组成部分。由此可见,从属性标准指的是用人单位对劳动者进行管理与保护,劳动者接受用人单位的管理与保护的一种人身依附关系。

(二)与劳动关系密切联系的其他社会关系

劳动法调整对象的第二个部分是"与劳动关系密切联系的其他社会关系"。这类社会关系主要表现为以下形式:第一,劳动关系产生的前提性社会关系,如就业培训关系、职业介绍关系等;第二,劳动关系运行后的结果类社会关系,如养老、工伤、医疗、失业等各类社会保险中的社会关系;第三,与劳动关系的产生、变更、消灭等存在牵连的社会关系,如集体协商、劳动监察、争议处理等过程中产生的社会关系。这些社会关系都围绕劳动关系展开,如果没有劳动关系,这些社会关系也将成为无源之水,并没有存在的意义,而反过来说,在劳动关系运行的过程中,这些社会关系的存在又是必不可少的,因此,他们也成为劳动法重要的调整对象。

在劳动法的调整对象中,劳动关系是最核心、最复杂的关系,实践中,对于劳动关系的认定极易发生争议,因此有必要重点对该问题展开分析。

二、典型案例

(一)案情简介[①]

徐某于2014年9月5日入职S公司,工作岗位是食堂面点师。徐某每月基本工资2000元,另有岗位工资和加班费。S公司为徐某缴纳了2014年9月至2015年2月的社会保险。2016年9月11日S公司(甲方)与徐某(乙方)签订《劳务协议书》,协议约定:根据甲方需要,现接收乙方为我公司劳务人员,工作岗位为食堂面点师;乙方必须遵守公司的各项规章制度和条例,注意生产安全,如有违纪行为应按相关规定处理,情节严重的,结束双方的劳务关系;乙方在甲方工作期间,甲方不承担劳务费之外的其他任何费用等;本协议有效期为1年。合同履行期间,S公司通过银行转账方式给徐某发放2016年10月工资3176元、2016年11月工资3691.09元、2016年12月工资3350元、2017年1月工资3350元、2017年2月工资2828元、2017年3月工资3176元、2017年4月工资3176元、2017年5月工资3350元、2017年6月工资3002元、2017年7月工资3350元、2017年8月工资3523.28元、2017年9月工资3176元。徐某离职前12个月的平均工资3262.36元。2017年9月30日,S公司口头通知徐某终止合同,从2017年10月1日开始不用上班。

2017年12月7日,徐某向北京市昌平区劳动人事争议仲裁委员会提起仲裁,请求确认双方自2014年9月5日至2017年9月30日存在劳动关系等三项诉讼请求。2018

① 参见(2018)京01民终5998号。

年3月6日,北京市昌平区劳动人事争议仲裁委员会作出裁决,确认徐某与S公司于2014年9月5日至2017年9月30日存在劳动关系,S公司不服裁决结果,诉至法院,徐某未提起诉讼。

(二)争议焦点

徐某与S公司之间是劳务关系还是劳动关系?

(三)一审法院审理与裁判

说理:在认定用人单位与劳动者之间具有劳动关系时,可考虑下列因素:(1)用人单位和劳动者符合法律、法规规定的主体资格;(2)用人单位依法制定的各项规章制度适用于劳动者,劳动者受用人单位的劳动管理,从事用人单位安排的有报酬的劳动;(3)劳动者提供的劳动是用人单位工作的组成部分。第一,本案S公司虽主张与徐某存在劳务关系并提交了《劳务协议书》复印件,但其未提交徐某与其他用人单位存在劳动关系的相关证据以佐证协议相关内容的真实性,双方事实上并未形成兼职关系。第二,徐某需遵守S公司的规章制度,按照其要求在指定的时间、地点进行工作,S公司为徐某从事的工作提供相应的工作条件,且该工作较为长期、固定,S公司为此支付费用也与工资支付周期相同。第三,徐某为S公司工作,接受其管理,非从事独立业务或经营活动。第四,S公司为徐某缴纳了2014年9月至2015年2月的社会保险。通过综合分析劳务协议书及双方庭审陈述,法院认为双方存在劳动关系。故对于S公司提出的双方建立的系劳务关系,不应受劳动法律、法规调整,双方存在劳动关系无效,双方自2014年9月5日至2017年9月30日存在劳务关系的诉讼请求,法院不予支持。

判决:S公司与徐某自2014年9月5日至2017年9月30日存在劳动关系。

(四)二审法院审理及裁判

说理:第一,根据查明的事实,S公司与徐某均符合法律、法规规定的确立劳动关系的主体资格。第二,S公司为徐某完成工作提供相应条件,并指定工作时间、地点,且公司通过银行转账方式连续每月向徐某发放一定款项,数额相对固定,符合工资发放特征。第三,S公司还为徐某缴纳了2014年9月至2015年2月的社会保险。S公司虽主张双方为劳务关系,并提供《劳务协议书》,但《劳务协议书》载明:"乙方(徐某)必须遵守公司的各项规章制度和条例……如有违纪行为应按相关规定处理……"据此可知,徐某需遵守S公司的规章制度,接受其管理。法院认为双方实际上确立了劳动关系。S公司主张双方存在劳务关系的上诉理由不能成立,法院不予支持。

判决:驳回上诉,维持原判。

三、案例分析及法理拓展

(一)劳动关系的认定标准

从上述案例可以看出,劳动关系的认定过程中,主体资格的确认是前提,从属性的认定是重点。一审、二审法院都首先考察"用人单位与劳动者是否符合法律、法规规定的主体资格",其次查明二者之间是否具备从属关系,法院从徐某需遵守S公司的规章制度,按照其要求在指定的时间、地点进行工作,接受其管理,非从事独立业务或经营活动等方面考察了二者之间的管理与被管理关系;同时,法院又从S公司为徐某从事的工作提供相应的工作条件,且该工作较为长期、固定,S公司为此支付费用也与工资支付周期相同,S公司为徐某缴纳社会保险等方面分析了二者之间的保护与被保护的关系,由此可见,实践中对于劳动关系的认定,始终是围绕主体标准与从属性标准展开的。

(二)认定劳动关系的证据

根据原劳动和社会保障部《通知》第2条的规定,用人单位未与劳动者签订劳动合同,认定双方存在劳动关系时可参照下列凭证:工资支付凭证或记录(职工工资发放花名册)、缴纳各项社会保险费的记录;用人单位向劳动者发放的"工作证""服务证"等能够证明身份的证件;劳动者填写的用人单位招工招聘"登记表""报名表"等招用记录;考勤记录;其他劳动者的证言等。这一规定可以看作对劳动关系认定证据的建议性规定,也就是说,原劳动和社会保障部《通知》中所列举的这些凭证,可以作为认定劳动关系的证据材料加以使用,但是这一规定并未排除其他证据在认定劳动关系中的效力。同时,这些凭证具体的证明能力与证明力,仍然应按照证据规则进行评价,在具体案件中,当事人对自己提出的诉讼请求所依据的事实有责任提供证据加以证明。没有证据或者证据不足以证明当事人的主张的,由负有举证责任的当事人承担不利后果。在本案中,S公司虽主张与徐某存在劳务关系并提交了《劳务协议书》复印件,但其未提交徐某与其他用人单位存在劳动关系的相关证据以佐证协议相关内容的真实性,双方事实上并未形成兼职关系,因此仅有《劳务协议书》并不能排除双方之间劳动关系的存在,相反,在该协议书中明确规定:"乙方(徐某)必须遵守公司的各项规章制度和条例……如有违纪行为应按相关规定处理……"的内容,正好证明了二者管理关系的存在,在公司无法提出更具优势证据的情况下,该证据具有较强的证明力。

(三)合同名称对劳动关系认定的影响

劳动合同是劳动者与用人单位确立劳动关系、明确双方权利和义务的协议,合同的属性应由合同内容决定,合同名称只能作为参考因素。在本案中,双方签订的《劳务协议书》虽然名称将合同属性确定为"劳务合同",但是在合同内容中却明确了双方从属关系的条款。劳务合同是当事人各方在平等协商的情况下达成的,就某一项劳务以及劳务成果所达成的协议。劳动合同关系与劳务合同关系存在以下区别:其一,劳动关系的主体只能一方是用人单位、一方是劳动者,而劳务关系的主体并没有特定要求;其二,劳动关系双方兼具财产和人身双重属性,而劳务关系双方主要体现为财产关系;其三,劳动关系强调用人单位对劳动者的劳动过程的管理与控制,而劳务关系双方更重视劳动成果的交付,双方并不存在明显的从属性。实务中常常与劳动关系发生混淆的社会关系就是劳务关系,在本案中,S公司以《劳务协议书》为证据,试图证明双方的关系是劳务关系,以逃避用人单位在劳动关系中所应当履行的各项义务及相应的法律责任,本案主要体现为向徐某支付解除劳动关系的经济补偿金等责任。然而,一审、二审法院并未简单地按照合同的名称确定双方社会关系的性质,而是在根据双方所提供的证据所证明的事实基础上,分析了双方当事人之间的从属性,并由此认定双方存在劳动关系,这种分析的思路完全符合劳动关系认定规则。

当然,社会生活是纷繁复杂的,实践中劳动关系的认定远没有我们想象的那么简单。但是,只要我们掌握了以上两个劳动关系的根本属性,在分析具体案例时,都能做到游刃有余。

四、举一反三

案例一:20岁的李某在某超市上班,每天工作8小时,每月工资3000元,工作任务是前台收银,超市对其劳动过程进行管理,二者签订了《劳务合同书》。

案例二:某公司想要制作一批工作服,与30周岁的裁缝小明签订了工作服订做合同,合同约定小明月底按要求向公司交付成品,公司检查质量后按照约定支付对价。

结合本节内容,分析案例一、案例二中的单位与劳动者之间是否构成劳动关系?

第二节 用工主体责任与劳动关系

一、知识背景

用工主体责任指的是用工单位违法将工程或业务转包、分包给不具有用工主体资格的主体时,对该主体雇用的劳动者所承担的基于用工行为而产生的相关责任。原劳动和社会保障部《通知》第4条规定:“建筑施工、矿山企业等用人单位将工程(业务)或经营权发包给不具备用工主体资格的组织或自然人,对该组织或自然人招用的劳动者,由具备用工主体资格的发包方承担用工主体责任。”人力资源和社会保障部《关于执行〈工伤保险条例〉若干问题的意见》第7条规定:“具备用工主体资格的承包单位违反法律、法规规定,将承包业务转包、分包给不具备用工主体资格的组织或者自然人,该组织或者自然人招用的劳动者从事承包业务时因工伤亡的,由该具备用工主体资格的承包单位承担用人单位依法应承担的工伤保险责任。”最高人民法院《关于审理工伤保险行政案件若干问题的规定》第3条第4项规定:“用工单位违反法律、法规规定将承包业务转包给不具备用工主体资格的组织或者自然人,该组织或者自然人聘用的职工从事承包业务时因工伤亡的,用工单位为承担工伤保险责任的单位。”虽然这些规范性文件或司法解释规定了用工主体责任,但是实践中对于用工主体责任的承担是否意味着劳动关系的存在这一问题存在争议。换句话说,用工主体责任与劳动关系之间到底是何种关系?有学者认为用工主体责任是基于劳动关系产生的责任;但另有学者认为应将用工主体责任视为独立于劳动关系之外的一种特殊责任。

二、典型案例

(一)案情简介①

X电力工程建设有限公司(以下简称X电建公司)从河北省送变电工程公司承包工程,后X电建公司将位于河北省邢台县区域内的榆横－潍坊1000千伏特高压变流线路工程输变电工程基础施工工作分包给袁某,袁某雇用殷某架设高压线,2016年10月12日殷某在架设高压线施工期间因钢丝吊绳脱落受伤。

2016年10月28日邢台县劳动人事争议调解仲裁委员会作出仲裁裁决,裁定X电建公司与殷某之间存在劳动关系,由X电建公司承担殷某的用工主体责任。X电建公司不服仲裁裁决,诉至法院。

(二)争议焦点

X电建公司与殷某之间是否存在劳动关系?

(三)一审法院审理与裁判

说理:判断用人单位与劳动者之间是否存在劳动关系,不能仅从劳动者提供的劳动内容来衡量,而是应当从该劳动者在提供劳动力服务时,双方达成的合意内容,并结合双方之间在劳动关系的人格上、经济上、组织上是否具有从属性来分析。在本案中当事人提供的证据不能证明其存在劳动关系,并且,承担用工主体责任并不等同于劳动关系的成立。殷某依据原劳动和社会保障部《通知》第4条的规定,主张X电建公司应当承担主体用工责任,并确认存在劳动关系。但劳动关系和承担用工主体责任是两个不同的概念,原劳动和社会保障部《通知》第4条规定的承担用工主体责任并非确认双方存在劳动关系,该条款是对劳动者的特殊保护,是一种替代责任的规定,是基于对用人单

---

① 参见(2016)冀0521民初1634号。

位将风险转嫁的救济措施。由发包方承担用工主体责任仅仅是规定法律责任的条款,即规定的是一种法律后果的承担,并不是界定劳动关系是否构成的法律条款,也非确认劳动者与发包方之间劳动关系的存在。故X电建公司要求确认其与殷某不存在劳动关系的诉讼请求,符合法律规定,法院予以支持。X电建公司要求不承担殷某用工主体责任的请求,法院未予支持。

判决:原告与被告之间不存在劳动关系,原告应承担被告的用工主体责任。

(四)二审法院审理及判决

说理:法院认为,因劳动关系和承担用工主体责任是两个不同的概念,承担用工主体责任并不等同于劳动关系的成立。现有证据不能证实被上诉人殷某与上诉人X电建公司之间存在建立劳动关系的合意,也不能证实殷某受该公司的劳动管理、从事该公司安排的有报酬的劳动等情形,故双方不存在劳动关系。因X电建公司在本案起诉时,提出了确认与殷某之间不存在劳动关系以及该公司不应承担殷某用工主体责任两项请求,故原审法院依据相关规定作出原审判决,并无不妥。

判决:驳回上诉,维持原判。

三、案例分析及法理拓展

(一)用工主体责任制度的目的

劳动关系的认定与用工主体责任的确定是基于两种不同的立法目的而建立的两个不同的规则,劳动关系的认定是为了在用人单位与劳动者之间确定一种恒定的、系统性的社会关系;一旦确认劳动关系,二者之间就会构建起一套系统的权利、义务和责任系统。但是用工主体责任仅仅是特殊情况下对劳动关系理论的一种拓展,是为了有针对性地保护非法转包中受害者利益的特殊制度。通常认为,用工主体责任制度的目的是保护在建筑施工、矿山企业两个行业中,用人单位将工程(业务)或经营权违法发包给不具备用工主体资格的组织或自然人,承包方随意招用的劳动者的权益而设定的一种制度。如果将该责任扩大理解为用人单位的系统性责任,则不仅违反了劳动关系认定的一般规则,而且也会使真实的雇主摆脱应承担的责任,造成新的失衡。

(二)承担用工主体责任的单位与劳动者之间是否一定存在劳动关系?

承担用工主体责任的单位与劳动者之间是否一定存在劳动关系,理论界对此存在争议,主要分为两种观点:一是肯定说,认为劳动者与发包方之间存在劳动关系,发包方违法分包对劳动者造成损害时,其承担的“用工主体责任”就是用人单位责任。[1] 二是

---

① 参见蒋晟:《发包单位将经营权承包给无资质的自然人是否应承担用工主体责任?》,载《人事天地》2010年第25期。

否定说，认为劳动者与发包方之间不存在劳动关系，双方之间不符合劳动关系的法律特征，劳动者系承包方招用，与发包方之间并无直接关系，“用工主体责任”是一种为了保护劳动者所设立的一种特殊责任。① 从理论和实践来看，否定说已经成为主流学说，即承担用工主体责任，并不等同于单位与劳动者之间存在劳动关系。劳动关系应当具有四个基本的特征：第一，平等性和隶属关系的统一；第二，兼有人身关系和财产关系的双重性质；第三，具有国家意志为主导、当事人意志为主体的属性；第四，劳动者必须加入用人单位成为其职员，与其提供的生产资料相结合。② 在一段劳动关系中，劳动者需要接受用人单位对其工作能力的考察。

劳动关系的判断，首先要判断双方之间是否满足上述劳动关系的构成要件。在原劳动和社会保障部《通知》第 4 条规定的情形中，并不存在发包方对劳动者的劳动能力的考察，也更不可能说双方之间存在劳动关系的合意，认定为劳动关系不符合劳动关系本身的立法原意。最重要的是劳动者与发包方之间不具备劳动关系最本质的从属性法律特征。通常我们说劳动关系是既包括横向法律关系也包括纵向的法律关系，但是，承担用工责任的情况下，发包方与劳动者的纵向管理被管理关系并不明显。其次，从权利义务角度出发，劳动者的工作对象是招用其工作的承包方，而其与发包方之间并不存在直接的权利义务关系。最后，从原劳动和社会保障部《通知》的立法结构上来看，法条也对用工主体责任和劳动关系进行了区别，在原劳动和社会保障部《通知》中的第 1 条、第 2 条和第 3 条使用的是“劳动关系”这一名词，而第 4 条使用的是“用工主体责任”，作为法条的专门区分内容，我们不应认定用工主体责任是基于劳动关系产生的责任，而应将用工主体责任视为独立于劳动关系之外的一种责任。

（三）用工主体责任是否与劳动关系相互排斥？

在现实中，是否只要是发包方以满足用工主体责任规定的方式出现就不再适用劳动关系？事实上并非如此，当违法发包的建筑公司与劳动者之间具备劳动关系的要素特征时，就必然构成劳动关系。例如，在 H 建设集团有限公司（以下简称 H 公司）与王某劳动争议案中，③H 公司承建工程后，将其中的 2 栋楼房分包给了没有用工主体资格的田某。随后，王某经田某介绍到该工地从事小工工作，双方未签订书面劳动合同，仅口头约定劳动报酬，并由田某支付报酬。在工作期间，王某在村路口发生交通事故。王某向人事争议仲裁委员会申请仲裁，要求确认与 H 公司之间存在劳动关系，仲裁委员会

---

① 参见郭玉燕：《用工主体责任与事实劳动关系的法律思考》，载《山西高等学校社会科学学报》2013 年第 3 期；艾小川：《用工主体责任是否等同于用人单位责任》，载《人民法院报》2016 年 10 月 26 日，第 7 版；王勇：《承担用工主体责任并非等同存在劳动关系》，载《人民法院报》2016 年 3 月 31 日，第 7 版。

② 参见李晓明、庞琳：《用工主体责任是否同于劳动关系》，载《中国社会保障》2012 年第 9 期。

③ 参见（2014）济中民三终字第 352 号。

作出裁决:王某与 H 公司存在劳动关系。裁决后,H 公司不服,诉至法院。一审法院认为二者之间存在劳动关系,H 公司不服,提起上诉。二审法院在判决中说明,H 公司将工程中的一部分整体转包给无用工主体资格的自然人,有规避劳动法律规定之嫌,且王某为 H 公司承建的公司提供劳动,田某以 H 公司的名义发放工资,因此应认定 H 公司与王某之间存在劳动关系。这个案件二审法院进一步从用人单位与劳动者的从属关系上论证了二者在实质上存在劳动关系。

(四)用工主体责任的范围

在劳动关系中,用人单位对劳动者负有给予劳动报酬、加班费、办理社会保险、支付经济补偿金等多方面义务,但是,用工主体责任是一种明显区别于劳动关系的责任,如前所述,劳动关系的认定与用工主体责任的确定是基于两种不同的立法目的而建立的两个不同的制度。如果将用工主体责任扩大理解为用人单位基于劳动关系而应承担的系统性责任,则会造成新的失衡。从这一意义上来说,用工主体责任的内容主要包括工资或劳动报酬支付责任、工伤保险赔偿支付等直接影响劳动者生存利益的责任,但不应包括社会保险费缴纳责任、未签订书面劳动合同的责任、经济补偿金或赔偿金的支付等直接依托于劳动关系的补充性责任。人力资源和社会保障部所主张的用工主体责任,只是针对特殊情形作出的保护劳动者的特殊规定。旨在保障劳动者获取劳动报酬,享受工伤保险待遇的权利。对于其中的工伤保险支付,劳动者也可以根据《工伤保险条例》的相关规定进行追偿。

四、举一反三

王某系受第三人雇用到 R 建业集团有限公司(以下简称 R 公司)所设立的项目部从事抹灰工作,双方未签订书面劳动合同,R 公司也未给王某缴纳工伤保险等社会保险。王某的工资以 230 元/天计发,以实际出勤天数计算工资。2012 年 9 月 9 日,王某在 R 公司承建的“古冶金山三期危旧房改造工程”商业楼 9 号楼 3 层抹灰时,从三楼摔到二楼,造成工伤,经认定为 9 级伤残。2014 年 9 月 26 日,王某向唐山市路北区劳动争议仲裁委员会提起劳动争议仲裁申请,要求 R 公司支付停工留薪期工资、一次性伤残补助金、一次性就业补助金、一次性医疗补助金、住院护理费、住院伙食补助费、医疗费、鉴定费、检查费、生活费等以及解除劳动关系经济补偿金。2014 年 11 月 19 日,唐山市路北区劳动争议仲裁委员会作出北劳裁字(2014)087 号仲裁裁决书,不支持王某的仲裁请求,王某不服该裁决,起诉至法院。

结合本节内容,分析该案中王某的主张应否得到法院的支持。

第三节　在校学生实习或就业的劳动关系认定

一、知识背景

劳动者主体资格,是指自然人依法成为劳动关系中的主体条件。我国《劳动法》第15条规定,禁止用人单位招用未满16周岁的未成年人。该条规定的立法目的在于保护未成年人的成长利益,避免用人单位使用身心正在成长阶段的未成年人作为劳动力,侵害未成年人的健康权和受教育权,但是,是否只要达到法定就业年龄,就一定可以建立劳动关系呢?事实并非如此,虽然现行立法未作规定,但是劳动者是否具有建立劳动关系的主体资格,还取决于其是否有支配自身劳动力的自由。在特殊情形下,某些达到法定就业年龄的人群因为无法自由支配自己的劳动而无法建立劳动关系,例如,原劳动部《意见》第12条规定:“在校生利用业余时间勤工助学,不视为就业,未建立劳动关系,可以不签订劳动合同。”

近年来,随着我国经济的迅猛发展和社会的快速变化,用人单位对求职人员的要求越来越高,就业困难已成为当今在校大学生进入社会的瓶颈,提前熟悉工作已是在校大学生除学习之外的另一重要任务;与此同时,在校大学生实习兼职时劳动权益受侵害的案件逐渐增多。对于上述原劳动部《意见》的规定,实践中存在理解上的分歧,有必要对此加以讨论。

二、典型案例

(一)案情简介①

戴某是2012年9月被某城市职业学院机械工程与电气自动学院录取入学的全日制在读大专生,学制三年,2015年6月毕业。2014年11月17日,C公司与戴某签订了劳动合同书1份,合同基本信息中,文化程度一栏为“高中”。合同自2014年11月17日至2016年12月30日止,期限2年(其中试用期至2015年1月16日,为期2个月)。合同工作内容和工作地点约定:乙方(戴某)同意甲方(C公司)根据生产(工作)任务的需要,安排其在甲方合作企业(地点:襄阳市)承担生产工作任务;甲方每月12日支付乙方工资,以实际用人单位薪酬制度为准,并不低于襄阳市最低工资标准;用人单位选择实行标准工时工作制。后C公司将戴某派遣至G湖北分公司工作,C公司为其发放工

① 参见(2015)鄂襄阳中民一终字第00435号。

资并为其办理了社会保险手续,但未缴费。2014 年 12 月 29 日晚 21 时左右,戴某下班回家途中发生交通事故,经抢救无效,于 2015 年 1 月 5 日死亡。2015 年 2 月 3 日,C 公司作为申请人向襄阳市人力资源和社会保障局申请认定戴某为工伤。2015 年 3 月 16 日,C 公司又以戴某系在校学生,劳动关系不成立为由,提出撤回工伤认定申请。襄阳市人力资源和社会保障局终止了工伤认定。后戴某兵向襄阳市劳动人事争议仲裁委员会申请仲裁,要求确认戴某与 C 公司之间存在劳动关系。襄阳市劳动人事争议仲裁委员会作出襄劳人仲不字(2015)第 40 号不予受理案件通知。戴某兵不服,诉至法院,要求确认戴某与 C 公司之间存在劳动关系。

(二)争议焦点

戴某与 C 公司之间是否存在劳动关系?

(三)一审法院审理与裁判

说理:原劳动部《意见》中关于"在校生利用业余时间勤工助学,不视为就业,未建立劳动关系,可以不签订劳动合同"的规定虽是针对在校生,但条件是利用业余时间,勤工助学。戴某被 C 公司派遣到 G 湖北分公司工作,适用的是标准工时制,从 G 湖北分公司的考勤可看出,戴某工作按时上下班,并非利用业余时间;勤工助学是不以就业为目的,而戴某与被告签订劳动合同,合同期限 2 年,是以就业为目的。综上,戴某在签订劳动合同时已年满 22 周岁,具有完全民事行为能力;C 公司是经过工商行政部门合法注册的有劳务派遣资质的公司,双方符合劳动法规定的劳动者与用人单位的主体范围。双方签订了劳动合同,戴某付出了劳动,接受单位的管理,C 公司支付劳动报酬。故戴某与 C 公司之间劳动关系成立。因戴某于 2015 年 1 月 5 日死亡,故双方的劳动合同于 2015 年 1 月 5 日终止。

判决:戴某与 C 公司于 2014 年 11 月 17 日起至 2015 年 1 月 5 日止,双方存在劳动关系。

(四)二审法院审理及判决

说理:《劳动合同法》第 26 条第 1 款规定,"下列劳动合同无效或者部分无效:(一)以欺诈、胁迫的手段或者乘人之危,使对方在违背真实意思的情况下订立或者变更劳动合同的;(二)用人单位免除自己的法定责任、排除劳动者权利的;(三)违反法律、行政法规强制性规定的"。C 公司上诉称,戴某以欺诈的手段隐瞒其在校大学生的身份,使上诉人违背真实意思与其签订劳动合同,该劳动合同应属无效。本案中,戴某作为即将毕业的大三学生,在实习期与 C 公司签订了 2 年期的劳动合同,其本意是以就业为目的,提供劳动,接受 C 公司的管理,获取劳动报酬。在劳动合同中"文化程度"一栏,戴某填写为"高中",虽未明确表明其在校大学生的身份,但正因如此,表明戴某在签订合同时,并没有隐瞒真实情况的故意,而是如实填写了基本情况,其行为不构成欺诈。

故C公司的上诉请求及理由均不能成立,法院不予支持。

判决:驳回上诉,维持原判。

三、案例分析及法理拓展

(一)原劳动部《意见》第12条的立法目的

原劳动部《意见》第12条规定:“在校生利用业余时间勤工助学,不视为就业,未建立劳动关系,可以不签订劳动合同。”为此,许多人会直接将“在校生利用业余时间勤工助学”理解为“在校学生不具备劳动关系的主体资格”。这显然对该规定进行了不合理的扩张解释。事实上,该规定针对的是学生仍以在校学习为主,不以就业为目的,利用业余时间在单位进行社会实践、打工补贴学费或生活费的情形。在大多数情况下,学生在勤工助学和实习时,还受制于学校的管理,与学校之间存在明显的从属关系,对自己的劳动力尚不具有自由支配的权利,因此一般认为在校学生与用人单位之间并不建立劳动关系。反过来说,如果在校学生在某些特定情况下已经不再受制于学校的管理,已经具备了支配自己劳动力的自由,则仍有可能与用人单位建立劳动关系。由此可见,在考虑在校学生是否与用人单位建立劳动关系时,我们应当从劳动关系的从属性关系出发,当在校学生已经明显和学校脱离管理与被管理关系,并且与用人单位建立很强的人身依附性关系的情况下,可以认为在校学生和用人单位建立的是劳动关系,而不是劳务关系。

(二)如何正确理解原劳动部《意见》第12条

第一,原劳动部《意见》第12条“在校生利用业余时间勤工助学”中的“在校生”应当是指全日制在校就读的学生,对于在职的非全日制学生由于其本身的自由程度较高,没有与学校建立较强的管理与被管理关系,所以不在此范围内。

第二,关于“勤工助学”的理解,教育部、财政部发布的《高等学校勤工助学管理办法》第4条将勤工助学定义为“学生在学校的组织下利用课余时间,通过劳动取得合法报酬,用于改善学习和生活条件的实践活动”。从该条的规定我们可以看出,在校学生利用业余时间勤工助学是否构成劳动关系应当从劳动关系的从属性标准展开分析,而不应将劳动者的身份作为认定劳动关系的标准。

事实上,原劳动部《意见》第12条规定针对的是学生仍以在学校学习为主,不以就业为目的,利用业余时间在单位进行社会实践、打工补贴学费或生活费的情形。在此种情形下,学生接受学校的管理而不认为其与用人单位构成劳动关系。因此,对于在校学生利用业余时间勤工助学,不能一概认定为构成劳务关系。无论是在校学生寒暑假实习还是在校学生的毕业实习的情形,我们都应区分学校组织的以学习为目的的实习和学生以个人身份自由与用人单位建立劳动关系的实习,区分的根本标志就是“自由度标准”,即学生是否还处在学校的管理下。如果勤工助学和学习时学生还受制于学校的管理,与学校之间存在明显的从属关系,法律认为二者之间不存在劳动关系而成立劳务关系;而如果勤工助学和学习时学生已经不再受制于学校管理,与学校之间不存在明显的从属关系,则学生身份并不当然排除其建立劳动关系的权利。

四、举一反三

郭某是某职业中学2008届毕业生。2007年10月与Y公司签订为期3年的劳动合同。但是2008年7月,Y公司向劳动争议仲裁委员会申请确认劳动关系不成立,认为他们与郭某之间仅仅是一个实习关系,不受劳动法调整。理由主要有三点:(1)郭某签合同时还是在校学生,在校学生不具备劳动关系的主体资格。(2)《工伤保险条例》也没有将在校学生纳入参保范围,充分说明在校学生不属于劳动者的范畴。(3)郭某签约时没有取得毕业证,不符合公司录用条件。劳动争议仲裁委员会以双方不构成劳动关系为由终结了仲裁活动,郭某不服,起诉至法院,请求确认双方的劳动关系。一审法院认为:第一,双方签订劳动合同时,郭某已满19周岁,符合劳动法规定的就业年龄,具备与用工单位建立劳动关系的行为能力与责任能力。第二,原劳动部《意见》第4条仅规定了公务员和比照实行公务员制度的事业组织和社会团体的工作人员以及农村劳动者、现役军人和家庭保姆不适用劳动法,并没有将在校学生排除在外,因此学生身份并不当然限制郭某作为普通劳动者加入劳动力群体。第三,原劳动部《意见》第12条仅适用于在校生勤工助学的行为,并不能由此否定在校生的劳动权利,推定出在校生不具备劳动关系的主体资格。因此,郭某符合劳动关系的主体要求,其与Y公司的劳动合同真实有效,二者之间存在劳动关系。Y公司不服判决提起上诉,二审法院以同样的事实和理由驳回上诉,维持原判。

结合本节内容,评述该案中法院对劳动关系认定标准的理解。

第四节　超龄用工中的劳动关系认定

一、知识背景

超龄用工现象是中国老龄化社会进程的自然产物。随着社会老龄人增加,不少退休劳动者重回劳动领域,以减轻家庭赡养义务并在社会上发挥自己的余热。在这种情况下,这种现象在某种意义上具有积极意义,但是也引发新的法律问题。《劳动合同法实施条例》第21条规定:“劳动者达到法定退休年龄的,劳动合同终止。”但是,该规定并未规定超龄劳动者在劳动合同终止后是否可以续签或者订立劳动合同,实践中对此存在较大争议。

(一)超龄用工

超龄用工,是指达到法定退休年龄的劳动者到用人单位工作,与用人单位建立用工关系的现象。超龄用工的前提是劳动者达到法定退休年龄,而退休是指职业劳动者依据法律法规之规定,在达到法定退休要件的情形下,退出职业劳动领域,依法享受相应的退休待遇的一种法律行为以及该法律行为所导致的事实状态。① 实践中,关于退休的认定有两种不同的标准:一种观点认为,退休是指达到法定退休年龄的规定;另一种观点认为,退休的认定与年龄无关,以领取法定养老保险金或退休金作为认定标准。此两种分类在理论上是有一定意义的,但是根据《劳动合同法实施条例》第 21 条"劳动者达到法定退休年龄的,劳动合同终止"的规定,可以认为法律规定退休内涵是指劳动者已经达到法定退休年龄的状态。

(二)法律法规关于退休年龄的规定

法定退休年龄,是指第五届全国人民代表大会常务委员会第二次会议批准的《国务院关于安置老弱病残干部的暂行办法》和《国务院关于工人退休、退职的暂行办法》(国发〔1978〕104 号)文件所规定的退休年龄。《国务院关于工人退休退职的暂行办法》第 1 条规定:"全民所有制企业、事业单位和党政机关、群众团体的工人,符合下列条件之一的,应该退休:(一)男年满六十周岁,女年满五十周岁,连续工龄满十年的。(二)从事井下、高空、高温、特别繁重体力劳动或者其他有害身体健康的工作,男年满五十五周岁、女年满四十五周岁,连续工龄满十年的。本项规定也适用于工作条件与工人相同的基层干部。(三)男年满五十周岁,女年满四十五周岁,连续工龄满十年,由医院证明,并经劳动鉴定委员会确认,完全丧失劳动能力的。(四)因工致残,由医院证明,并经劳动鉴定委员会确认,完全丧失劳动能力的。"综上,通常认为职工的法定退休年龄为,男职工 60 周岁、女职工 50 周岁、女干部 55 周岁。

2015 年 12 月 2 日,由中国社会科学院人口与劳动经济研究所及社会科学文献出版社共同发布的《人口与劳动绿皮书:中国人口与劳动问题报告》建议推迟法定退休年龄。报告建议通过分两步走的方式,到 2045 年时,将男职工、女职工和女干部劳动者的退休年龄都调整到 65 岁,因此,我国退休年龄制度正在进一步完善的进程中。

(三)超龄用工的法律规定

除《劳动合同法实施条例》中关于劳动者达到法定退休年龄,劳动合同终止这一规

---

① 参见叶剑波:《能否与超过法定退休年龄人员建立劳动关系?》,载《中国人力资源社会保障》2018 年第 10 期。

定外,《劳动法司法解释(三)》第7条还规定,用人单位与其招用的已经依法享受养老保险待遇或领取退休金的人员发生用工争议,向人民法院提起诉讼的,人民法院应当按劳务关系处理。由此可见,现行规定对“已经依法享受养老保险待遇或领取退休金的人员”是否能与用人单位建立劳动关系的问题已有明确态度,即只能建立劳务关系,不能建立劳动关系。司法解释之所以作出这样的规定,主要考虑到已经享受养老保险待遇的人员已经得到了社会保障体系的保护,无须再通过劳动法进行倾斜保护,因此不必认定为劳动关系。

二、典型案例

(一)案例简介①

肖某于1962年4月5日出生,原系湖南省涟源市沙坪煤矿员工,已于2002年9月办理退休手续,并每月享受基本养老保险待遇。2012年10月26日,肖某入职X电力物业公司(以下简称X物业公司)处担任秩序维护员,工作期限自2012年10月26日起至2013年10月25日止,工作地点为和悦家园物业管理处。双方约定肖某实行综合计算工时制,倒班轮休,每月休息4天,月工资为2800元。2013年10月1日,肖某和公司续签了《超龄用工协议》,肖某继续在秩序维护部主管岗位工作,双方约定聘用期限自2013年10月1日起至2014年9月30日止,月工资为2800元,X物业公司为肖某办理了一份人身意外伤害商业保险,其他社会保险及享受政策由肖某原单位或自行执行,不再由X物业公司承担,该协议第6条约定“经甲乙双方同意,本协议的内容可以变更或解除;甲乙任何一方也可单方面解除本协议,本协议终止或解除,甲方不向乙方支付经济补偿”,第8条约定“因履行本协议发生的争议,不属于劳动合同争议,当事人可以协商解决……”2014年7月16日,X物业公司向肖某发出《终止超龄用工协议通知书》,依据《超龄用工协议》第6条第1款约定终止了肖某的超龄用工协议,并要求肖某在2014年7月30日前到公司办理离职手续。肖某不服,向娄底市劳动人事争议仲裁委员会申请仲裁,该委员会于2014年9月12日以争议不属仲裁委员会管辖范围为由决定不予受理。遂肖某诉至法院,请求认定双方存在劳动关系。

(二)争议焦点

未达法定退休年龄却开始享受养老保险待遇的人员是否可以与用人单位建立劳动关系?

(三)一审法院审理与裁判

说理:根据《劳动合同法》第44条“有下列情形之一的,劳动合同终止……(二)劳

① (2015)娄中民一终字第387号。

动者开始依法享受基本养老保险待遇的……”及《劳动法司法解释(三)》第7条“用人单位与其招用的已经依法享受养老保险待遇或领取退休金的人员发生用工争议,向人民法院提起诉讼的,人民法院应当按劳务关系处理”之规定,肖某在X物业公司处就职时虽未达到法定退休年龄,但已办理了退休手续,并已享受基本养老待遇,故双方之间的用工争议应按劳务关系处理。肖某与X物业公司签订的《超龄用工协议》是双方真实意思之表示,不违反法律的强制性规定,合法有效,X物业公司依据协议约定解除合同并无不当。根据协议约定,协议终止或解除,X物业公司无须向肖某支付经济补偿。综上,肖某主张双方的用工关系属于劳动关系于法无据,法院不予支持;肖某要求X物业公司支付经济补偿金、加班工资、年终奖金无法律和事实依据,不予支持。

判决:驳回肖某的诉讼请求。

(四)二审法院审理及判决

说理:肖某于2002年从沙坪煤矿提前退休并办理退休手续,现每月领取基本养老保险金,享受了养老保险待遇,依照《劳动合同法》第44条“有下列情形之一的,劳动合同终止……(二)劳动者开始依法享受基本养老保险待遇的……”及《劳动法司法解释(三)》第7条“用人单位与其招用的已经依法享受养老保险待遇或领取退休金的人员发生用工争议,向人民法院提起诉讼的,人民法院应当按劳务关系处理”的规定,肖某与X物业公司之间应当按劳务关系处理。双方签订的《超龄用工协议》系双方当事人真实意思表示,并不违反法律的效力性规定,不存在协议无效的情形,故原审判决认定《超龄用工协议》有效及双方不存在劳动关系符合法律规定。因双方不存在劳动关系,不存在经济补偿金的问题,肖某提出的年终奖亦无事实依据。综上,肖某的上诉理由不成立,法院不予采纳。原审判决认定事实清楚,适用法律正确,应予维持。

判决:驳回上诉,维持原判决。

三、案例分析及法理拓展

(一)超龄用工关系的性质

一般认为,退休是超过法律规定的工作退休年龄的一种事实状态。在立法上,退休是劳动者退出工作领域的一种法定权利而非法定义务,正因如此,实践中,存在劳动者虽然事实上已经超过了法定退休年龄,但是却被返聘到用人单位重新就业的情形。根据《劳动法司法解释(三)》第7条“用人单位与其招用的已经依法享受养老保险待遇或领取退休金的人员发生用工争议,向人民法院提起诉讼的,人民法院应当按劳务关系处理”的规定,对于已经依法享受养老保险待遇或领取退休金的人员发生用工争议的,司法解释明确规定了用工单位与劳动者之间不存在劳动关系。因此,这种情形下的超龄用工关系的性质为劳务关系。

实践中,超龄务工还包括部分已经达到法定退休年龄却未享受养老保险待遇或领取退休金的人员的用工行为,《劳动法司法解释(三)》对此并未明确规定。对此,有部分地方政府或司法机关作出过一些解释性意见。例如,《广东省高级人民法院、广东省劳动争议仲裁委员会关于适用〈劳动争议调解仲裁法〉、〈劳动合同法〉若干问题的指导意见》第 17 条规定:"用人单位招用已达法定退休年龄但未享受养老保险待遇或退休金的人员,双方形成的用工关系,可按劳动关系处理。用人单位招用已享受养老保险待遇或退休金的人员,双方形成的用工关系应按雇佣关系处理。"这些意见充分注意到了"未享受养老保险待遇的超龄务工人员"的弱势地位,认为对其进行倾斜保护符合劳动法的立法精神,该观点被学术界和实务界所广泛认可。因此,虽然现行法并没有统一规定,但已达到退休年龄但是并没有享受养老保险待遇或退休金的人员与用人单位可以建立劳动关系。

(二)超龄用工人员职业伤害的处理

关于超龄用工人员的职业伤害的处理,一直都是学术界所关注的一大问题。依前所述,已经享受养老保险待遇或退休金的超龄用工关系按照劳务关系处理,因此其职业伤害应适用《侵权责任法》关于雇主责任的规定加以处理。而对于虽已达到退休年龄但是并没有享受养老保险待遇或退休金的超龄务工人员,虽然在实践中可以认定为劳动关系,但我国现行社保体系却未能与该认识充分衔接,因此大部分情况下用人单位无法为这部分劳动者办理社会保险,在职业伤害发生时,无法实现工伤保险基金的赔偿,但是由于双方在本质上存在劳动关系,因此用人单位应当按照《工伤保险条例》的工伤赔偿标准对劳动者的伤害进行赔偿。很明显,在该问题上,有必要完善现行社会保险法律制度。在立法得到完善之前,用人单位可以通过为劳动者办理商业保险的方式防范风险。

(三)超龄用工人员享有的权利

原劳动部《关于实行劳动合同制度若干问题的通知》第 13 条规定:"已享受养老保险待遇的离退休人员被再次聘用时,用人单位应与其签订书面协议,明确聘用期内的工作内容、报酬、医疗、劳保待遇等权利和义务。"而对于未享受养老保险待遇,与用人单位建立劳动关系的超龄用工劳动者,除要求用人单位办理社会保险这一项权利之外,其享有劳动法规定的包括最低工资标准、经济补偿金、未签合同双倍工资等各项劳动者权利。

四、举一反三

51 岁的许某与 S 公司签订了一份返聘合同,工作性质为清洁员,合同约定许某每日工作 8 小时,每周工作 6 天,每月工资 1100 元。由于工作出错,公司向许某发出岗位调动通知书,但许某拒绝在通知书上签字,公司即将其做自动退职处理。许某向劳动争议仲裁委员会提出仲裁申请,但仲裁委员会认为,根据《国务院关于工人退休、退职的暂行办法》,女性工人的退休年龄为50周岁,许某已超过法定退休年龄,不具备劳动仲裁主体资格,该争议不是劳动争议仲裁的受案范围,作出了不予受理的决定。

许某不服,诉至法院,请求S公司按照劳动法的规定支付加班工资和违法解除合同的经济补偿金。一审、二审法院都判决许某败诉,在接到许某的申诉后,广东省检察院向广东省高级人民法院提起抗诉,在再审过程中,原告和检察院都认为,虽然许某已经年满51周岁,实际上仍然与S公司建立了劳动关系,但被告S公司、劳动争议仲裁委员会和法院对此不予认同。

结合本节内容,分析许某和S公司之间是否构成劳动关系。

第二章　劳动合同

第一节　劳动合同的类型

一、知识背景

按照不同的标准，可以将劳动合同作不同的分类。以订立劳动合同的目的为标准，劳动合同可分为聘用合同、录用合同和借调合同；按照签订劳动合同的人数不同，劳动合同可分为单个劳动合同和集体劳动合同。我国《劳动合同法》第12条按照合同的期限的不同，将劳动合同分为固定期限劳动合同、无固定期限劳动合同和以完成一定工作任务为期限的劳动合同。劳动合同期限在劳动法中具有特别重要的地位，它既是劳动合同的时间效力范围，也是显示用人机制灵活度、劳动关系稳定度和劳动者流动程度的重要标志，还是劳动合同订立和解除制度设计的重要制约因素。

（一）劳动合同的概念

劳动合同是用人单位与劳动者确立劳动关系，明确双方权利义务的协议。

固定期限劳动合同，是指用人单位与劳动者明确约定合同终止时间的劳动合同，无论约定的形式怎样，只要劳资双方在合同中直接或间接地确定了合同的终止时间，就是固定期限劳动合同。在我国，除特殊情形外，对固定期限劳动合同没有最长期限的限定，并且可以依法延续和续订。

以完成一定工作任务为期限的劳动合同，是指用人单位和劳动者约定以某项工作的完成为合同期限的劳动合同。也就是说，一定工作任务的完成被约定为劳动合同终止的条件和时间，因此，此类合同在本质上仍属于固定期限劳动合同。但由于在这类合同中，合同终止没有确定时间点，合同终止的标志具有动态性，因此此类合同并不是常态的固定期限劳动合同，而是其中的一种特殊形式，因此被单列为一种劳动合同类型。

无固定期限劳动合同，又称不定期劳动合同，是指用人单位与劳动者约定无确定终止时间的合同。除非劳动合同被依法解除，劳动关系可以持续到劳动者退休或用人单位不复存在之时。无固定期限劳动合同的存在，极大地增强了劳动者的就业稳定性，是劳动法对劳动者倾斜保护的一个重要标志。然而，由于无固定期限劳动合同限制了用人单位选择劳动者的权利，一旦签订无固定期限劳动合同，用人单位就难以结束与这些员工之间的劳动关系，这使用人单位在用工管理过程中的主动性大大削弱。在实践中，常常存在用人单位与劳动者在合同中没有明确约定劳动合同期限的情形，有人认为此类合同也可看作无固定期限劳动合同。但是，《劳动合同法》第14条规定，“无固定期限劳动合同，是指用人单位与劳动者约定无确定终止时间的劳动合同”。由此可以看出,虽然无固定期限劳动合同没有明确合同终止期限,但该关于期限的内容必经用人单位与劳动者双方达成一致,形成约定,对期限没有约定的劳动合同不能视为订立无固定期限劳动合同。

(二)无固定期限劳动合同的建立

根据《劳动合同法》第14条的规定,无固定期限劳动合同的签订可以基于三类情形:第一类是"协商签订",用人单位与劳动者协商一致,可以订立无固定期限劳动合同;第二类是法定情形下订立,在法律规定的情形出现时,双方应当订立无固定期限劳动合同;第三类是"视为订立",即用人单位自用工之日起满1年不与劳动者订立书面劳动合同的,视为用人单位与劳动者已订立无固定期限劳动合同。其中第二类所称法定情形包括以下几种:第一,劳动者已在该用人单位连续工作满10年的,此处所称"10年"包括2008年1月1日《劳动合同法》实施之前已经连续工作过的时间,理由在于《劳动合同法实施条例》第9条规定,"劳动合同法第十四条第二款规定的连续工作满10年的起始时间,应当自用人单位用工之日起计算,包括劳动合同法施行前的工作年限"。第二,用人单位初次实行劳动合同制度或者国有企业改制重新订立劳动合同时,劳动者在该用人单位连续工作满10年且距法定退休年龄不足10年的,这一规定既保证了用人单位劳动合同制转型或改制的顺利进行,同时又保护了一部分已在用人单位工作做过长期贡献且即将退休的老龄劳动者的利益。第三,连续订立二次固定期限劳动合同且劳动者没有《劳动合同法》第39条和第40条第1项、第2项规定的情形续订劳动合同的,这一规定主要是针对实践中用人单位反复与劳动者签订短期劳动合同的情形而规定的。值得注意的是,此处所称的"二次"以上合同,并不包括2008年1月1日之前签订的合同次数,这一方面是法不溯及既往的精神在劳动法中的具体运用,因为在《劳动合同法》出台之前的立法中,并没有对多次签订劳动合同的规制,实践中广泛存在用人单位与劳动者多次签订劳动合同的情形,若该规则可溯及至2008年1月1日之前,则可能会引发大量用人单位都需要与劳动者签订无固定期限劳动合同,可能造成制度推广的困境,对用人单位也带来极大的负担,不符合建设和谐劳动关系的立法目的。

二、典型案例

(一)案情简介①

张某于2008年7月1日至2014年6月30日在A公司生产部担任领班职务,双方先后于2008年7月1日、2011年7月1日签订两次固定期限劳动合同。张某平均工资

① (2015)成民终字第531号。

为5669.31元。2014年6月12日,A公司向张某送达《劳动合同不续签通知》,告知其合同于2014年6月30日期满后不再续签。2014年6月23日,张某向A公司递交了订立无固定期限劳动合同的申请书。当月27日,A公司又向张某送达了《劳动合同不续签通知》,并告知合同期满不续签合同事宜。2014年6月30日,张某办理离职手续并领取经济补偿金29,902.02元及一个月代通知金2751元。2014年7月8日,张某申请仲裁,要求A公司支付经济赔偿金68,031.72元(5669.31元×6×2)。2014年8月21日,新津县劳动人事争议仲裁委员会裁决:A公司支付张某赔偿金34,015.86元。A公司不服裁决提起诉讼。

(二)争议焦点

A公司是否应承担违反劳动合同法规定不与张某订立无固定期限劳动合同的赔偿金责任?

(三)一审法院审理与裁判

说理:双方在2008年7月1日至2014年6月30日连续两次订立了固定期限劳动合同,2014年6月23日,张某提出了订立无固定期限劳动合同申请,根据《劳动合同法》第14条、《劳动合同法实施条例》第11条之规定,劳动者提出或者同意续订、订立劳动合同的,除劳动者提出订立固定期限劳动合同外,应当订立无固定期限劳动合同。张某提出了订立无固定期限劳动合同申请,A公司不同意续订合同并主张合同期满终止。A公司的行为属违法终止劳动合同,依法应当以经济补偿标准的2倍(5669.31元×6×2)给予赔偿金,故对A公司主张不支付赔偿金的诉讼请求不予支持。

判决:A公司在判决生效后10日内支付张某赔偿金差额34,015.86元。

(四)二审法院审理及判决

说理:用人单位与劳动者订立两次固定期限劳动合同后,劳动者没有《劳动合同法》第39条和第40条第1项、第2项规定的情形时提出订立无固定期限劳动合同,用人单位不享有是否续订劳动合同的选择权。理由如下:首先,从条文解释上,《劳动合同法》第14条第2款规定了订立无固定期限劳动合同的两种情形,一是用人单位与劳动者协商一致的,可以订立无固定期限劳动合同;二是具备三种法定情形,劳动者提出或者同意续订、订立劳动合同的,除非劳动者提出订立固定期限劳动合同,否则就应当订立无固定期限劳动合同。第二种情形排除了协商的前提,类似于法律条文中的但书条款,并未赋予用人单位选择权。其次,《劳动法》第20条规定了应当订立无固定期限劳动合同须存在劳动者具备法定情形、双方同意续延劳动合同、劳动者提出订立无固定期限劳动合同三个条件,《劳动合同法》第14条规定的第二种情形则明显没有双方同意的前提条件,因此不能解释出还需用人单位同意。再次,从劳动法的功能上,倾斜保护劳动者是劳动法律的基本功能,用人单位与劳动者订立两次固定期限劳动合同期限届满后,一般都经过了较长的时间,劳动者为用人单位创造了财富,劳动者的劳动技能也相对固定,若允许用人单位选择终止劳动合同,将遵纪守法、又能完成用人单位工作任务的劳动者重新推向劳动市场,有"卸磨杀驴"之嫌,当然,如果劳动者存在过错或具备无过失性辞退情形的除外。最后,劳动法律是社会法,订立或者续订劳动合同并不完全适用民法的意思自治原则,具备法律条件时法律规范要求应当为的行为都属强制性规定,违反规定的则属违法行为。因此,A公司不与张某订立无固定期限劳动合同的行为属于用人单位违反《劳动合同法》规定不与劳动者订立无固定期限劳动合同的情形,按照《劳动合同法》第82条第2款规定,"自应当订立无固定期限劳动合同之日起向劳动者每月支付二倍的工资"。如果A公司确属违法不与张某订立无固定期限劳动合同,依法不产生给付赔偿金的责任,而是产生给付未订立无固定期限劳动合同二倍工资的责任。认定A公司应当承担赔偿金给付义务符合法律规定。

判决:驳回上诉,维持原判。

三、案例分析及法理拓展

(一)无固定期限劳动合同的制度变化和影响

1995年1月1日实施的《劳动法》第20条第2款规定:"劳动者在同一用人单位连续工作满十年以上,当事人双方同意延续劳动合同的,如果劳动者提出订立无固定期限的劳动合同,应当订立无固定期限的劳动合同。"用人单位如果不想与劳动者签订无固定期限劳动合同,则只需不同意续延劳动合同即可达到目的,与《劳动法》相比,《劳动合同法》不仅扩大了无固定期限劳动合同的订立条件,也改变了《劳动法》中的"双方同意续延"的限制,正是由于这一规定的存在,使原《劳动法》的该条规定基本成为"死法"。而《劳动合同法》规定只要"劳动者提出"就要签订无固定期限劳动合同的这一变化,使无固定期限劳动合同签订的主动权转移到劳动者手中。如上述案例所示,张某在工作期间与A公司已连续两次订立固定期限劳动合同,之后张某提出订立无固定期限劳动合同申请,A公司不享有是否续订劳动合同的选择权。

无固定期限劳动合同是否有利于劳动力市场的稳定性,保护劳动者的就业稳定权?针对这一问题主要形成了两派观点:一种观点认为,无固定期限劳动合同的强制签订,在某种程度上限制了企业用工自主权,降低了劳动力市场灵活性,最终必然危害劳动者的利益。在实践中,由于无固定期限劳动合同使用人单位在用工管理过程中的主动性大大削弱,用人单位开始转向劳务派遣、业务外包等灵活用工方式,劳动者的就业稳定权更加得不到保障,"无固定期限劳动合同可能引发劳动者的失业效应、影响就业质量和数量、导致劳动力成本向消费者转嫁”。[①] 另一种观点认为,无固定期限劳动合同以建立稳定的劳动关系,保护劳动者的就业稳定权为设计目标。不仅使用人单位解雇劳动者的难度增加,保护了劳动者的利益,让劳动者能够投入更多精力在工作之中,为用人单位带来更多效益;同时能促使用人单位的用工态度更谨慎,更加注重劳动者自身素质,加快建立高素质员工团队,降低企业用工投资风险,这是用人单位和劳动者所希望看到的共赢局面。

从本质上来说,无固定期限劳动合同制度不是“铁饭碗”“终身制”,只要具备法定的理由,用人单位仍然可以解除无固定期限合同,长期、稳定的劳动关系也不一定就是“固定、僵化”的。归根结底,无固定期限劳动合同制度本身并没有固有的优劣,其积极作用的发挥取决于用人单位与劳动者对该项制度的正确理解与有效利用。

(二)“连续工作满10年”的理解

根据《劳动合同法》第14条的规定,订立无固定期限劳动合同中的一类法定情形是劳动者已在该用人单位连续工作满10年。在该规定中,我们需要注意的是“连续工作”的界定。

第一,如果劳动者在用人单位工作不满10年,离开用人单位一段时间后,又重新到该用人单位就业,前后两段工作时间累计超过10年,这里由于该劳动者中间出现了离开用人单位的情节,使工作连续性发生中断,因此并不符合连续工作满10年的条件,不属于签订无固定期限劳动合同的法定情形。由此可见,连续工作满10年要求的是劳动者与用人单位保持劳动关系达到10年或以上,如果中断就应重新计算连续工作年限,但此处的“中断”并不包括法定的劳动合同中止的三种情形,具体包括:(1)劳动者应征入伍或者离职履行国家规定的其他义务的情形;(2)劳动者因被依法限制人身自由而不能履行劳动合同约定义务的情形;(3)用人单位与劳动者协商一致的情形等。

第二,如果劳动者是由于《劳动合同法》第42条规定中的医疗和孕期、产期、哺乳期等原因造成劳动合同续延导致工作年限满10年,劳动者能否要求签订无固定期限劳动合同,现行立法对此并未统一规定,各地司法的意见也不统一,主要形成两种观点:一种是因法定事由续延的劳动合同期限应算入劳动者的工作年限,连续工作满10年的劳动者可以要求用人单位签订无固定期限劳动合同;[②]另一种观点是劳动合同期满后,合同自然终止,合同期限的顺延只是为了照顾劳动者的特殊情形,对劳动合同终止的时间进行了相应的延长,所以延长的期限不应计入10年的期间。[③] 对此,本书认为第二种观点

---

① 吴元元:《劳资契约安排的制度逻辑——无固定期限劳动合同的法律经济学重读》,载《现代法学》2009年第1期。

② 《广东省关于审理劳动人事争议案件若干问题的座谈会纪要》(2012年)。

③ 《上海市高级人民法院关于适用〈劳动合同法〉若干问题的意见》。

更具有解释力,也更能体现公平性的要求,因为用人单位与劳动者订立劳动合同的前提条件是劳动者能够为用人单位提供劳动,完成工作任务,而在法定顺延时,劳动者实际并未出勤提供劳动,如果在此种情况下仍然要求用人单位与劳动者订立无固定期限劳动合同缺乏公平性。《劳动合同法》第 45 条也明确规定:“劳动合同期满,有本法第四十二条规定情形之一的,劳动合同应当续延至相应的情形消失时终止。”此种情况下的“终止”应当理解为劳动者的法定顺延事由消失时,劳动合同随之终止。

第三,发生用人单位变更名称、合并分立或劳动者被原用人单位安排到新的用人单位工作,劳动者的工作年限应当合并计算,劳动者在两家公司工作年限累计达到 10 年就可要求新的用人单位签订无固定期限劳动合同。理由在于,《劳动合同法》第 33 条、第 34 条明确规定,用人单位名称、法定代表人等变更,用人单位合并分立的,不影响劳动合同的履行,因此劳动者的工作年限合并计算,《劳动合同法实施条例》第 10 条也规定,劳动者非因本人原因从原用人单位被安排到新用人单位工作的,劳动者在原用人单位的工作年限合并计算为新用人单位的工作年限。

(三)解除和终止无固定期限劳动合同的条件

无固定期限劳动合同是指用人单位与劳动者约定无确定终止期限的合同,但合同无确定终止期限并不意味着无固定期限劳动合同不能被解除或永远不终止。事实上,如果双方协商一致解除或出现了法定情形,无固定期限劳动合同同样也能够解除。《劳动合同法》没有单独规定无固定期限劳动合同的解除条件,所以用人单位可以按照《劳动合同法》第 36 条规定和劳动者协商解除劳动合同,也可以按照第 39 条规定对劳动者援引过失性辞退,还可以按照第 40 条无过失性辞退和第 41 条经济性裁员的规定与劳动者解除劳动关系。除此之外,《劳动合同法》第 44 条规定的五种情形出现时,劳动合同也会自动终止。

四、举一反三

2007 年 3 月起,娄某入职 Z 公司从事会计事务,期间被 Z 公司派至市二医院从事财务收费工作。2014 年 2 月 1 日娄某与 Z 公司续签劳动合同。2015 年 4 月 10 日,市二医院向娄某出具《待岗通知》一份,以娄某多次考核不合格、业务能力无法适应岗位要求为由,要求娄某自 2015 年 3 月 13 日起待岗学习。2015 年 12 月 14 日,Z 公司向娄某出具《终止劳动合同通知书》一份,载明:双方劳动合同将于 2016 年 5 月 31 日到期,Z 公司决定劳动合同到期不予续签,请在 2016 年 5 月 31 日前完成工作交接并办理离职手续。2016 年 5 月 31 日,娄某离职。现娄某起诉至法院。

结合本节内容,分析以下问题:

1. 娄某 2007 年 3 月到 2016 年 5 月 31 日分别在 Z 公司和市二医院工作是否满足签

订无固定期限劳动合同的要求?

2. 娄某能否主张 Z 公司支付未签订无固定期限劳动合同期间的二倍工资?

第二节 “以完成一定工作任务为期限的劳动合同”的认定

一、知识背景

以完成一定工作任务为期限的劳动合同,是指用人单位和劳动者约定以某项工作的完成为合同期限的劳动合同。其具有以下特征:第一,此类劳动合同的期限无法用具体的时间点予以明确,以完成一定工作任务为劳动期限本身具有不确定性,劳资双方提前不能预知一定工作任务所消耗的实际时间,所以劳动时间不由劳资双方的意志决定,无法在劳动合同中约定确定的劳动合同期限。其劳动合同期限是从一定工作任务开始着手实施时为劳动合同开始之日,以一定工作任务完工结束时为劳动合同终止之日。第二,以完成一定工作任务为期限的劳动合同在工作任务完成后,劳动合同终止。此类劳动合同强调工作任务的完成性,也就是说劳动合同中会对工作任务以及完成标准进行明确具体的约定,并且劳动者完成的工作任务达到了与用人单位所约定的验收合格的标准。第三,此类合同具有最强的灵活性,能够合理地调整用人单位的用工结构,还能根据工作任务的性质安排劳动者。因此在实践中,以完成一定工作任务为期限的劳动合同常见于单项工作任务、承包工程业务、季节性用工等非重复性、非连贯性用工领域,而不太适用于要求保持连续性、稳定性的用工领域。

二、典型案例

(一)案情简介①

T 砖厂与王某签订了《承包顶车协议书》,王某带领 10 多个工人在 T 砖厂干活,这些工人的工资均由王某从 T 砖厂财务领出再发给工人。2014 年 3 月 15 日,陈某经介绍到 T 砖厂从事拉窑车和装板砖的工作。陈某工作时间由王某通知,月工资为 3500 元,工资由王某发放。2014 年 4 月 18 日早上 6 时多,陈某在开窑车时,被窑车和板砖夹伤。事后,陈某向钦州市钦南区劳动人事争议仲裁委员会申请确认与 T 砖厂存在劳动关系,

① (2015)钦民三终字第 61 号。

钦州市钦南区劳动人事争议仲裁委员会于2014年9月10日作出钦南劳人仲案字(2014)第58号仲裁裁决书,认定双方之间存在事实劳动关系。T砖厂不服,向法院提起诉讼,要求确认双方不存在劳动关系。

(二)争议焦点

陈某与T砖厂是否存在劳动关系?

(三)一审法院审理与裁判

说理:以完成一定工作任务为期限的劳动合同,是指用人单位与劳动者约定以某项工作的完成为合同期限的劳动合同。用人单位与劳动者协商一致,可以订立以完成一定工作任务为期限的劳动合同。原告、被告之间虽没有签订劳动合同,但原告、被告符合法律、法规规定的主体资格;原告有业务发生时,招用被告从事其安排的有报酬的劳动,被告的工作、工作时间受到原告管理人员的管理,故原告对被告的用工行为,符合原劳动和社会保障部《通知》第1条"用人单位招用劳动者未订立书面劳动合同,但同时具备下列情形的,劳动关系成立"中有关劳动关系成立具备的情形。原告诉称要求确认原告、被告之间不存在劳动关系的主张不能成立。

判决:确认原告T砖厂与被告陈某之间存在事实劳动关系。

(四)二审法院审理及判决

说理:二审新查明上诉人T砖厂虽然将其内部车间顶车工种承包给砖厂领班王某,但该发包行为是其内部的经营方式。该车间顶车的工人虽由王某招聘并支付工资,但王某属自然人不具备用工主体资质,上诉人T砖厂具备法律、法规规定的用工主体资格,承包方王某及招用的工人系受用工的企业上诉人T砖厂的统一管理,且王某招用工人提供的劳动是该厂的组成部分。根据《劳动合同法》第15条,用人单位与劳动者可以签订以完成一定工作任务为期限的劳动合同的情形有:(1)以完成单项工作任务为期限的劳动合同;(2)以项目承包方式完成承包任务的劳动合同;(3)因季节原因用工的劳动合同;(4)其他双方约定的以完成一定工作任务为期限的劳动合同。上诉人T砖厂与王某签订的《承包顶车协议书》符合以完成一定工作任务为期限的劳动合同中(1)和(2)两种情形。据此,应当认定上诉人T砖厂与被上诉人陈某之间建立了事实劳动关系。故一审认定上诉人T砖厂与被上诉人陈某之间存在事实劳动关系并无不当,对上诉人T砖厂的上诉理由,法院不予支持。

判决:驳回上诉,维持原判。

三、案例分析及法理拓展

(一)以完成一定工作任务为期限的劳动合同与承揽合同的区别

以完成一定的工作任务为期限的劳动合同一般表现为劳动者根据用人单位的要求完成一定工作任务,用人单位根据约定向劳动者支付报酬,由于双方没有约定确定的合同终止期限,使这类合同看上去比一般的劳动合同更注重劳动成果或者工作效果,而不是劳动过程。因此,这类合同容易与承包合同、承揽合同、建筑工程施工合同等民事合同发生混淆。根据《合同法》第251条的规定:“承揽合同是承揽人按照定作人的要求完成工作,交付工作成果,定作人给付报酬的合同。”例如,房屋装修合同、安装设备合同就是典型的加工承揽合同。承揽行为主要包括加工、定作、修理、复制、测试、检验等工作。在承揽合同中定作人对于承揽人享有请求完成一定工作的权利,此为承揽人对于定作人在承揽契约所负的主要给付义务,也是承揽契约存在的基础。[①] 承揽合同和以完成一定工作任务为期限的劳动合同具有很多相似之处:其一,二者都是双方事先约定一方完成工作任务,一方给付报酬;其二,合同一方当事人都是以完成一定的工作并交付工作成果为要件取得劳动报酬。判断劳资双方的合同是劳动合同还是承揽合同,应该运用劳动关系的认定的标准。如果劳动者为用人单位提供的劳动是用人单位业务的组成部分,用人单位对其进行管理,双方存在实际用工行为,符合劳动关系建立的主体标准和从属性标准,那么就双方当事人符合劳动合同关系成立的条件,用人单位与劳动者之间就存在劳动关系,而该合同应属于“以完成一定的工作任务为期限的劳动合同”,反之则为承揽合同或者其他劳务合同。

在上述案例中,T砖厂具备法律、法规规定的用工主体资格,承包方王某及招用的工人系受用工的企业T砖厂的统一管理,且陈某提供的劳动是该厂业务的组成部分,双方存在劳动关系,即属于以完成一定的工作任务为期限的劳动合同。相反,如果当事人双方没有隶属关系、管理与被管理之关系,就应当属于承揽合同。在实践生活中,用工方通常会签订承揽协议混淆双方属于劳动关系的事实,我们应当特别注意,认定一种社会关系的性质,不能直接根据双方合同的名称加以判断,而应考察双方建立的社会关系的本质特征。如上述案例中,T砖厂与王某签订的《承包顶车协议书》就属于以完成一定工作任务为期限的劳动合同,而不是承包合同。

(二)以完成一定工作任务为期限的劳动合同的适用范围

根据《劳动合同法》第15条的规定,以完成一定工作任务为期限的劳动合同是一种独立的劳动合同类型,旨在满足多元化劳动关系主体的不同需求。从文义解释的角度

---

① 参见黄茂荣:《债法各论》(第1册),中国政法大学出版社2004年版,第284页。

出发,以完成一定工作任务为期限的劳动合同适用于任何以完成某项工作任务为目的建立的劳动关系,但是根据《劳动合同法》的立法意图可以看出,固定期限劳动合同和无固定期限劳动合同应是劳动合同类型的常态,而以完成一定工作任务为期限的劳动合同仅是上述两种劳动合同类型的补充,所以在实践中,该类合同的适用范围有一定限制,否则与《劳动合同法》维护劳动者的就业稳定权的目的相违背。

要明确以完成一定工作任务为期限的劳动合同的适用范围,必须首先理解"一定工作任务"的含义。第一,"一定工作任务"应属于短期的、一次性的工作任务,不具有重复性。第二,"一定工作任务"必须具有一定的独立性,工作性质或是有整体上的部分性,或是有阶段性,或是有季节性,或是项目性,可适用于单项工作、可按项目承包的工作、因季节原因需临时用工的工作以及其他双方约定的以完成一定工作任务为期限的工作。第三,"一定工作任务"是指特殊领域的工作,一般仅适用于铁路、桥梁、水利、石油勘探、建筑等工程项目。① 本书认为,以完成一定工作任务为期限的劳动合同的适用范围应当以"工作任务"性质为基础,用人单位聘请劳动者所从事的工作只有满足上述工作任务的性质才能签订以完成一定工作任务为期限的劳动合同。

(三)以完成一定工作任务为期限劳动合同的社会保险

以完成一定工作任务为期限的劳动合同当事人双方的权利义务基本与其他两类劳动合同相同,但在实践中,容易出现用人单位将以完成一定工作任务为期限的劳动合同中的劳动者特殊对待的情形,较常见的是单位不为这些劳动者办理社会保险,理由是这些劳动者的劳动合同期限不确定。《劳动法》第72条规定,用人单位和劳动者必须依法参加社会保险,缴纳社会保险费;《劳动合同法》第17条规定,劳动合同的必备条款包括社会保险,由此可见,社会保险是任何劳动合同的法定必备条款,属于法律法规的强制性规定,即使是以完成一定工作任务为期限的劳动合同,也并没有排除用人单位的社会保险责任。该类合同办理社会保险时,缴费基数按实际月工资收入计算,如果是一次性支付工资报酬的,按平均月工资收入计算,但不得低于当地最低缴费基数。

四、举一反三

K林业科技有限责任公司的经营范围是:油茶的育苗、种植、加工及销售,畜牧、水产、农副产品等农业综合开发。柏某等5人于2018年农历正月末到K林业科技有限责任公司为其从事修筑蓄水池工作。公司每天早上7:00左右安排车辆接被告柏某及其工友到柏家坪镇皇家洞村种植基地修筑蓄水池,午餐由公司提供,下午约6:00安排车辆将被告柏某及其工友送回。若遇下雨天,是否开工由公司电话通知。2018年2月27

① 参见蒋月:《劳动法与社会保障法》,浙江大学出版社2010年版,第45页。

日,双方签订水池承包施工合同(工程内容和规格:新修水池2座。工程工期为2018年2月27日至2018年3月17日)。但是,双方履行合同的方式与合同签订之前并没有区别。2018年3月27日上午11:00左右,柏某同工友5人在修筑水池时,因粉刷水池墙面的临时脚手架坍塌,从一米多高处掉下来摔伤。

结合本节内容,分析K林业科技有限责任公司与柏某之间是否存在劳动关系。

第三节　劳动合同与劳动关系

一、知识背景

劳动合同是劳动者与用人单位之间确立劳动关系、明确双方权利和义务的协议。劳动合同这一概念可以在法律行为意义上使用,即指劳动合同的订立、履行、变更、解除、终止的全过程;也可以在法律关系意义上使用,即指劳动合同关系。

(一)劳动合同的形式

劳动合同有书面形式、口头形式。根据《劳动法》第19条的规定,劳动合同一般应当采用书面形式。《劳动合同法》第10条规定,建立劳动关系,应当订立书面的劳动合同,第69条同时规定,非全日制用工可以采用口头形式。由此可见,我国劳动合同书面形式是原则,口头形式是例外。立法对签订书面劳动合同作强制性规定的原因在于:其一,市场信用度低,书面劳动合同有利于将双方的意思表示通过书面形式固化,虽然不能解决所有的信用问题,但是相对于口头合同而言,具有更强的信用保证价值。其二,劳动条件基准不完备。现行劳动基准立法存在诸多不足,而用人单位的集体合同和劳动规章制度都无法实现充分保障个别劳动者权益的目的。劳资双方的劳动权利义务的大部分内容需要由劳动合同约定,不采用书面形式就不足以明确其内容。所以,《劳动法》与《劳动合同法》均将订立书面劳动合同确定为劳资双方的一种法定义务。既然如此,书面劳动合同是否具有决定劳动关系建立和存在的效力?如果在实践中劳动者与用人单位未签订书面劳动合同或者劳动合同无效,劳动关系是否仍然存在?对于这两个问题,我们需要先分别理解劳动合同的订立和劳动关系建立的相关规定,并在此基础上进一步梳理它们之间的关系。

(二)书面劳动合同的效力

在我国,立法尽管一直要求劳动合同应当采用书面形式,但并没有将有效的书面劳动合同作为劳动关系的成立要件。《劳动法》第16条与《劳动合同法》第10条规定,建立劳动关系,应当订立书面劳动合同。但原劳动部《意见》第17条将没有书面劳动合同依据的劳动关系称为事实劳动关系。2008 年施行的《劳动合同法》虽然没有继续规定事实劳动关系这一概念,但是该法第 7 条明确规定,“用工”是劳动关系建立的实质标志。也就是说,用人单位与劳动者之间只要存在用工行为,符合劳动关系建立的主体标准和从属性标准,即使没有签订劳动合同或者劳动合同无效,也已经建立起劳动关系。而用人单位与劳动者建立劳动关系,同样受劳动法调整,产生劳动法律关系,互相享有权利承担义务。由此可见,书面劳动合同并不是劳动关系的成立要件或生效要件,仅在劳动关系的建立过程中作为证明劳动关系存在的形式标志,具有证据效力。

二、典型案例

(一)案情简介①

1988 年 1 月 11 日,Z 矿业集团公司(以下简称 Z 集团)招收陈某为全民劳动合同制工人,同年 5 月,双方签订书面劳动合同,约定:Z 集团 J 煤矿(甲方)自 1988 年 4 月起录用陈某(乙方)从事铁路工种,合同期限为 10 年,至 1998 年 4 月期满。陈某 1996 年 9 月将在 Z 集团 J 煤矿木场的工作岗位以 20,000 元的价格出卖给尹某。尹某一直以陈某名义在该单位参加工作,并办理了附有尹某照片的工作证,2006 年 10 月 27 日,尹某以陈某(乙方)的名义与 Z 集团 J 煤矿(甲方)签订劳动合同 1 份,约定:乙方同意甲方安排,从事井下扒沟工作。合同期限为无固定期限劳动合同,乙方姓名为陈某。尹某一直工作到 2016 年 1 月,期间 Z 集团 J 煤矿并未提出任何异议。2016 年 1 月,煤炭行业不景气,Z 集团 J 煤矿在没有任何书面通知的情况下,强行停止了尹某的工作,并未作出任何补偿。

尹某遂向枣庄市劳动人事争议仲裁委员会提出了仲裁,申请要求确认与 Z 集团 J 煤矿的劳动关系,枣庄市劳动人事争议仲裁委员会作出枣劳人仲案字[2016]第 155 号仲裁裁决书,该裁决书支持了尹某的请求,Z 集团 J 煤矿不服遂向滕州市人民法院提起了民事诉讼。

(二)争议焦点

Z 集团 J 煤矿与尹某之间是否存在劳动关系?

(三)一审法院审理与裁判

说理:劳动合同是劳动者与用人单位确立劳动关系、明确双方权利和义务的协议。建立劳动关系应当订立劳动合同。订立和变更劳动合同,应当遵循平等自愿、协商一致的原则,不得违反法律、行政法规的规定。劳动合同无效是指已订立的劳动合同违反了效力性强制性规定而导致国家法律对其予以否定性的评价。因劳动力属消耗品,一旦

---

① (2017)鲁 04 民终 797 号。

付出，就无法恢复到合同订立前的状态，更谈不上返还，因而劳动合同无效不能简单适用合同无效的相关理论。因为劳动者在确立劳动合同无效之前，已经向用人单位提供了劳动，那么无论是劳动者还是用人单位都不能以此无效的劳动合同为依据行使权利。劳动合同被确认无效，劳动者已付出劳动的，用人单位应当向劳动者参照本单位相同或者相近岗位劳动者的劳动报酬支付劳动报酬。劳动关系是指用人单位与特定劳动者之间基于依附性体力、脑力付出而产生的合法社会关系。其本质是依附性，体现在人身依附性和业务依附性两个方面。劳动关系属于实践性社会关系而非诺成性社会关系，应以用工的实践行为而非书面或口头用工合意为劳动关系成立的标志。因而只要用人单位有实际用工，不论合同是否有效，就与劳动者存在劳动关系。具体到本案，虽然因欺诈而导致劳动合同无效，但劳动合同无效和双方是否存在劳动关系是两个不同的概念。事实劳动关系是一种事实，而不是一种法律行为，只有法律行为才存在效力问题，事实仅仅是客观情况的反映，不存在效力问题。因此，也就不存在无效的情况。所以，冒名顶替工作的行为不影响事实劳动关系的认定。

判决：原告 Z 集团 J 煤矿自 1996 年 9 月至 2016 年 1 月与被告尹某存在事实劳动关系。

（四）二审法院审理及判决

说理：根据《劳动法》第 17 条的规定，订立和变更劳动合同，应当遵循平等自愿、协商一致的原则，不得违反法律、行政法规的规定。根据《劳动合同法》第 26 条的规定，以欺诈、胁迫的手段或者乘人之危，使对方在违背真实意思的情况下订立或者变更劳动合同的，劳动合同无效或部分无效。但根据《劳动合同法》第 7 条的规定，用人单位自用工之日起即与劳动者建立劳动关系。尹某以陈某的名义与 Z 集团 J 煤矿签订劳动合同，其行为对 Z 集团 J 煤矿存在恶意欺骗，且违背了 Z 集团 J 煤矿的真实意愿，签订的劳动合同应属无效。但尹某以陈某的名义向 Z 集团 J 煤矿提供劳动力，即与 Z 集团 J 煤矿构成劳动关系，一审法院对此予以认定并无不当，法院予以支持。

判决：驳回上诉，维持原判。

三、案例分析及法理拓展

（一）劳动关系与劳动合同关系的制度发展

我国对于劳动关系和劳动合同之间的关系经历了三个阶段的变化，第一阶段是《劳动法》颁布初期，劳动关系和劳动合同之间的关系表现出绝对形式主义，《劳动法》第 16 条规定：“劳动合同是劳动者与用人单位确立劳动关系、明确双方权利和义务的协议。”建立劳动关系应当订立劳动合同。即劳动合同是确认劳动关系存在的必要依据，并且还规定了劳动合同的必备条款，旨在便于司法实践系统以劳动合同作为判定劳动关系是否存在的标准。从文义解释的角度看,劳动合同成为劳动关系建立的必要条件,该立法的目的旨在通过该规定,激励实践中劳资双方积极签订书面劳动合同。然而,正是因为用人单位认为存在劳动合同才存在劳动关系,不存在劳动合同就不存在劳动关系,用人单位与劳动者签订书面劳动合同的意愿大大降低,再加上对该规定的理解各不相同,从而导致《劳动法》颁布后并没有改变劳动市场中劳动合同签订率低的状况,反而因为书面劳动合同的强制性规定导致用工实践中出现大量无书面合同的劳动者,使双方发生劳动争议后劳动关系难以界定,劳动者的合法权益难以维护。

为了解决这一问题,原劳动和社会保障部《通知》第1条规定,用人单位招用劳动者未订立书面劳动合但同时具备规定情形的,劳动关系成立。也就是说,用人单位与劳动者如果未签订书面劳动合同但双方的法律关系符合劳动关系的实质要件,则双方存在劳动关系。该通知正式明确了劳动合同对于劳动关系建立的意义,该阶段可以看作,劳动关系与劳动合同的关系属于相对形式主义的阶段,劳动关系建立既有形式性标准又有实质性标准,劳动关系的建立以实质性标准为主。

2008年《劳动合同法》的施行标志着劳动合同与劳动关系之间关系的第三个发展阶段,即劳动关系与劳动合同的关系的实质主义阶段,其中第7条规定:"用人单位自用工之日起即与劳动者建立劳动关系。用人单位应当建立职工名册备查。"第10条规定:"建立劳动关系,应当订立书面劳动合同。已建立劳动关系,未同时订立书面劳动合同的,应当自用工之日起一个月内订立书面劳动合同。用人单位与劳动者在用工前订立劳动合同的,劳动关系自用工之日起建立。"法律明确规定用人单位用工之日与劳动者建立劳动关系,"用工"是劳动关系建立的实质标志。也就是说,用人单位与劳动者之间只要存在用工行为,符合劳动关系建立的主体标准和从属性标准,即使没有签订劳动合同或者劳动合同无效,也已经建立起劳动关系,同样受劳动法调整,产生劳动法律关系,互相享有权利承担义务。由此可见,用人单位和劳动者之间的关系经历了从形式主义到实质主义发展的过程,现行立法中,劳动关系与书面劳动合同呈现出既相互联系,又相互独立的关系。

(二)劳动关系建立的标志

实践中,常常会存在劳资双方存在用工,但是却没有签订书面劳动合同,或者书面劳动合同无效的情形,如上述案例中,尹某与用人单位存在事实上的用工关系,但是双方之间的劳动合同因尹某的身份欺诈而无效。对于这种情形,《劳动合同法》之前将其认定为事实劳动关系,《劳动合同法》之后,直接明确为劳动关系。

用人单位与劳动者之间的劳动关系需要相关的标志予以证明,这些标志主要包括以下内容:第一,用人单位与劳动者之间要存在用工行为,即劳动者为用人单位提供的劳动是用人单位业务的组成部分,用人单位对其进行管理,就可以认定为实际用工。第二,符合劳动关系建立的主体标准和从属性标准。主体标准对于劳动者而言需满足法定用工年龄未达到法定退休年龄标准,还应具有一定的自由度标准,能够自由支配自己的劳动能力;对于用人单位而言,必须具备用工资质和法定形式。从属性标准指的是用人单位依法制定的各项劳动规章制度适用于劳动者,劳动者接受用人单位的劳动管理;劳动者从事用人单位安排的有报酬的劳动;劳动者提供的劳动是用人单位业务的组成部分。

根据上面所说的两个标准,在劳动者未与用人单位签订劳动合同时,劳动者应当注意在工作中留存以下证据:(1)支付工资的凭证或记录;(2)能证明劳动者身份的证件,如工作证、入门卡、服务证;(3)劳动者的考勤记录;(4)劳动者填写的用人单位招聘过程中的登记表、报名表等能够证明自己在用人单位工作的重要材料,用以证明与用人单位之间的劳动关系。

(三)时效制度在劳动关系确认中的适用

《劳动争议调解仲裁法》第27条第2款规定,劳动争议申请仲裁的时效期间为1年,当劳动争议发生时,确认劳动关系无论是对劳动者和用人单位而言,还是对仲裁机构和人民法院来说都至关重要。而时效制度又是影响权利人权利能否实现的重要因素,请求确认劳动关系是否受仲裁时效的限制,法律上没有明文规定,因此产生了理论之争。

有学者认为,确认劳动关系应当适用仲裁时效,因为时效制度的法律意义是维持现有的秩序,法律不保护在权利上睡觉的人,如果权利人没有在法律规定的时间内主张自身权利,那么他将丧失时效利益。而现行立法并未将劳动关系的认定排除在时效制度的适用范围之外,确认劳动关系也应当适用《劳动争议调解仲裁法》第27条所规定的1年仲裁时效。更重要的是,虽然确认劳动关系与实体性权利无关,但是确认劳动关系的最终目的是获得赔偿、加班费、补交社会保险费用等实体性权利,考虑劳动者最终要求的权利在实际中难以实现,确认劳动关系适用仲裁时效更为妥当。在这种观点下,如果主张确认劳动关系适用仲裁时效,那么时效经过后用人单位可以向仲裁机构或法院提出时效经过的抗辩,劳动者的诉求会被驳回或者不予受理。但也有学者认为,确认劳动关系不应当适用仲裁时效。“诉”分为三类:确认之诉、给付之诉和变更之诉,在这三类“诉”中只有给付之诉和变更之诉适用诉讼时效制度,确认之诉不受诉讼时效限制。确认劳动关系,是对劳动者与用人单位是否存在用工事实及用工行为在法律上的定性,是劳动人事争议仲裁委员会或人民法院在职权范围内,对是否存在劳动关系进行的法律判断,属于确认之诉。劳动争议在救济途径上是民事处理的前置程序,其相关规定应适用民法的一般原理。确认劳动关系只是对法律关系的确认,并不以存在权利义务被侵害为必然前提,即使存在后一步的维权之诉,申请确认劳动关系与将要进行的权利维护是两个诉讼请求,不能将下一个诉求中应该适用的法律规定放到确认之诉中适用,因为上诉人提出确认请求不是在行使请求权,也不存在义务人履行义务的问题。确认双方是否存在劳动关系的诉请并不直接指向民事权利,而是一种确认之诉,不涉及实体权利的处分,不应受诉讼时效的限制。

本书认为,确认劳动关系的诉讼属于确认之诉,只是对法律关系的确认,并不以实体权利被侵害为必然前提,我们应将确认劳动关系的诉讼与当事人接下来所进行的维权诉讼区分开来,不能因为下一个诉应当适用时效制度来推断确认劳动关系的诉讼也要适用时效制度;在实践中,职业病诊断、工伤认定以及社会保险缴纳等劳动争议都需要首先确认劳动关系。职业病一般具有较长的潜伏期,有的劳动者甚至是在退休之后才知道用人单位没有替他缴纳社会保险等情形;如果确认劳动关系适用时效制度,这一类劳动者的合法权益则会在开始阶段就被阻断,还会导致已经存在的法律规定形成冲突。因此,确认劳动关系的争议不宜适用时效制度。

在司法实践中,法官对于确认劳动关系是否适用仲裁时效的判决并不一致,有的案件一审判决适用时效制度而二审改判;[①]有的案件一审适用时效制度,二审同样适用时效制度,[②]全国各地以及各层级的法院对于该类诉讼是否适用时效制度并没有统一,所以在立法上存在对《劳动争议调解仲裁法》相关制度完善的期待。

四、举一反三

某公司在招聘保安的广告中提示:“只招 S 市本地人”,(是否存在就业歧视的问题在本案中不做讨论)张某强不是 S 市本地人,为了得到这份工作,就借用他哥哥张某某的全套身份证明文件去应聘,最终获得了这份工作。某一天,张某强在工作过程中遭受工伤事故,家属请求单位承担工伤保险责任,单位在医院的病历上了解到,他们招用的这个劳动者,在应聘的过程中存在身份欺诈行为,于是主张,他们之间的劳动合同因为对方的欺诈而无效,因此双方不存在劳动关系,单位不用承担工伤保险责任。

结合本节内容,思考以下问题:

1. 张某强与该公司之间是否存在劳动关系?

2. 如何理解“建立劳动关系,应当订立书面劳动合同”?

---

① (2019)吉 08 民终 436 号。

② (2019)鲁 08 民终 1791 号。

第四节 未签书面劳动合同的法律后果

一、知识背景

根据《劳动合同法》第10条第2款、第82条以及《劳动合同法实施条例》的规定，只要用人单位与劳动者建立了劳动关系，就负有签订书面劳动合同的义务，如果没有履行该义务，用人单位或者劳动者都可能承担相应的法律责任。

（一）用人单位与劳动者订立书面劳动合同的法定义务

根据《劳动合同法》第10条第2款的规定，书面劳动合同应当在用工之日起1个月内签订。实践中，有些书面劳动合同在劳动关系建立前签订，有些书面劳动合同在劳动关系建立后签订。先签订书面劳动合同后用工的情形是一种较为标准的签约方式，而先用工后签订书面劳动合同的情形存在一定的缔约风险，因此立法主要对后者进行了明确规定。根据《劳动合同法实施条例》第6条的规定，如果用人单位未与劳动者订立劳动合同，则负有补订劳动合同的义务。如果用人单位或者劳动者任何一方在用工之后拒绝订立书面劳动合同，则承担相应的法律后果。

（二）违反“签订书面劳动合同义务”的法律后果

从主体的角度分，未签订书面劳动合同的法律后果可以分为用人单位未签订书面劳动合同和劳动者未签订书面劳动合同。具体而言，用人单位未签订书面劳动合同又可分为三种情形：第一种情形是自用工之日起1个月内，用人单位未与劳动者订立书面劳动合同的，用人单位应书面通知劳动者订立劳动合同；第二种情形是自用工之日起超过1个月不满1年，用人单位未与劳动者订立书面劳动合同的，用人单位应依照《劳动合同法》第82条的规定向劳动者每月支付2倍工资，并与劳动者补订书面劳动合同；第三种情形是自用工之日起满1年后，用人单位未与劳动者订立书面劳动合同的视为已经与劳动者订立无固定期限劳动合同，用人单位应立即与劳动者补订书面无固定期限劳动合同。如果是劳动者不愿意与用人单位订立书面劳动合同，劳动者也应承担不利后果，可分为两种情形：第一种情形是自用工之日起1个月内，劳动者不与用人单位订立书面劳动合同的，用人单位应书面通知劳动者终止劳动关系，并依法向劳动者支付劳动报酬，但无须支付经济补偿金；第二种情形是自用工之日起超过1个月不满1年，劳动者不与用人单位订立书面劳动合同的，用人单位应书面通知劳动者终止劳动关系，并依规定向劳动者每月支付2倍工资和经济补偿金。

二、典型案例

(一)案情简介①

周某于2014年4月20日进入L餐饮管理有限公司(以下简称L公司)工作,岗位为驾驶员,负责L公司的餐饮配送,双方未签订书面劳动合同。2014年7月之前,周某的月工资标准为4000元,2014年7月起,周某的月工资标准调整为4100元,周某最后出勤至2014年12月31日,之后没有去过L公司上班。

2015年8月6日,周某向上海市浦东新区劳动人事争议仲裁委员会申请仲裁,要求L公司支付:2014年5月20日至2014年12月31日未签订劳动合同的双倍工资②差额43,448元。2015年11月25日,该仲裁委员会作出浦劳人仲(2015)办字第7280号裁决书,裁令L公司支付周某2014年8月6日至2014年12月31日未签订劳动合同的双倍工资差额19,934.48元。双方均不服该裁决,诉至法院请求判决。

(二)争议焦点

L公司是否应当支付未签劳动合同期间的双倍工资以及金额为多少?

(三)一审法院审理与裁判

说理:用人单位自用工之日起超过1个月不满1年未与劳动者订立书面劳动合同的,应当向劳动者每月支付2倍的工资。本案中,双方于2014年4月20日至2014年12月31日存有劳动关系、双方未订立过书面劳动合同、周某的工资标准等已经有生效民事判决所确认,故L公司应向周某支付未签订劳动合同的双倍工资差额。劳动争议申请仲裁的时效期间为1年。仲裁时效期间从当事人知道或者应当知道其权利被侵害之日起计算。本案中,周某于2015年8月6日申请仲裁要求L公司支付未签订劳动合同的双倍工资差额,故其诉请的2014年5月20日至2014年8月5日的未签订劳动合同的双倍工资差额已超过法定的仲裁时效,法院难以支持,但L公司仍应支付周某2014年8月6日至2014年12月31日期间未签订劳动合同的双倍工资差额。

判决:L公司支付周某2014年8月6日至2014年12月31日期间未签订劳动合同的双倍工资差额19,914.29元。

(四)二审法院审理及判决

说理:周某与L公司建立劳动关系但未签订书面劳动合同,L公司未举证证明其已

---

① (2016)沪01民终4203号。

② 《劳动合同法》第82条规定了用人单位未及时签订劳动合同的"二倍工资"责任,但是在一些地方审判意见中将其表达为"双倍工资",司法实务中采用"双倍工资"的表达也较普遍,因此,无特别说明,本书中的"二倍工资"与"双倍工资"不作严格区分,原则上表达为"二倍工资",但审判意见或判决书中表达的"双倍工资"不作更改。

履行了诚实磋商的义务和存在周某拒绝订立的情形,故应承担支付双倍工资差额的法律责任。同时,周某主张权利,亦应在仲裁时效期间积极行使,故以仲裁申请之日倒推1年来衡量周某主张的双倍工资差额是否超过1年仲裁时效期间。周某申请仲裁之日为2015年8月6日,周某主张的2014年8月6日至12月31日未签订书面劳动合同双倍工资差额,尚在1年仲裁时效期间内,故L公司应予以支付。

判决:驳回上诉,维持原判。

三、案例分析及法理拓展

(一)二倍工资的法律性质

二倍工资是《劳动合同法》对于用人单位未履行书面劳动合同签订义务设置的法律责任,将用人单位与劳动者订立书面劳动合同的法定义务以法律条文的形式固化下来,而理论界对此条款的法律性质一直存在争议,主要分为三种观点:一是报酬说,认为按照法律解释的位阶来说,应当首选文义解释,只有在文义解释、体系解释等都不能确定立法原意的时候,才能适用目的解释,按照二倍工资的文义,工资即为劳动报酬的货币形态。而法律条文中并没有明确体现出"赔偿责任"的含义,从概念上也并未赋予"赔偿"之意,所以其并不具有赔偿金的性质。① 二是赔偿说,其认为二倍工资不单单是劳动报酬,也不只属于赔偿金,应当是二者的结合,其中的一倍工资是劳动者付出劳动所应得的劳动报酬,另外的一倍工资则属于赔偿金的性质。② 三是惩罚性赔偿说,认为一般的工资是劳动力价值所反映的具有对价性的报酬,二倍工资则被视为用人单位承担的一种法定责任,具有惩罚性,两者性质不同,所以二倍工资难以用劳动报酬来概括。把它界定为惩罚性赔偿能有效督促劳动者及时维权,且能有效地防止对"在自己权利上睡觉"的当事人的过度保护,实现立法的目的。③

本书认为,把二倍工资理解为劳动报酬不符合市场交易活动中的等价有偿原则;但是如果把"二倍工资"完全理解为惩罚性赔偿金,难以解释劳动者付出了劳动却没有得到应有的劳动报酬。所以一倍工资属于劳动报酬,另外的一倍工资是由于用人单位违反签订书面劳动合同义务所应支付的赔偿金的观点更具合理性。二倍工资的诉讼请求属于《劳动争议调解仲裁法》第2条规定的劳动争议范围,所以请求二倍工资应当适用劳动争议申请仲裁的时效期间,即劳动者知道或者应当知道其权利被侵害之日起1年内申请仲裁,超过1年部分的二倍工资法院不会支持。在上述案例中,周某主张的2014

---

① 参见陈玉江:《双倍工资属于法定工资》,载《中国律师》2011年第6期。

② 参见王全兴、粟瑜:《用人单位违法不订立书面劳动合同的"二倍工资"条款分析》,载《法学》2012年第2期。

③ 参见王琼:《"二倍工资"法律条款适用问题分析》,载《延边大学学报》(社会科学版)2014年第6期。

年8月6日至12月31日未签订书面劳动合同2倍工资差额,尚在1年仲裁时效期间内,L公司应予以支付,而其诉请的2014年5月20日至2014年8月5日2倍工资差额已超过1年的法定仲裁时效,因此法院没有支持,符合立法原意。

(二)计算二倍工资的基数

《劳动合同法》第82条仅规定用人单位自用工之日起超过1个月不满1年未与劳动者订立书面劳动合同的,应当向劳动者每月支付二倍的工资。但是并没有明确"工资"的范围,造成了司法审判中标准不一致的现象。根据国家统计局《关于工资总额组成的规定》第4条规定,工资由计时工资、计件工资、奖金、津贴、补贴、加班加点工资以及特殊情况下支付的工资组成。然而在实践中,能否将这一规定直接用作对二倍工资的工资基数的理解存在争议。

在实践中,劳动者的实收工资主要分为基础工资和辅助工资两类,基础工资包括计时工资和计件工资,辅助工资包括单位给员工发放的奖金、津补贴、加班工资及特殊情况下支付的工资等,二倍工资的计算标准的分歧主要围绕是否应当计入奖金、加班工资等辅助工资形成了基础工资说和工资总额说两种观点。基础工资说认为以劳动者的计时工资或计件工资作为二倍工资的计算标准较适宜,主要是因为基础工资在工资总额中所占的比重较大,而且相较于奖金和加班工资而言具有稳定的可获得性。工资总额说认为基础工资不能完全地反映出劳动者提供劳务获得劳动报酬的用工特性,不能真正维护劳动者的合法权益,并且以基础工资作为二倍工资的计算标准不能对单位的违法行为起到明显的惩罚作用,所以二倍工资的计算标准应该是劳动者应该获得的全部工资总额。

在司法实践中各个地方也有不同的司法意见,例如其中北京市高级人民法院和深圳市中级人民法院通过会议纪要的形式规定:双倍工资的计算基数应以相对应的月份的应得工资为准,即加付的一倍工资包括加班工资在内的所有应发工资。① 而广州市中级人民法院发布的《关于审理劳动争议案件的参考意见》第18条规定,用人单位未按法规签订书面劳动合同而每月支付双倍工资的,以标准工资作为计算基数。② 上海市高级人民法院则认为,劳动关系双方对月工资有约定的,双倍工资的计算基数应按照双方约定的正常工作时间的月工资来确定;双方对月工资没有约定或约定不明的,应按《劳动合同法》第18条的规定来确定正常工作时间的月工资,并以确定的工资数额作为双倍工资的计算基数;如按《劳动合同法》第18条仍无法确定正常工作时间工资数额

---

① 参见《北京市劳动局北京市高级人民法院关于劳动争议案件法律适用问题研讨会会议纪要》(2009年8月17日)、《深圳市争议仲裁、诉讼实务座谈会纪要》(2010年3月9日)。

② 参见《广州市中级人民法院关于审理劳动争议案件的参考意见》(2009年10月)。

的，可按劳动者实际获得的月收入扣除加班工资、非常规性奖金、福利性、风险性等项目后的正常工作时间月工资确定；如月工资未明确各构成项目的，由用人单位对工资构成项目进行举证，用人单位不能举证或证据不足的，双倍工资的计算基数按照劳动者实际获得的月收入确定。①

本书认为，在没有特殊约定的情况下，二倍工资的计算基数可以采取工资总额说。理由在于，现实生活中存在大量劳动者的工资组成由辅助工资占比较大，而工资之外的另外一倍工资又具有惩罚性赔偿的性质，如果规定二倍工资的计算基数只是基础工资，不仅不能起到对用人单位的惩罚作用，而且削弱了劳动合同法对劳动者的保护作用。但是，这一思路并不意味国家统计局关于工资总额的规定适用于任何对工资理解的情形中，因为统计局确定工资总额的目的是统计需要，但是在劳动关系中，工资是劳动者所付出劳动的对价形式，在不同的语境中，工资可能会有不同的含义，但是无论如何都不应脱离"劳动报酬"这一本质属性加以解释。

(三)对"应当终止劳动关系"的理解

《劳动合同法实施条例》第5条规定："自用工之日起一个月内，经用人单位书面通知后，劳动者不与用人单位订立书面劳动合同的，用人单位应当书面通知劳动者终止劳动关系，无需向劳动者支付经济补偿，但是应当依法向劳动者支付其实际工作时间的劳动报酬。"《劳动合同法实施条例》第6条规定："用人单位自用工之日起超过一个月不满一年未与劳动者订立书面劳动合同的，应当依照劳动合同法第八十二条的规定向劳动者每月支付两倍工资，并与劳动者补订书面劳动合同……"

关于未签订书面劳动合同的法律后果，法律已经规定得很完备了，但司法实践中法院对"应当终止劳动关系"的理解还存在差异：有些法院强调用人单位应严格遵守劳动合同法，认为即使是因为劳动者的原因导致双方未能按期订立劳动合同的，用人单位也应当及时采取措施，终止双方的事实劳动关系，以避免"不合法"的用工状况的出现。如果用人单位在用工后超过1个月的时间未能与劳动者签订劳动合同的情况下没有依法书面通知劳动者终止劳动关系，仍然维持与劳动者的事实劳动关系，则用人单位在管理上具有明显错误，需要承担法律责任。也就是说，有些法院将《劳动合同法实施条例》第5条、第6条规定的"用人单位应当书面通知劳动者终止劳动关系"的"应当"作了非常严格的理解，认为在劳动者不签订合同的情况下，解除劳动合同是用人单位的义务，否则将会承担不利后果。

实践中也有不少法院重点考察用人单位是否履行"诚意磋商"的义务，强调劳资双方利益的平衡保护，认为如果用人单位履行了诚意磋商的义务，即用人单位提出与劳动

① 参见上海市高级人民法院：《劳动争议案件若干问题的解答》（民一调研2010）34号。

者签订书面劳动合同,并对劳动合同内容进行磋商,则不必承担不利后果。因为诚意磋商义务来源于诚实信用原则,而在《劳动合同法》第3条就将诚实信用原则作为一项基本原则贯穿于整个《劳动合同法》中。所以劳资双方在签订劳动合同时,当然需要考虑双方的主观意图,在用人单位违法未签订书面劳动合同时,也需要对未签订书面劳动合同的原因作进一步探讨。如果是因为劳动者不当利用二倍工资条款,牟取不正当利益,同时用人单位也尽到了诚意磋商义务,那么此时基于诚实信用原则,用人单位就无须支付二倍工资。

本书认为,建立劳动合同,用人单位和劳动者都应诚实签订书面劳动合同。从用人单位的角度来说,如果劳动者拒绝签订,用人单位原则上应积极行使终止合同的权利;如果没有及时终止合同,且用人单位有“诚意磋商”的过程,可以不必承担不利后果,但是“诚意磋商”的举证责任应由单位提供,并应采用较严格的证明标准,避免用人单位假借“诚意磋商”逃避责任。

(四)代签、补签劳动合同的效力

《劳动合同法》第10条第2款规定,用人单位与劳动者未订立书面劳动合同,但已建立劳动关系的,应当自开始用工之日起1个月内与劳动者订立书面劳动合同。但是在实际的劳动用工中他人代签劳动合同和事后补签劳动合同的情况大量存在,有些劳动者会在劳动关系结束后主张这类劳动合同无效,请求支付二倍工资,也就是所谓的“劳动碰瓷”,他们的请求是否能得到支持需要具体分析劳动合同的订立和履行过程是否遵循诚实信用原则。

在实践中,如果劳动者本人能够签订劳动合同但拒绝签订,却故意找他人代替签订劳动合同,事后又以劳动合同不是本人亲自签订为由向用人单位主张二倍工资,此类劳动者在劳动合同订立过程中没有遵循诚实信用原则且于用人单位不存在拒签劳动合同的情形。只要有证据对劳动者找人代签劳动合同的真实性予以确认,就可以认为该第三人属于劳动者委托的代理人,其代理签订的劳动合同视为劳动者亲自签订;无论劳动者是否事后反悔,该劳动合同均已成立,用人单位不需要支付二倍工资。

如果是用人单位在未得到劳动者授权的情况下找第三人代替劳动者签订劳动合同,该劳动合同不能归属于劳动者,双方仍然未签订劳动合同,用人单位应当向劳动者承担支付二倍工资的法律后果。

如果用人单位和劳动者对订立劳动合同已经进行了诚信的磋商,对于劳动合同的主要条款意思表示一致,因不可抗力、意外情况等,劳动者不能亲自签订而找他人代签的劳动合同属于有效合同。

总体来说,在代签劳动合同的情形中,如果劳资双方在劳动合同的订立和履行过程中遵循诚实信用原则,则劳动合同成立;而违反诚实信用原则订立劳动合同的,则应当由违反诚实信用原则的一方承担相应法律后果。

补签劳动合同，是指用人单位在法定期限内没有与劳动者签订劳动合同，而是在劳动者提供了一段时间的劳动后又与劳动者补签合同的情形。对于劳动者是否有权请求未签订劳动合同期间的二倍工资的问题需要具体分析：其一，劳资双方在补签劳动合同时，一般情况会把劳动合同的期限向前推移至用工之日，劳动者没有证据证明其是在受到用人单位欺诈、胁迫或是乘人之危等情况下订立的劳动合同，也没有在补签劳动合同的时候向用人单位提出支付未签订劳动合同期间的二倍工资的要求，则应当认为补签劳动合同是双方的真实意思表示，视为劳动者自愿放弃请求支付未签劳动合同期间二倍工资的权利。尽管补签劳动合同的行为仍然违反了《劳动合同法》第 82 条规定的 1 个月内订立书面劳动合同的义务，但是该补签书面劳动合同的行为相较于不签订劳动合同而言一定程度上达到了保护劳动者合法权益的目的，所以如果补签劳动合同是在平等自愿、协商一致的基础上达成的共识，只要不违反法律法规的规定，就是有效的劳动合同。其二，如果补签劳动合同未补签到实际用工之日，则对实际用工日与补签日之间的时间，属于未按照法律规定签订劳动合同的期间，如果劳动者要求，则用人单位仍需要支付二倍工资。

四、举一反三

周某应聘到 F 纸品公司（以下简称 F 公司）上班，双方没有签订书面合同，1 年后双方解除劳动关系，周某向 F 公司主张未签订合同的二倍工资，庭审过程中，F 公司举证证明自己曾书面通知周某签订合同，但是周某拒绝配合。

在这个案件中，一审法院认为在用人单位有证据证明是劳动者拒绝签订书面劳动合同的情况下，用人单位应当在一定期限内书面通知劳动者终止劳动关系。如果用人单位未在法定期限内依法书面通知劳动者终止劳动关系，而是继续用工，应视为用人单位放弃了终止劳动关系的权利。周某在劳动合同期满后仍在 F 公司继续工作，F 公司亦每月向其支付工资，F 公司事实上放弃了终止劳动关系的权利。

结合本节内容，思考下列问题：

1. F 公司是否应支付二倍工资？

2. 假如 F 公司应支付二倍工资，支付的期限为多长？

第五节　劳动合同法定必备条款之“工作地点”

一、知识背景

《劳动合同法》将劳动合同的内容分为法定必备条款和法定可备条款两大类。前者即法律规定劳动合同必须具备的条款,具体又可分为一般法定必备条款和特殊法定必备条款;后者即劳动法规定双方约定一致可在劳动合同中列明的条款,如试用期、服务期、保密及竞业限制等条款。除《劳动合同法》规定的劳动合同条款外,当事人还可以根据自身需要特别约定其他条款,但这些约定都不应违反法律法规的强制性规定。

(一)法定必备条款

1. 一般法定必备条款。根据《劳动合同法》第 17 条第 1 款的规定,劳动合同应当具备以下条款:(1)用人单位的名称、住所和法定代表人或主要负责人;(2)劳动者的姓名、住址和居民身份证号码或者其他有效身份证件号码;(3)劳动合同期限;(4)工作内容和工作地点;(5)工作时间和休息休假;(6)劳动报酬;(7)社会保险;(8)劳动保护、劳动条件和职业危害防护;(9)法律、法规规定应当纳入劳动合同的其他事项。法律的这一规定即为劳动合同的一般法定必备条款。

2. 特殊法定必备条款。是法律要求某种或某几种劳动合同必须具备的条款。有的劳动合同由于自身的特殊性,立法特别要求其除一般法定必备条款外,还必须包含某些特有条款。例如,《劳动合同法》第 58 条规定,在劳务派遣关系中,劳动合同除应当载明本法第 17 条规定的法定必备条款的事项外,还应当载明被派遣劳动者的用工单位以及派遣期限、工作岗位等情况。

根据以上法定必备条款的内容不难发现,法定必备条款都是属于与劳动者权益密切相关的条款,法律之所以对此作出强制性规定,主要是为了避免用人单位利用自己的谈判优势,对其中某些条款不予约定,或者作不利于劳动者的约定。

(二)法定可备条款

《劳动合同法》第 17 条第 2 款规定:“劳动合同除前款规定的必备条款外,用人单位与劳动者可以约定试用期、培训、保守秘密、补充保险和福利待遇等其他事项。”这些条款可以规定在劳动合同中,但未作规定不影响劳动合同的效力,因此称为法定可备条款。为了防止用人单位滥用法定可备条款,《劳动合同法实施条例》第 13 条作出了一项禁止性规定:“用人单位与劳动者不得在劳动合同法第四十四条规定的劳动合同终止情形之外约定其他的劳动合同终止条件。”

（三）约定条款

劳动法未作规定，但可基于双方约定列入劳动合同，不违反法律法规强制性规定，对双方当事人产生拘束力的劳动合同条款，如股权激励条款、商业保险条款等。

二、典型案例

（一）案情简介①

李某于2012年3月7日入职S公司任行政专员，月工资3000元，双方《劳动合同书》约定：固定期限：2012年6月12日至2015年6月11日；工作地点：全国。2014年1月9日，S公司在湖南办事处因故撤销，S公司通知李某到北京工作，双方就此未能协商一致发生纠纷，李某未再为S公司提供劳动。2014年3月3日，S公司以李某长期旷工，违反了员工手册及劳动合同的约定，向李某寄送了解除劳动合同通知书。李某对解除劳动合同通知书真实性没有异议，但表示公司湖南办事处已撤销，没有工作地点，不能继续办公。因此公司解除劳动合同的行为不合法，据此，李某于2014年3月7日向北京市朝阳区劳动人事争议仲裁委员会申请仲裁，要求S公司支付违法解除劳动合同赔偿金12,000元等两项诉讼请求，北京市朝阳区劳动人事争议仲裁委员会作出了京朝劳仲字[2014]第04767号裁决书，裁决：驳回李某的仲裁请求。李某对此不服，遂诉至法院。

（二）争议焦点

S公司是否应当向李某支付违法解除劳动关系的赔偿金？

（三）一审法院审理与裁判

说理：虽然双方劳动合同约定工作地点是全国，但李某系湖南籍人，入职时工作地点亦在S公司的湖南办事处；S公司在湖南的办事处因故于2014年1月撤销，S公司要求李某到北京工作，此属于双方劳动合同订立时所依据的客观情况发生重大变化，致使劳动合同无法履行，双方就此未能协商一致，S公司应向李某支付解除劳动合同的经济补偿金。李某要求S公司报销先行垫付的相关行政运营费用，S公司对此予以否认，李某就此未能提供相关证据，其请求一审法院不予支持。

判决：（1）S公司于判决生效之日起10日内支付李某解除劳动合同的经济补偿金6000元；（2）驳回李某的其他请求。

（四）二审法院审理及判决

说理：劳动合同订立时所依据的客观情况发生重大变化，致使劳动合同无法履行，经用人单位与劳动者协商，未能就变更劳动合同内容达成协议的，用人单位提前30日

---

① 参见（2014）三中民终字第15908号。

以书面形式通知劳动者本人或者额外支付劳动者1个月工资后,可以解除劳动合同。综合全案证据和当事人具体情况,一审法院认定本案属于双方订立劳动合同时所依据的客观情况发生重大变化,致使劳动合同不能履行。后2014年3月7日,S公司以李某长期旷工违反员工手册和劳动合同约定与其解除劳动合同缺乏法律依据。现李某并未提起上诉,一审法院认定支付经济补偿金并不高于法律规定,法院不持异议。S公司的上诉请求于法无据,法院不予支持。综上,一审法院判决认定事实清楚,适用法律正确,处理结果并无不当,应予维持。

判决:驳回上诉,维持原判。

三、案例分析及法理拓展

(一)“工作地点”被确定为劳动合同的法定必备条款的原因

与《合同法》强调契约自由的性质不同,《劳动合同法》虽然仍在一定意义上体现了私法的契约自由和意思自治,但内容和条款都具有较明显的强制性特征,意思自治较明显地受到了法律限制。《劳动合同法》之所以作出这种强制性规定,主要是基于用人单位与劳动者之间处于一种不平等的状态,劳动者相较于用人单位而言,无论是经济实力还是信息能力等都明显处于劣势地位;为了保护劳动者的基本权利,防止用人单位利用自己的优势地位作出不利于劳动者的约定,必须通过法律的权利化倾斜配置来给予劳动者特殊保护。从上述案例我们可以看出,是否符合法定必备条款的要求要根据客观情况变动以及劳资双方是否协商一致来确定。

随着经济发展水平的提高,越来越多的用人单位开始跨区域开展经营,而劳动合同中有关“工作地点”的约定对劳动者的实际利益具有重大影响,劳动者的工作地与生活地、家庭关系所在地的密切联系要求用人单位与劳动者在合同签订之初就对工作地点予以明确。正因如此,2008年实施的《劳动合同法》将“工作地点”规定为劳动合同的法定必备条款。很显然,在上述案例中,双方对“工作地点”也进行了约定。

(二)“工作地点”的范围

在本案中,双方虽然约定了“工作地点”,但该工作地点的内容为“全国”,这是否符合《劳动合同法》的立法本意,是否符合工作地点条款的基本要求呢?《劳动合同法》第8条和第17条将“工作地点”规定为劳动合同中的法定必备条款,但是对于工作地点的范围并没有作具体明确的约定,在实践中,有些在全国多个城市都有办事机构的用人单位为了便于调动劳动者,将工作地点约定为“全国”等形式,这种约定是否具有效力?回答这一问题首先需要对工作地点条款的基本要求进行梳理,用人单位与劳动者对工作地点的约定,可以分为两种:一种是精确型约定,即明确到具体的省、市甚至区县;另一种是宽泛型约定,即将工作地点约定为全国、中国地区等。从保护劳动者基本权利的角度出发,对工作地点的约定应当是明确具体的,如果作过于宽泛的约定,如约定为“全国”范围形式时,用人单位将有权利在全国范围内调动劳动者,劳动者没有选择和决定的权利,工作地点则形同虚设,所以,虽然立法未对工作地点的范围进行明确规定,但在实践中,普遍认为“工作地点”的约定应当明确具体。至于应明确到哪一层级,则根据具体案件具体判断。上述案例中,S 公司与李某签订的劳动合同中将工作地点规定为“全国”,此时该工作地点属于宽泛型约定,应视为工作地点约定不明,S 公司应与李某协商,重新约定工作地点。如果未能就变更劳动合同内容达成协议,基于“客观情况发生重大变化”,公司需提前 30 日以书面形式通知李某本人或者额外支付李某 1 个月工资后,才可以解除劳动合同。

(三)工作地点约定不明确的法律后果

如果劳动者与用人单位关于工作地点的约定不明确,可能产生下列后果:(1)可视为未作约定。对于法定必备条款,未约定的应补充约定,如果无法就补充约定达成一致意见,可以将实际上的工作地点视为双方约定的工作地点。(2)在工作地点约定不明确的情况下,用人单位不能任意调换劳动者的工作地点,如果因为调换工作地点致使劳动者不正常到岗工作,不能以劳动者不服从工作安排,违反用人单位的规章制度为由解雇劳动者。(3)双方对工作地点约定不明确,如果原工作地点已经不存在,劳动合同无法继续履行,用人单位也不能单方行使变更权,仍然应与劳动者协商一致变更工作地点,如果无法达成协议,则只能以其他理由解除劳动合同。上述案例中,用人单位可以《劳动合同法》第 40 条第 3 款劳动合同订立时所依据的客观情况发生变化协商未能达成协议解除劳动合同,并承担相应的后果。

四、举一反三

案例一:郭某与某连锁酒店在签订的合同中约定:工作地点以实际分配为准。2016 年 7 月,一直在武汉工作的郭某被通知前往镇江店任店长,郭某因家庭原因拒绝,2016 年 7 月 27 日,公司以旷工为由解除劳动合同。

案例二:周某入职某全国范围内均有业务的上市公司,劳动合同中约定:工作地点为公司总部及所辖地区,后周某一直在该公司昆明办事处工作。2017 年,在未与周某协商一致的情况下,公司将其调动至成都市,并要求在 8 天内报到。周某不服此调动决定,遂找负责人反映情况,致连续 3 日未在岗工作。公司以周某严重违反劳动纪律为由将其辞退,并不予支付经济补偿。

结合本节内容,回答以下问题:

1. 案例一中,酒店解除劳动合同的行为是否合法?为什么?

2. 案例二中,公司以周某违反劳动纪律为由将其辞退,并不支付经济补偿金的行为是否合法?为什么?

第六节　劳动合同法定必备条款缺失或无效的后果

一、知识背景

(一)劳动合同法定必备条款及其意义

劳动合同法定必备条款指的是法律所规定的一个合格的劳动合同所应当具备的条款内容。《劳动合同法》第17条规定了9项法定必备条款,这些条款均为劳动者与用人单位必须约定的内容,如果约定不明确,则用人单位需要承担约定不明的后果。同时,法定必备条款也是劳动合同的重要形式要件,如果劳动合同必备条款严重缺失,一旦发生争议,可能被认为不符合劳动合同的形式要件,因此导致认定用人单位与劳动者未签订书面劳动合同,用人单位将可能承担未签劳动合同的责任。

(二)劳动合同无效的事由

根据《劳动合同法》第26条的规定,下列劳动合同无效或部分无效:(1)以欺诈、胁迫的手段或者乘人之危,使对方在违背真实意思的情况下订立或者变更劳动合同的。欺诈指一方故意告知对方虚假情况,或者故意隐瞒真实情况,诱使另一方作出错误表示的行为。胁迫是指一方以另一方及其亲友的生命健康、荣誉、名誉、财产等造成损害为要挟,迫使另一方作出违背真实意愿的意思表示的行为。乘人之危,是指一方利用另一方的危难处境或紧迫需要,迫使另一方作出违背真实意愿的意思表示的行为。(2)用人单位免除自己的法定责任、排除劳动者权利的。实践中,某些用人单位与劳动者约定免除自己法定责任的条款,如约定用人单位可随时解除合同且无须给付经济补偿金等,这些条款均是无效的。(3)违反法律、行政法规强制性规定的。

劳动合同法定必备条款是劳动合同内容的重要组成部分,其之所以由法律作强制性规定,主要目的是维护稳定的劳资关系,保护劳动者的合法权益;除此之外,劳动合同法定必备条款在明确劳动关系,平衡双方利益上也起到了积极的效果。然而,在实践中,并非所有用人单位都会按照法律规定在劳动合同中包含法定必备条款,法定必备条款的欠缺或无效的现象常常发生,因此产生的劳资纠纷层出不穷,劳动合同法定必备条款的欠缺或无效,会对劳动合同的成立、生效、履行产生什么样的法律后果,这是本节主要解决的问题。

二、典型案例

（一）案情简介①

2014年10月22日，S公司与张某签订了《协议书》，协议书约定张某的主要工作是负责所有员工每天四餐饭、办公室卫生，每周上班6天，休息1天，法定节假日休息。聘用期限为2014年12月30日至2015年12月29日，但合同没有用人单位住所和法定代表人或者主要负责人、劳动者的住址和居民身份证或者其他有效身份证件号码、工作时间和休息休假、劳动报酬、社会保险等条款，双方没有签订其他的书面劳动合同。S公司已为张某缴纳了工伤保险。因为S公司没有与张某签订劳动合同，没有足额支付报酬，所以张某单方提出解除劳动合同。张某向东莞市劳动人事争议仲裁院塘厦仲裁庭提起劳动仲裁，请求裁决S公司向张某支付2014年11月22日至2015年8月18日未签劳动合同二倍工资差额34,603元等7项诉讼请求。该庭经审理于2015年10月16日作出S公司向张某支付2014年11月22日至2015年8月18日未签劳动合同二倍工资差额26,378元的裁决。S公司对该裁决不服，向法院提起诉讼。

（二）争议焦点

S公司与张某签订的欠缺法定必备条款的协议书是否属于劳动合同？公司应否承担未签订书面劳动合同的二倍工资责任？

（三）一审法院审理与裁判

说理：S公司主张其与张某签订的协议书即是劳动合同，但该协议书并没有用人单位住所地和法定代表人或者主要负责人、劳动者的住址和居民身份证或者其他有效身份证件号码、工作时间和休息时间、劳动报酬、社会保险等主要条款，法院认为上述合同不属于书面劳动合同，故认定双方并没有签订书面劳动合同。根据《劳动合同法》第82条的规定："用人单位自用工之日起超过一个月不满一年未与劳动者订立书面劳动合同的，应当向劳动者每月支付二倍的工资。"

判决：S公司向张某支付2014年11月22日至2015年8月18日的未签订劳动合同的二倍工资差额25,272元。

（四）二审法院审理与判决

说理：S公司虽然与张某签订了《协议书》，但《协议书》并未约定张某的工作时间和休息休假、劳动报酬、社会保险等主要条款，并不具备《劳动合同法》第17条规定的劳动合同应当具备的条款，故S公司未与张某签订书面劳动合同，应根据《劳动合同法》第82条的规定向张某支付未签订劳动合同的二倍工资差额，根据张某的工资表核算，S公

① （2016）粤19民终2399号。

司应向张某支付2014年11月22日至2015年8月18日未签订劳动合同的二倍工资差额25,461元,原审判决在判决主文第三项中认定S公司应向张某支付未签订劳动合同的二倍工资差额错误,但鉴于张某已明确同意S公司按照25,272元支付二倍工资差额,对多余部分表示放弃,系对自身权利的处分,法院予以准许,故法院认定S公司应向张某支付2014年11月22日至2015年8月18日未签订劳动合同的二倍工资差额25,272元。

判决:驳回上诉,维持原判。

三、案例分析及法理拓展

(一)判断劳动合同是否成立并有效的标准

我国劳动立法虽然规定了劳动合同无效的情形,但未正面规定劳动合同的有效要件。从理论上来看,劳动合同有效要件一般包括:(1)主体适格,即劳动者与用人单位双方都具备法定的主体资格;(2)意思表示真实,即劳动者与用人单位双方是在平等自愿、协商一致的原则下所订立的劳动合同,缔约双方外在意思与内心意思相一致;(3)合同内容合法,即符合法律、行政法规强制性要求,并且不违反公序良俗、社会道德等。在具体的劳动合同中,如果内容上已经具备了劳动合同的成立要件,双方基本上可以按照这个协议履行义务,在用人单位已经与劳动者签订了书面合同的情况下,只要能够确认合同双方当事人的身份,合同的主要权利义务条款明确,具备可履行性,我们就可认定双方已签订劳动合同。因此,判断劳动合同成立并有效的标准应为该劳动合同是否具备了"可履行性"。

(二)劳动合同欠缺法定必备条款或法定必备条款无效的后果

我国《劳动合同法》第18条规定:"劳动合同对劳动报酬和劳动条件等标准约定不明确,引发争议的,用人单位与劳动者可以重新协商;协商不成的,适用集体合同规定;没有集体合同或者集体合同未规定劳动报酬的,实行同工同酬;没有集体合同或者集体合同未规定劳动条件等标准的,适用国家有关规定。"同时,根据《劳动合同法》第81条的规定:"用人单位提供的劳动合同文本未载明本法规定的劳动合同必备条款或者用人单位未将劳动合同文本交付劳动者的,由劳动行政部门责令改正;给劳动者造成损害的,应当承担赔偿责任。"从法律相关规定可以看出,虽然立法规定,建立劳动关系应当签订书面劳动合同,但是未签订书面劳动合同并不必然会导致劳动关系无效。劳动合同法定必备条款只是劳动合同形式完备的充要条件,并不是劳动合同是否有效的充要条件。法律规定书面劳动合同法定必备条款的目的,是更好地保护劳动者的合法权益,防止用人单位通过不签重要条款的方式侵犯劳动者的合法权益。首先,如果法定必备条款缺失或无效,应产生行政机关对用人单位的监管责任,而轻易确认合同无效只会对劳动者产生不利的后果。其次，如果劳动合同缺失的法定必备条款为直接影响双方履行劳动合同的核心条款，如主体条款，工作内容等条款，则该劳动合同可视为没有订立。最后，如果劳动合同缺失或无效的法定必备条款并非直接影响双方履行合同的核心条款，则只要合同具备了可履行性，该合同的整体效力不受影响，仅该缺失或无效条款部分无效，应依法处理。在上述案例中，张某与 S 公司签订的《协议书》虽然是属于具有瑕疵的劳动合同，但是该协议双方当事人和工作内容等都明确，实际上已经具备了可履行性，应当视为双方签订了劳动合同，且其他条款均对当事人双方有约束力。

（三）劳动合同法定必备条款缺失或者无效的处理方法

劳动合同法定必备条款约定不明确时主要有以下几种处理方法：（1）补充约定，劳动合同的补充约定是相对于已经存在的合同而言的，主要是通过补充约定来弥补原合同中不明确或不足之处，当补充约定与主合同发生矛盾时，应当以时间在后的补充约定为执行标准。（2）依照法律规定的标准执行，相关法律规定包括《劳动合同法》第 18 条规定的，劳动合同对劳动报酬和劳动条件约定不明确所引发的争议，用人单位与劳动者可以协商，协商不成则适用集体合同规定，如果没有集体合同或者集体合同未规定劳动报酬，实行同工同酬，没有集体合同或者集体合同未规定劳动条件等标准的，适用国家有关规定。以及第 81 条规定的，用人单位提供的劳动合同文本未载明本法规定的劳动合同必备条款或者用人单位未将劳动合同文本交付劳动者的，由劳动行政部门责令改正，给劳动者造成损害的，应当承担赔偿责任。（3）根据合同的具体情况进行推定，例如在代某与 G 公司劳动争议案中，①代某与 G 公司签订劳动合同书，但没有约定劳动合同的起止日期，法院认为，这份劳动合同的期限应推定为自签订之日起至劳动者离开用人单位不再提供劳动之日止。

四、举一反三

案例一：2013 年 3 月，俞某应聘进入某公司工作，双方签订了劳动合同，对工作内容、工作时间、劳动保护、社会保险、劳动纪律、劳动合同终止条件、违约责任等作了约定，但未约定合同期限。2015 年 9 月，公司通知俞某解除劳动合同。俞某先后申请仲裁、提起诉讼，主张劳动合同未成立，要求公司向其支付未签订书面劳动合同的二倍工资等。

案例二：张某 2015 年 9 月进入某市政工程有限公司从事司机工作，双方订立书面劳动合同，劳动合同中包含了用人单位的名称、劳动者姓名、工作内容、工作时间、劳动合同期限等必备条款，但劳动合同中缺少劳动报酬、工作地点两项必备条款。双方在劳

---

① （2017）渝 0114 民初 1680 号。

动合同中约定,张某所在岗位施行不定时工作制。2016 年 4 月,张某与该市政工程公司协商一致解除劳动合同。2016 年 5 月,张某向有管辖权的仲裁委员会提起仲裁,要求该市政工程有限公司支付 2015 年 9 月至 2016 年 4 月的加班费 2 万元。

案例三:陈某刚刚参加工作,缺乏社会经验,签订书面劳动合同半年后才发现合同中少了关于休假、休息以及社会保险的相关内容。陈某向劳动仲裁委提起申请,要求单位支付未签订劳动合同二倍工资差额。

结合本节内容,分别评述上述劳动者的主张应否得到支持?

第七节　劳动合同约定条款之“试用期”

一、知识背景

试用期,是指当事人双方约定的在劳动合同期限内,以确定劳动关系是否进入正式状态的短暂性、实验性期限。试用期的意义在于有利于用人单位考察劳动者是否合格,劳动者了解用人单位是否符合自己要求。尽管试用期对于双方当事人了解对方是否符合自己建立正式劳动关系的要求都有意义,但实践中,试用期对用人单位更有价值,因为试用的主要目的是便于用人单位判断劳动者的适格性和能力,用人单位通过试用期可以决定个别劳动者的去留。正因如此,立法基于保护劳动者的目的,对试用期进行了相应的规制。

(一)试用期的适用范围与最长期限

《劳动合同法》颁布实施之前,滥用试用期侵犯劳动者权益的现象比较普遍,有的用人单位直接用试用期合同替代劳动合同、有的劳动者在同一用人单位往往被不止一次约定试用期等,对此,《劳动合同法》对于试用期法定期限、范围主要在以下几方面作出规定:(1)限定能够约定试用期的固定期限劳动合同的最短期限,在劳动法规定试用期最长不得超过 6 个月的基础上,根据劳动合同期限的长短,将试用期细化。具体规定是:劳动合同期限 3 个月以上不满 1 年的,试用期不得超过 1 个月;劳动合同期限 1 年以上不满 3 年的,试用期不得超过 2 个月;3 年以上固定期限和无固定期限的劳动合同试用期不得超过 6 个月。(2)同一用人单位与同一劳动者只能约定一次试用期。试用期是指用人单位对新招收职工的思想品德、劳动态度、实际工作能力、身体情况等进行进一步考察的时间期限,经过一次试用期考察后,用人单位对劳动者的上述信息通常有了充分的了解,无须多次约定试用期。(3)为遏制用人单位短期用工现象,不是所有劳动合同都可约定试用期。以完成一定工作任务为期限的劳动合同或者劳动合同期限不满

3 个月的,不得约定试用期,因为无法明确劳动合同的期限或者期限过短,对于无法明确期限的劳动合同,试用期的长短无法确定,而对于劳动合同期限本来就过短的劳动合同,试用期的确定显然并没有必要,如果劳动者不能胜任工作,用人单位在劳动合同期限届满时不续订合同即可。(4)劳动合同仅约定试用期或者劳动合同期限与试用期相同的,试用期不成立,该期限为劳动合同期限。

(二)试用期的工资标准

《劳动合同法》第 20 条规定:"劳动者在试用期的工资不得低于本单位相同岗位最低档工资或者劳动合同约定工资的百分之八十,并不得低于用人单位所在地的最低工资标准。"由于该条规定存在歧义,《劳动合同法实施条例》第 15 条规定:"劳动者在试用期的工资不得低于本单位相同岗位最低档工资的 80% 或者不得低于劳动合同约定工资的 80% ,并不得低于用人单位所在地的最低工资标准。"明确了试用期劳动者同样享有法律规定的工资保障。

(三)违法约定试用期的法律后果

为了避免用人单位违法约定试用期,《劳动合同法》规定了违法约定试用期的法律后果,该法第 83 条规定:"用人单位违反本法规定与劳动者约定试用期的,由劳动行政部门责令改正;违法约定的试用期已经履行的,由用人单位以劳动者试用期满月工资为标准,按已经履行的超过法定试用期的期间向劳动者支付赔偿金。"其中,违法约定试用期的情形包括:(1)约定的试用期超过法律规定的时限;(2)同一用人单位与劳动者约定了超过一次的试用期;(3)以完成一定工作任务为期限的劳动合同约定了试用期;(4)劳动合同仅约定试用期。在这些情形之下,劳动者可以首先向劳动行政机关投诉,劳动行政机关则按照该条规定责令用人单位改正并向劳动者支付赔偿金,劳动者也可以向劳动争议仲裁委员会申请仲裁,请求用人单位支付赔偿金。

二、典型案例

(一)案例一①

1. 案情简介

宁某与 Y 餐饮店签订《试用期协议》,期限从 2017 年 5 月 19 日起至 2017 年 8 月 19 日止。宁某在 Y 餐饮店从事会计工作。月工资 4400 元。宁某于 2017 年 9 月 23 日离职,离职原因是单位裁员,宁某从 9 月 1 日至 9 月 23 日工资为 3373 元。该案中,Y 餐饮店认为,宁某试用期满后,不同意减少工资,是属于主动提出离职,而宁某认为自己的离职单已经载明离职原因是裁员,且由 Y 餐饮店经营者本人签字确认,并非用人单位所说

① (2018)辽 01 民终 4382 号。

的主动离职。

宁某向沈阳市于洪区劳动人事争议仲裁委员会申请仲裁,请求补偿工作期间未签订劳动合同的工资补偿(2017 年 5 月 15 日至 2017 年 9 月 23 日)即 4400 元/月 ×3 个月,共计 13,200 元以及解除劳动合同赔偿 2200 元。2017 年 10 月 11 日,仲裁委员会作出沈于劳人不字[2017]1020 号《不予受理通知书》。宁某不服,向法院提起诉讼。

2. 争议焦点

Y 餐饮店是否应当支付宁某未签订书面劳动合同的二倍工资差额?

3. 一审法院审理与裁判

说理:根据《劳动法合同法》第 19 条的规定,试用期包含在劳动合同期限内。劳动合同仅约定试用期的,试用期不成立,该期限为劳动合同期限。可见《劳动合同法》承认仅约定试用期的合同是劳动合同,只是内容上有瑕疵,所以在试用期合同的期限内,用人单位无须付二倍工资。第 82 条规定,用人单位自用工之日起超过 1 个月不满 1 年未与劳动者订立书面劳动合同的,应当向劳动者每月支付二倍的工资。本案双方当事人签订的试用期合同,视为劳动合同,但合同的试用期至 2017 年 8 月 19 日,宁某在 Y 餐饮店实际工作至 2017 年 9 月 23 日,超出试用期的工作期限应付宁某未签劳动合同的二倍工资:2017 年 8 月 20 日至 2017 年 9 月 23 日的工资为 4986 元[(4400/30 ×11 天) +3373 元]。

判决:Y 餐饮店于本判决生效之日起 10 日内给付宁某未签劳动合同二倍工资 4986 元。

4. 二审法院审理及判决

说理:关于 Y 餐饮店是否应当支付宁某未签订书面劳动合同二倍工资差额。《劳动合同法》第 10 条规定,建立劳动关系,应当订立书面劳动合同。用人单位只要与劳动者建立了劳动关系,在劳动关系存续期间,就应有相应的劳动合同加以确认和保障。双方当事人签订的书面劳动合同于 2017 年 8 月 19 日到期,双方当事人均未解除劳动关系,宁某在 Y 餐饮店工作至 2017 年 9 月 23 日,Y 餐饮店应当继续与宁某订立书面劳动合同而未订立,应当支付二倍工资差额。Y 餐饮店的该项请求没有法律依据,法院不予支持。

判决:驳回上诉,维持原判。

(二)案例二①

1. 案情简介

徐某于 2015 年 12 月 25 日入职 M 饮食店,任行政总厨。入职后,M 饮食店(甲方)

---

① (2017)粤 20 民终 6132 号。

与徐某(乙方)签订劳动合同,约定:合同期限:(1)试用期自2016年2月5日起至2016年8月5日止;(2)合同自2016年8月6日起至2018年8月6日止;甲方聘用乙方在出品部门从事总厨工作,工作地点在厨房范围内;试用期工资为6400元/月,约定工资为8000元/月(其中基本工资1501元,其他岗位工资6499元),工资于次月15日支付。合同还约定了其他事项。

2017年3月6日,徐某向中山市劳动人事争议仲裁委员会申请仲裁,要求裁决M饮食店支付2016年2月5日至同年8月5日期间违法约定试用期的赔偿金53,033元等两项诉讼请求。2017年5月2日,该会出具中劳人仲案字[2017]750号仲裁裁决:“被申请人须于本裁决生效后即支付申请人违法约定试用期的赔偿金32,266.67元。”徐某和M饮食店均不服该裁决提起诉讼。

2. 争议焦点

M饮食店应否向徐某支付违法约定试用期的赔偿金?

3. 一审法院审理与裁判

说理:徐某与M饮食店签订的劳动合同约定,合同试用期自2016年2月5日起至2016年8月5日止,合同自2016年8月6日起至2018年8月6日止,试用期工资为6400元/月,约定工资为8000元/月。根据《劳动合同法》第19条的规定,试用期包含在劳动合同期限内,认定该劳动合同的期限为2016年2月5日至2018年8月6日。M饮食店主张虽然约定了6个月的试用期,但并未实际履行,其方支付徐某2016年3月工资4700元/月,2016年4月起的工资均超过8000元。M饮食店未提交证据证明其方于6个月内已将徐某转为正式员工,也没有提交其方撤销试用期约定的证据。M饮食店依法应承担举证不能的不利后果,故对M饮食店的主张不予采信,并认定徐某与M饮食店双方劳动合同约定的试用期(2016年2月5日至2016年8月5日)已实际履行。因双方劳动合同的期限为2年半,根据《劳动合同法》第19条的规定,徐某与M饮食店双方的劳动合同约定的试用期不得超过2个月。M饮食店与徐某双方合同约定的试用期超过了法律规定的试用期,属于违法约定试用期。根据《劳动合同法》第83条的规定,M饮食店应以徐某试用期满月工资8000元/月的标准向徐某支付违法约定试用期的赔偿金32,266.67元(8000元/月×4个月+8000元/月÷30天/月×1天)。由于刘某为个体户M饮食店的经营者,其依法应对上述赔偿金承担支付责任。M饮食店要求无须支付违法约定试用期的赔偿金的诉求,予以驳回。

判决:M饮食店、刘某于本判决生效之日起7日内向徐某支付违法约定试用期的赔偿金32,266.67元。

4. 二审法院审理及判决

说理:《劳动合同法》第19条第1款规定,“劳动合同期限三个月以上不满一年的,试用期不得超过一个月;劳动合同期限一年以上不满三年的,试用期不得超过二个月;三年以上固定期限和无固定期限的劳动合同,试用期不得超过六个月”。第83条规定,“用人单位违反本法规定与劳动者约定试用期的,由劳动行政部门责令改正;违法约定的试用期已经履行的,由用人单位以劳动者试用期满月工资为标准,按已经履行的超过法定试用期的期间向劳动者支付赔偿金”。本案中,M饮食店与徐某签订的劳动合同期限为2年半,但约定徐某试用期为6个月,其对试用期的约定已违反了上述条款规定的期限。M饮食店、刘某称其从2016年2月至同年8月均按转正后的工资标准支付工资给徐某,但双方是否对试用期进行变更或者对徐某进行转正,M饮食店、刘某没有提供相应的证据予以证明。而试用期是用人单位对其新招收的员工的工作能力、工作态度等情况进行考虑的期限,员工在试用期与转正后在权利义务方面是有一定区别的,工资差别只是其中的一方面,仅仅支付转正的工资并不等于必然转正或者双方不执行试用期的约定。故此,M饮食店、刘某主张双方实际没有履行试用期的约定证据不足,不能否定双方对试用期约定并进行了实际履行的事实。一审认定M饮食店、刘某应承担向徐某支付违法约定试用期的赔偿金32,266.67元正确。

判决:驳回上诉,维持原判。

三、案例分析及法理拓展

(一)劳动合同仅约定试用期的后果

我国《劳动合同法》第19条规定,“劳动合同仅约定试用期的,试用期不成立,该期限为劳动合同期限”。但是根据《劳动合同法》第7条规定,“用人单位自用工之日起即与劳动者建立劳动关系。用人单位应当建立职工名册备查”。《劳动法》第72条规定,“用人单位和劳动者必须依法参加社会保险,缴纳社会保险费”。除此之外,《劳动合同法实施条例》第6条规定,“用人单位自用工之日起超过一个月不满一年未与劳动者订立书面劳动合同的,应当依照劳动合同法第八十二条的规定向劳动者每月支付两倍的工资,并与劳动者补订书面劳动合同”。

在案例一中,双方签订了期限从2017年5月19日起至2017年8月19日止的试用期合同,而没有签订劳动合同,属于《劳动合同法》第19条中仅约定试用期的情形,因此该试用期合同不成立,试用期限就是劳动合同期限,也就是劳动合同期限为2017年5月19日起至2017年8月19日止。由于本案并不存在其他导致合同无效的情形,试用期合同可以看作劳动合同,所以在2017年5月19日起至2017年8月19日止这段期限内,宁某不能主张Y餐饮店承担未签订合同的二倍工资。同时,宁某的劳动合同期限至2017年8月19日就已经截止了,虽然宁某在Y餐饮店实际工作至2017年9月23日,但是法院也不应支持2017年8月20日至2017年9月19日的双倍工资的请求,因为在劳动合同期限届满后实际又在该餐饮店工作且没有继续签订劳动合同的，根据《劳动合同法》第 82 条所规定的未签订书面劳动合同的情形，该餐饮店应从第二个月起支付二倍工资，即只需支付 2017 年 9 月 20 日至 9 月 23 日这段时间的二倍工资。从这个案例我们可以看出，如果用人单位与劳动者只约定了试用期，该试用期条款是不成立的，该试用期的期间就是劳动合同的期间，用人单位并不能规避任何责任，仍应承担办理社保、支付劳动报酬等劳动法上的所有义务。同时，只约定了试用期的合同，只要不存在其他导致合同无效的情形，这个合同就可以看作劳动合同，劳动者不能由此主张用人单位没有与自己签订书面劳动合同的二倍工资责任。当然，如果双方在约定的期限超过 1 个月之后还没有签书面合同，就有可能发生未签书面合同的法律后果。

（二）试用期的中止

《劳动合同法》对试用期终止制度作出了规定，但是如果试用期期间劳动者因病休假等客观原因导致用人单位无法对试用期期间的劳动者作出考核的情形，能否中止试用期，待到客观原因消失后再继续履行试用期合同，我国法律并没有作相应的规定。在实践中已经有一些省份在劳动合同条例中对试用期中止作出了规定，比如《天津市贯彻落实〈劳动合同法〉若干问题实施细则》第 13 条规定，“劳动者在试用期间内被证明不符合录用条件的，用人单位应当在试用期内做出解除劳动合同的决定。劳动者在试用期内患病或者非因工负伤的，经劳动关系双方协商一致，试用期可以中止”。《江苏省劳动合同条例》第 15 条规定，“劳动者在试用期内患病或非因工负伤须停工治疗的，在规定的医疗期内，试用期中止”。

关于试用期中止制度，我们要厘清试用期中止和劳动关系中止的关系，即劳动关系中止必然导致试用期中止，但试用期中止期间劳动关系依然正常履行。在具体应用层面，如果在没有法律明确规定用人单位有权运用试用期中止的情形下，用人单位如果中止试用期，容易造成变相延长试用期导致违法的情形，可能会因此承担违法约定试用期的法律责任。因此，对于试用期能否中止，法律没有作出规定，但是如果地方立法或解释中对试用期中止有明确规定，那么用人单位可以根据具体的试用期中止的规定。

（三）见习期与试用期的区别

在实践中，一些用人单位常常将见习期与试用期混为一谈，以规定见习期来替代试用期，那么，见习期与试用期能否相互替代呢？从文义来看，试用期是指当事人双方约定的用于相互考察的短暂期限。见习期是应届毕业生分配工作后确定为正式职工前所需要熟悉业务、试行工作的过程。从适用范围来看，试用期适用于劳动关系中的劳动者，而见习期适用于国家机关、企事业单位的职工；从规范目的出发，试用期是为了让劳动者与用人单位可以相互考察以决定是否继续履行劳动合同，有助于建立更稳定的劳动关系，见习期是为了继续对毕业生培养教育，有利于毕业生的全面成长。但是，在具体案件中,如果用人单位用"见习期"的名义替代"试用期"双方约定的权利义务作为试用期条款的内容,则应根据约定的性质进行判断,而不能仅根据名称来决定。

(四)用人单位解雇试用期劳动者的条件

关于用人单位如何解雇试用期劳动者,需要从三个维度进行考察:第一,用人单位不得随意解雇试用期劳动者。我国《劳动合同法》第21条规定,"在试用期中,除劳动者有本法第三十九条和第四十条第一项、第二项规定的情形外,用人单位不得解除劳动合同"。该条中所提到的第39条是指劳动者有过错(包括在试用期间被证明不符合录用条件)的情形,第40条第1项、第2项是指劳动者患病或非因工负伤不能从事原工作和劳动者经培训后仍不能胜任工作的情形。除以上规定的情形外,用人单位不得解除劳动合同(包括试用期合同)。第二,解雇试用期劳动者需要具体合法的理由。用人单位不得随意解雇试用期劳动者,并不代表用人单位无法解雇试用期劳动者。根据《劳动合同法》第39条第1项,在试用期间被证明不符合录用条件的劳动者,用人单位可以单方解除劳动合同。该条第1项是专门针对解雇试用期劳动者的理由,但是这一理由不能被滥用。首先,在具体运用中用人单位应当制定具体的明确的录用条件,并且必须将录用条件如实地告知劳动者并由劳动者确认;其次,录用条件应当合法,不得与法律法规相抵触,不得违背公序良俗,同时应兼顾公平、合理原则;最后,对不符合录用条件能提供证据证明,否则需要承担举证不能的责任,属于违法解除劳动合同。第三,必须在试用期内提出解雇,如果已经过了试用期,则不得再以不符合录用条件来解雇该劳动者了。除此之外,解雇试用期的劳动者同样应符合法定解雇程序。如果符合上述要求,用人单位是可以对试用期劳动者进行解雇的。在案例一中,Y餐饮店解雇宁某不属于《劳动合同法》第21条的情形,且该餐饮店没有提供相应证据证明宁某属于主动离职,属于违法解除劳动合同的情形,应当承担违法解除劳动合同的赔偿责任。

(五)试用期超标的法律责任

用人单位与劳动者约定试用期时,应当符合法律关于试用期的时限规定。我国《劳动合同法》第19条对试用期的时限作了明确规定,超过该条所规定的期限就属于试用期超标,违法约定试用期的情形。在实践中,如果出现了试用期超标,应该如何承担法律责任呢?我国《劳动合同法》第83条规定:"用人单位违反本法规定与劳动者约定试用期的,由劳动行政部门责令改正;违法约定的试用期已经履行的,由用人单位以劳动者试用期满月工资为标准,按已经履行的超过法定试用期的期间向劳动者支付赔偿金。"从该条可以看出对于试用期超标时,用人单位既可能承担行政责任,还有可能承担赔偿金的民事责任。在案例二中,一审、二审法院首先依据《劳动合同法》第19条的规定,认为徐某与M饮食店双方的劳动合同约定的试用期不得超过2个月。M饮食店与徐某双方合同约定的试用期超过了法律规定的试用期,属于违法约定试用期。然后依据第 83 条的规定，认为 M 饮食店应向徐某支付违法约定试用期的赔偿金。

有关“赔偿金”如何计算在理论上并没有统一，主要有“补足说”“赔偿说”“赔偿加补足说”三种观点。“补足说”认为，“赔偿金”应以填补损失为原则，这里的赔偿金，应该是按照试用期满月工资为标准，补足对劳动者少发的部分。“赔偿说”认为，这里的赔偿金就是用试用期满月工资乘以违法约定的试用期。“赔偿加补足说”认为，劳动者在超标试用期之外的用工，应该按照试用期满月工资执行，而劳动合同法第 83 条是另行规定的赔偿金责任。但是在实践中，不同的法院对“赔偿金”往往会作出不同的理解，选择不同的方式来计算赔偿金。

本书认为，《劳动合同法》第 83 条规定的赔偿金，与民法上的赔偿损失责任存在区别。一方面，从《劳动合同法》的责任体系来看，大部分的责任条款中都有“赔偿损失”的规定，而只有在第 83 条、第 85 条、第 87 条中规定了“赔偿金”的概念，因此该赔偿金区别于赔偿损失，应具有一定的惩罚性。另一方面，如果仅仅是“补足工资”，那即使没有第 83 条的规定，劳动者也同样享有向用人单位主张补足工资的权利，而且如果用人单位在违法约定试用期之后，只承担补足工资的责任，显然不足以达到激励用人单位合法约定试用期的目的。因此，“补足说”是不可取的。至于补足与赔偿二者的关系如何处理，本书认为，从平衡的角度考虑，赔偿金应该覆盖工资补足的主张，毕竟违法约定试用期的情形是双方当事人共同完成的，如果由用人单位单方承担过重的责任，可能会存在权利义务的过度失衡。

四、举一反三

案例一：王某与 H 公司于 2014 年 3 月 7 日签订《试用期劳动合同》，约定试用期 3 个月，试用期工资为 2200 元/月。王某在 2014 年 3 月 10 日正式上班，6 月 21 日离职。离职后王某请求 H 公司支付未签订合同的二倍工资，补缴应缴纳的社会保险，支付拖欠工资等。

案例二：原告张某与被告 Z 公司签订期限从 2011 年 7 月 16 日至 2014 年 7 月 16 日的劳动合同一份，约定原告见习期 1 年，见习期工资标准为每月 2500 元，见习期满后的工资再具体约定。合同期满后，双方又续签了 5 年的合同。2015 年 3 月 27 日，原告提出解除合同，理由是被告存在拖欠工资等违法行为，并要求偿还所欠各种费用（包括超法定期限工资差额 7630 元）。

案例三：2015 年 11 月 17 日，李某第二次到用人单位入职，签订为期 3 年的劳动合同，达进公司仍然与其约定试用期 6 个月。2016 年 1 月 8 日。公司称李某在试用期内不符合录用条件，将李某辞退。因此李某主张公司违法解除合同，要求公司予以赔偿。

结合本节内容，分析以上三个案例中，劳动者的主张是否成立。

第八节　劳动合同约定条款之“服务期”

一、知识背景

服务期,是指用人单位提供专项培训费用,对在职劳动者进行专项技术培训或管理知识培训后,经双方协商一致,在劳动合同中或服务期协议中约定的劳动者必须为用人单位提供劳动的期限。服务期合同中所称的培训与法定意义上的职业培训有所不同,职业培训是国家职业教育的一部分,是为了使劳动者获得技术业务知识与实践操作能力,达到具备从事某种职业基本能力的培训。服务期合同中的培训则是用人单位为了实现经营目的,使劳动者在具备基本职业能力的基础上另行提供的专业技术培训,是用人单位在法定义务之外为劳动者提供的额外待遇。在服务期协议中,双方当事人都能获得相应的利益,对于用人单位而言,劳动者通过进修或者培训提高了劳动能力,回来后能够为单位创造更多的利益;对于劳动者而言,自己不用支付任何成本就能提高自己的软实力,回到单位之后将获得更多的晋升机会,从单位离开之后,就业机会也会相应增加。因此,对于这样能够实现劳资双方共赢的协议,《劳动合同法》明确表示“用人单位与劳动者可以约定服务期条款”,肯定了这种约定的合法性。

根据《劳动合同法》的规定,劳资双方的服务期条款或服务期合同通常包含这样一些信息:第一,用人单位为劳动者提供专项培训费用,对其进行专项技术培训。在这里需要注意的是,服务期约定的前提仅限定于用人单位出资培训劳动者。而用人单位为劳动者提供的诸如住房或购房补贴、特别的福利待遇等特别待遇,都不能成为约定服务期合同的前提。因为服务期需要通过违约金的方式来保障用人单位利益,而劳动合同法对于违约金的约定持非常谨慎的立法态度,只有用人单位采用直接的金钱给付的方式为劳动者支付了培训费用,在约定违约金的时候才好量化。第二,服务期期限。劳动合同法没有对服务期的期限作出具体规定,应由劳动者与用人单位双方自行约定。但是,用人单位与劳动者在约定服务期期限时要注意不影响按照正常工资调整机制提高劳动者在服务期间的劳动报酬。第三,劳动者的违约金责任。劳动者的违约金责任是服务期合同中的重要内容,也是用人单位合法利益的保障。《劳动合同法》第 22 条第 2 款规定:“劳动者违反服务期约定的,应当按照约定向用人单位支付违约金。违约金的数额不得超过用人单位提供的培训费用。用人单位要求劳动者支付的违约金不得超过服务期尚未履行部分所应分摊的培训费用。”

二、典型案例

（一）案情简介①

宴某原系P县中医院在编职工，于2012年2月28日进入P县中医院从事临床岗位工作。2012年7月31日双方签订了为期5年的《事业单位聘用合同》，合同期限自2012年7月20日起至2017年7月19日止。

2016年5月3日双方签订了《专业技术培训协议》，由P县中医院安排宴某到D医院ICU培训学习，协议约定培训期限为2016年5月4日至2016年11月3日。该协议约定：乙方培训结束后，凭D医院颁发的培训结业证书按时回甲方报到上班，如不按时上班，作为旷工处理；乙方必须在甲方工作满5年才能调动或应聘到其他医疗单位，如乙方5年内要求离开甲方，必须向甲方支付违约金10万元（大写：壹拾万圆整）。2016年12月26日P县中医院向宴某支付进修费（含进修差旅费及补贴）23,119.11元。

2017年7月14日P县中医院向宴某发出《续签聘用合同通知书》，要求宴某在2017年7月18日前提交是否同意续签聘用合同的书面答复意见。双方协商签订续签聘用合同未能达成一致意见，宴某因个人原因于2017年8月11日向P县中医院提交书面辞职申请，同年9月11日离开工作岗位。2017年10月13日P县中医院作出《P县中医院关于要求宴某同志限期返回单位上班的通知》，限定宴某于2017年10月18日前返回P县中医院正常上班，宴某一直未回。

P县中医院于2018年4月10日就本纠纷向P县劳动人事争议仲裁委员会提起仲裁申请，P县劳动人事争议仲裁委员会于2018年5月8日作出仲裁裁决，裁决："由被申请人宴某在本裁决书生效之日起10日内一次性支付申请人县中医院违约金（2016年11月4日至2017年9月11日即：100,000元-100,000元×20%）80,000元（大写捌万圆整），终止申请人与被申请人的人事关系。"宴某不服该仲裁裁决，诉至法院。

（二）一审争议焦点

宴某是否应承担赔偿责任？

（三）一审审理与裁判

说理：宴某的离职行为是否构成违约。根据《劳动合同法》第22条第1款的规定："用人单位为劳动者提供专项培训费用，对其进行专业技术培训的，可以与该劳动者订立协议，约定服务期。"本案中宴某在P县中医院工作期间，双方于2016年5月3日在平等自愿的基础上签订了《专业技术培训协议》，由P县中医院安排宴某到D医院ICU进行为期6个月的培训学习，并对服务期限作出了明确约定，上述协议系双方当事人真

① （2018）渝04民终1128号。

实意思的表示,合法且有效,对双方产生法律约束力。而宴某在约定的服务期内因个人原因,向P县中医院提出辞职,构成违约,应承担相应的违约责任。

宴某是否应当进行赔偿,赔偿的金额如何认定?根据《劳动合同法》第22条第2款的规定:"劳动者违反服务期约定的,应当按照约定向用人单位支付违约金。违约金的数额不得超过用人单位提供的培训费用。用人单位要求劳动者支付的违约金不得超过服务期尚未履行部分所应分摊的培训费用。"本案中双方签订的《专业技术培训协议》约定,若宴某违反5年服务期,则应向P县中医院支付100,000元违约金,宴某的离职行为给P县中医院造成损失,应当进行赔偿,但违约金为100,000元明显过高,显失公平,且不符合法律规定。根据前述法规,P县中医院于2016年12月26日向宴某支付的进修费为23,119.11元,违约金不能超过培训费用,故违约金应调整为23,119.11元。加上,宴某于2017年9月11日离开工作岗位,故宴某的履行服务期为2016年11月4日至2017年9月11日,应当予以扣除。即还应支付违约金19,265.93元。

判决:宴某于判决生效之日起10日内向P县中医院一次性支付违约金19,265.93元。

(四)二审审理与判决

说理:《劳动合同法》第25条规定:"除本法第二十二条和第二十三条规定的情形外,用人单位不得与劳动者约定由劳动者承担违约金。"一审法院依据《劳动合同法》第22条第2款规定"劳动者违反服务期约定的,应当按照约定向用人单位支付违约金。违约金的数额不得超过用人单位提供的培训费用。用人单位要求劳动者支付的违约金不得超过服务期尚未履行部分所应分摊的培训费用",作出一审判决,法律适用正确。

判决:驳回上诉,维持原判。

三、案例分析及法理拓展

(一)服务期条款中"专业技术培训"的认定

《劳动合同法》第22条规定,"用人单位为劳动者提供专项培训费用,对其进行专业技术培训的,可以与该劳动者订立协议,约定服务期"。可见,用人单位为劳动者提供的是否为专业技术培训,是决定服务期条款认定的重要前提。对专业技术培训的界定,可以从以下几点出发:(1)培训内容应当限于专业技术内容,有明显的提升性与复杂性。而不包括面向一般劳动者的入门性或通用性知识和技能的培训,如岗位适应性培训、上岗和转岗培训、劳动安全卫生培训等。(2)培训费用由用人单位全部或部分提供。(3)培训费用应当达到一定的数量。至于数量界限如何确定,《劳动合同法》没有明确规定,需要各地区根据自身情况进行探讨。

在上述案例中,P 县中医院安排宴某到 D 医院 ICU 进行为期 6 个月的培训学习,双方签订了《专业技术培训协议》,培训地点为专业的有培训能力的医疗机构,P 县中医院向宴某支付了进修费(含进修差旅费及补贴)23,119.11 元,中医院认为是专业技术培训。但是劳动者有不同的看法,他们认为自己接受的住院医师规范化培训属于岗前培训,不属于专项技术培训。对此,法院认为,住院医师规范化培训是医学专业毕业生在完成医学院教育之后,以住院医师的身份在认定的培训基地接受以提高临床能力为主的系统性、规范化培训。重点提高临床规范诊疗能力,适当兼顾临床教学和科研素养。该培训的对象为已具备一定基础的专业医疗人员,针对的人群具有特定性,培训的内容专业化程度高并分专业实施。因此,住院医师规范化培训属于《劳动合同法》中的专业技术培训。由此可见,法院在界定是不是专业技术培训时,除看用人单位是否支付专项培训费用外,培训内容更是一个重要的评判标准。该判断标准符合立法的基本要求。

(二)服务期合同中违约金的计算

我国《劳动合同法》第 22 条规定,“用人单位为劳动者提供专项培训费用,对其进行专业技术培训的,可以与该劳动者订立协议,约定服务期。劳动者违反服务期约定的,应当按照约定向用人单位支付违约金”。具体来说,如果劳动者与用人单位双方协议解除劳动合同,或者劳动者因用人单位有过错而辞职,以及劳动者无过错而被辞退的,不应当作为支付违约金的条件。但劳动者在约定的服务期未满,劳动合同因劳动者有过错而被解除或因个人原因离职的情形下,仍需要承担违约金责任。在宴某与 P 县中医院的劳动争议案中,宴某因个人原因提出辞职违反了服务期约定,双方就宴某需要支付多少违约金的问题发生了争议。而根据《劳动合同法》的规定:(1)违约金不能超过培训费用。即使双方在合同中约定了 100,000 元违约金,但 P 县中医院仅为宴某支付了 23,119.11 元的专项培训费,需要将违约金调整为 23,119.11 元。(2)用人单位要求劳动者支付的违约金不得超过服务期尚未履行部分所应分摊的培训费用。宴某与 P 县中医院约定了 5 年的服务期,宴某实际履行的服务期间为 2016 年 11 月 4 日至 2017 年 9 月 11 日,即实际履行了 10 个月,未履行期限为 50 个月。因此宴某需要支付的违约金数额为:23,119.11 元 × 50 个月/60 个月(5 年)= 19,265.93 元。

在实践中,对违约金进行计算时,还会存在诸如培训期间支出的差旅费能否计入违约金等问题。《劳动合同法实施条例》第 16 条对此问题作了专门规定:“劳动合同法第二十二条第二款规定的培训费用,包括用人单位为了对劳动者进行专业技术培训而支付的有凭证的培训费用、培训期间的差旅费用以及因培训产生的用于该劳动者的其他直接费用。”由此可见,差旅费属于广义的培训费用的范围,可以用作违约金确定的基础。

有了这些关于怎样计算违约金数额的规定,即使双方在合同中没有明确约定违约金的数额,法院也可以根据这些规定将用人单位实际支出的培训费用作为违约金计算的基础。

(三)劳动合同期限与服务期期限不一致时的合同履行

由于服务期条款常常在劳动合同履行过程中签订,其期限设定的前提为“专业技术培训”的存在,因此服务期限通常与劳动合同期限不一致。或者体现劳动合同期限包含服务期期限,更多则体现为服务期期限突破劳动合同期限,其终止日期后于劳动合同的终止日期。在劳动合同期限与服务期期限不一致时,合同履行中的权利义务常常成为劳资双方的争议点。

其一,服务期的起算时间问题。服务期期限的起算时间与其他合同起算时间不同,服务期期限的起算时间一般有约定的从约定,没有约定,仅规定了服务期间的,则从劳动者学成归来后即开始计算,而不是从劳动合同到期之日起计算。劳资双方在约定服务期期限时应注意服务期期限的起算时间,才能做到真实意思的表达。其二,服务期的终止时间与劳动合同的终止时间不一致时的合同履行。如果劳动合同期限包含服务期期限,即劳动合同的终止时间后于服务期的终止时间,则服务期条款可看作劳动合同具体内容的变更,服务期条款的内容如果与劳动合同的内容不一致,则以后签订的服务期条款为准。如果服务期限突破劳动合同期限,则服务期条款可看作劳动合同期限条款的变更,但具体的权利义务以后签订的服务期条款为准。另外,无论服务期期限与劳动合同期限是否重叠,只要进入服务期期限,则劳动者就可承担因违反服务期条款的违约责任。同时,对于劳动者离职给单位造成的损失,用人单位除了主张违约金以外,是否能同时主张赔偿金的问题也是争论的焦点。支持能够同时主张违约金与赔偿金的人认为,我国通过《劳动合同法》第22条的规定,将违反服务期条款的违约金金额限制在用人单位实际支付的培训费用的范围内,忽略了用人单位因劳动者的违约造成的期待利益损失,重新招聘或培养劳动者等间接利益损失,不符合损益相抵原则。不支持能够同时主张违约金与赔偿金的人认为,劳动者经济实力较弱,若让劳动者同时承担违约金与赔偿责任,沉重的责任负担必然会增加劳动者的经济压力,严重影响劳动者的生活状况。劳动法属于社会法,倾向于对弱者的保护,如果在服务期责任制度中规定违约金与赔偿金的并存,相当回复到个人本位立法。本书支持第一种观点。第二种观点的理论基础是“资强劳弱”理论,先不论与用人单位签订服务期协议的劳动者是否都处于弱势地位,只从劳动者违约后用人单位的处境来看,用人单位无疑是受到最大影响的一方。且服务期约定的背后是劳资双方的利益交换,是以劳动合同为形式的对价关系。劳动者的恶意违约成本若不高,用人单位出于各方面的考虑,不再愿意花费精力培养劳动者而直接从别的单位挖人,极易造成恶性循环。因此,无论是从劳动者的恶意、用人单位损失的微观角度,还是从劳动市场秩序的宏观角度,支持违约金责任和赔偿金责任并用都是一个正确的选择。

四、举一反三

2010 年 10 月 1 日，某航空公司与陕某签订无固定期限劳动合同，约定陕某在公司担任飞行员职务，并约定公司派遣陕某到航空飞行学院接受专业技术培训，培训期自 2010 年 12 月 11 日起，为期 1 年，学费 239, 200 元，约定服务期 10 年。培训结束后，陕某在单位工作 1 年后要求解除合同。公司要求陕某全额返还学费，并承担相应的违约金责任。

结合本节内容，分析以下问题：

1. 公司的主张应否得到支持？

2. 公司与陕某签订的无固定期限劳动合同与服务期是何种关系？

第九节　经济补偿金与竞业限制的关系

一、知识背景

用人单位在生产经营过程中会产生自己的商业秘密或者需要保密的事项，这些无形财产一旦泄露，会对用人单位造成不利影响及利益损失。为保护这些商业秘密和保密事项，我国《反不正当竞争法》第 9 条第 1 款、第 2 款列举了经营者、经营者以外的其他自然人、法人和非法人组织侵犯商业秘密的行为，具体包括以盗窃、贿赂、欺诈、胁迫、电子侵入或者其他不正当手段获取权利人的商业秘密；披露、使用或者允许他人使用以前项手段获取的权利人的商业秘密；违反保密义务或者违反权利人有关保守商业秘密的要求，披露、使用或者允许他人使用其所掌握的商业秘密；教唆、引诱、帮助他人违反保密义务或者违反权利人有关保守商业秘密的要求，获取、披露、使用或者允许他人使用权利人的商业秘密等行为。《公司法》第 148 条第 5 款规定了董事、高管的法定竞业禁止义务，即董事、高级管理人员不得未经股东会或者股东大会同意，利用职务便利为自己或者他人谋取属于公司的商业机会，自营或者为他人经营与所任职公司同类的业务。在《劳动合同法》中，也有规范用人单位与劳动者约定竞业限制协议的条款。这些规则共同构成用人单位商业秘密和竞争利益保护的可靠屏障。

《劳动合同法》第 23 条规定："用人单位与劳动者可以在劳动合同中约定保守用人单位的商业秘密和与知识产权相关的保密事项。对负有保密义务的劳动者，用人单位可以在劳动合同或者保密协议中与劳动者约定竞业限制条款，并约定在解除或者终止劳动合同后,在竞业限制期限内按月给予劳动者经济补偿。劳动者违反竞业限制约定的,应当按照约定向用人单位支付违约金。”概括而言,《劳动合同法》规定的竞业限制义务,是指用人单位与本单位的高级管理人员、高级技术人员和其他知悉其商业秘密的劳动者,在劳动合同或者专项协议中约定的,劳动者在劳动合同终止或者解除后的一定期限内,不得到与本单位生产或者经营同类产品、从事同类业务的有竞争关系的其他用人单位,或者自己开业生产或经营同类产品、从事同类业务。竞业限制义务与《反不正当竞争法》《公司法》规定的商业秘密保护、竞业禁止义务相比,本质区别在于它是一项约定义务,与负有保密义务的劳动者签订的是一项双务有偿合同,即劳动者遵守竞业限制义务,用人单位需要在竞业限制期限内给予劳动者经济补偿。支付经济补偿与劳动者接受竞业限制相对应,接受竞业限制对劳动者来说是义务,对用人单位来说是权利。支付经济补偿对用人单位来说是义务,对劳动者来说是权利。

二、典型案例

(一)案情简介①

2013 年 5 月 13 日,许某与江西 J 材料有限公司(以下简称 J 公司)签订无固定期限劳动合同和《保密协议》各一份,协议约定许某的保密义务和相关竞业限制条款,约定了 3 年的竞业限制期限;并在违约责任中约定,若许某违背竞业限制规定,应当返还其在 J 公司处领取的保密费和竞业限制经济补偿金,并支付已经领取保密费和竞业限制经济补偿金总额 10 倍的违约金。2017 年 3 月 1 日,双方再次签订《劳动合同书》,除约定双方上述权利义务外,还约定在竞业限制期间,J 公司需向许某给予一定的经济补偿,若许某违反规定,则应当向 J 公司支付违约金。并在该合同中约定,之前签订的《劳动合同》失效,但其他相关协议的规定与合同不一致的,以该合同为准。

2017 年 9 月 25 日许某辞职,双方再次就竞业限制义务进行约定。约定称,许某自离职之日起 2 年内不得从事与本单位有竞争的工作。许某离职前 12 个月平均工资为 3202.15 元。2017 年 10 月 15 日 J 公司向许某支付了最后一个月工资。2017 年 11 月许某入职 X 有机硅有限公司在研发中心担任中试工,当月未收到 J 公司的经济补偿金。2017 年 12 月 15 日 J 公司向许某支付 2017 年 10 月、11 月、12 月的竞业限制经济补偿金合计 4500 元;2018 年 1 月向许某支付当月竞业限制经济补偿金 1500 元,但该两笔竞业限制补偿金均被许某退回。当月 J 公司遂向永修县劳动争议仲裁委员会提出竞业限制劳动争议,请求许某履行竞业禁止义务,并支付违约金。仲裁委裁决决定支持 J 公司请求,要求许某按合同履行竞业限制义务并支付违约金。许某不服裁决,遂向法院提出诉

① (2018)赣 0425 民初 504 号。

讼,请求法院判决原告无须继续履行竞业限制义务且无须向被告支付违约金。

(二)争议焦点

J公司未按期支付经济补偿金,许某是否需要继续履行竞业限制义务?

(三)法院审理与判决

说理:首先,许某、J公司在第二次签订的《劳动合同书》中明确了在竞业限制期内,J公司需向许某支付一定的经济补偿,若许某违反竞业限制规定,应当支付违约金。基于上述约定,许某劳动关系2017年9月25日协议解除后,在其离职后2年内,不得从事与J公司业务竞争的业务,对应的竞业限制期限为2017年9月26日至2019年9月25日,但许某于2017年11月即入职X有机硅有限公司,并继续从事实验员的工作,违反了其与J公司签订的竞业限制约定,故许某要求法院判令其无须履行竞业限制义务的诉讼请求,不符合双方约定亦不符合法律规定,法院不予支持;其次,双方在合同中约定若许某违反竞业限制条款,需要向J公司支付已经领取的保密费和竞业限制经济补偿金的10倍,经审理查明,许某自入职J公司后共领取保密费15,522.81元,J公司同意许某按5倍支付违约金,系J公司对自己权利的行使,并不违反法律规定,故许某要求判令其无须向J公司支付违约金的诉讼请求,不符合法律和双方合同约定,法院根据双方合同约定及J公司的最后主张予以确认;最后,关于J公司是否需要支付竞业限制经济补偿金的问题,根据相关法律和司法解释,当事人在劳动合同或者保密协议中约定了竞业限制,但未约定解除或者终止劳动合同后,应当给予劳动者竞业限制经济补偿的具体标准,用人单位按照不低于劳动者在劳动合同解除或者终止前12个月平均工资的30%按月支付,并不低于劳动者所在地最低工资标准,要求劳动者履行竞业限制协议义务,用人单位应当予以支付,结合许某离职前12个月平均工资,J公司向许某支付的竞业限制经济补偿金1500元/月的标准,不低于其离职前平均工资的30%,亦不低于法律规定的最低标准,法院确认J公司在竞业限制期内,按该标准向许某进行补偿,故对许某上述诉讼请求不予以支持。

判决:

(1)许某按合同履行竞业限制义务,竞业限制期间为2017年9月26日至2019年9月25日止;(2)许某于本判决生效之日起30日内向J公司支付违约金77,614.05元;(3)J公司在竞业限制期间内按1500元/月的标准向许某支付竞业限制经济补偿金,支付期间自2017年10月至2019年9月止,其中2018年7月前的补偿金15,000元,于本判决生效之日起10日内支付,2018年8月起,每月竞业限制经济补偿金于当月15日前支付。

三、案例分析及法理拓展

(一)劳动者履行竞业限制义务与用人单位支付补偿金的关系

我国现行《劳动合同法》没有规定用人单位支付经济补偿金义务与劳动者履行竞业限制义务的先后顺序,导致在实践中,用人单位未按时支付补偿金,违反了竞业限制协议后,劳动者是否还需遵守竞业限制义务的争议时有发生。《劳动法司法解释(四)》第8条规定:"当事人在劳动合同或者保密协议中约定了竞业限制和经济补偿,劳动合同解除或者终止后,因用人单位的原因导致三个月未支付经济补偿,劳动者请求解除竞业限制约定的,人民法院应予支持。"由此可见,如果因用人单位的原因导致3个月未支付经济补偿,劳动者拥有竞业限制协议解除权。虽然该解释并没有明确如果用人单位不按约定支付经济补偿,劳动者能否有权直接不履行竞业限制义务,但从该解释所规定的"三个月"可以推导出,最高人民法院倾向于认为,如果用人单位没有按期支付经济补偿,劳动者不能直接实施竞业行为。理由在于,劳动者的经济补偿金损失与劳动者实施竞业行为对用人单位造成的损失相比,具有明显的不对等性,更重要的是,经济补偿金损失是可以事后弥补的,而用人单位的商业秘密和竞争利益损失却无法事后弥补。因此,给用人单位"三个月"的缓冲期来履行经济补偿金给付义务,能够有效防止损失的扩大,实现劳资利益的平衡。

上述案例中,法院认为竞业限制协议是双方真实意思表示,合法成立并生效。J公司在许某离职后2个月未支付补偿金的行为并不能导致竞业限制协议无效,许某应继续履行竞业限制义务,并向J公司支付违约金符合《劳动法司法解释(四)》的规定,即在离职后3个月内,劳动者不可以因为用人单位未支付经济补偿而违反竞业限制义务。也符合《劳动合同法》竞业限制制度的"保护用人单位商业秘密和竞争利益"的立法目的。当许某发现J公司不遵守竞业限制协议,未及时支付经济补偿金时,有权要求J公司按照约定向她支付经济补偿,如果J公司拒绝,她就可以通过劳动争议处理程序,请求仲裁机构或者法院支持她的主张;或是继续履行竞业限制协议,等到3个月之后,许某通知J公司解除竞业限制协议;而不是直接违反竞业限制义务,使自己陷入违约的风险。

(二)竞业限制协议的解除方式

如前所述,如果用人单位不履行经济补偿金给付义务,劳动者可以在3个月后解除竞业限制协议,那么,劳动者应该怎样正确行使解除权?即竞业限制协议的解除方式是什么?

在实践中,有劳动者对于竞业限制协议的解除存在法律理解上的误区,认为用人单位没有支付竞业限制补偿金达到3个月,该协议就自动解除,此时参与或从事同业竞争的业务,就不违反竞业限制义务。在这一点上我们需要明确,虽然解除权属于形成权,不需对方当事人同意,只需解除权人的单方意思表示,即可发生解除合同的法律效果。但解除权的行使并非毫无限制,《合同法》中对于解除权行使要求的规定具有普遍指导意义,同样适用于劳动合同或竞业限制协议的解除。根据《合同法》第 96 条第 1 款的规定,"当事人一方依照本法第九十三条第二款、第九十四条的规定主张解除合同的,应当通知对方。合同自通知到达对方时解除。对方有异议的,可以请求人民法院或仲裁机构确认解除合同的效力"。因此,劳动者行使劳动合同解除权或竞业限制协议解除权时应通知用人单位。如果符合法律规定或者双方约定的条件,合同自通知送达对方时解除。所以,如果用人单位没有及时支付经济补偿,3 个月之后,劳动者可以通知用人单位解除竞业限制协议,并可以要求用人单位支付已履行期间的经济补偿。

(三)竞业限制协议对补偿金数额约定不明确时的处理

竞业限制的实施客观上限制了劳动者的自主择业权,进而影响了劳动者的生存权。因此,为了保护劳动者的合法权益,我国在规定竞业限制条款时对竞业限制的存在方式、主体、期限、经济补偿等进行了必要的限制。上述案例中,许某就提出了"J 公司在竞业限制协议中未约定许某离职后 J 公司应当给予许某竞业限制补偿金,也未约定补偿金数额的条款,故该协议对许某无法律约束力"的观点,引起了"竞业限制协议对补偿金数额约定不明确时,竞业限制协议是否有效,用人单位是否需要向劳动者支付经济补偿金"的争议。

事实上,《劳动法司法解释(四)》第 6 条解决了这个问题,"当事人在劳动合同或者保密协议中约定了竞业限制,但未约定解除或者终止劳动合同后给予劳动者经济补偿,劳动者履行了竞业限制义务,要求用人单位按照劳动者在劳动合同解除或者终止前十二个月平均工资的 30% 按月支付经济补偿的,人民法院应予支持"。依据该规定,用人单位与劳动者双方未约定竞业限制补偿金的,并不能引起竞业限制协议全部无效的法律后果。换个角度来看,劳动者遵守竞业限制义务,用人单位就应该向劳动者支付经济补偿金。"经济补偿"是法定的、强制性的,法定内容本身不需要通过约定来取得效力。"经济补偿条款"是约定的、非强制性的。用人单位与劳动者虽未约定"经济补偿条款",用人单位仍应依法支付经济补偿;与此相对应,未约定"经济补偿条款"并不必然影响双方竞业限制的效力。

(四)"负有保密义务的人员"的认定

承担竞业限制义务应当以负有保密义务为前提,而负有保密义务应当以知悉用人单位的商业秘密和与知识产权相关的保密事项为前提。《劳动合同法》第 24 条第 1 款规定:"竞业限制的人员限于用人单位的高级管理人员、高级技术人员和其他负有保密义务的人员。"其中,高级管理人员、高级技术人员被当然认为是负有保密义务的人员。

根据《公司法》的规定,高级管理人员是指公司经理、副经理、财务负责人、上市公司董事会秘书和公司章程规定的其他人员。至于其他用人单位的高级管理人员可参照《公司法》的规定。而对“其他负有保密义务的人员”的界定,学界有两种不同的判断标准。部分学者认为,保密义务属于约定义务,在判断劳动者是不是“负有保密义务的人员”时,应当以劳资双方是否在劳动合同中约定保密义务为标准。支持这种观点的人以《劳动合同法》第 23 条“用人单位与劳动者可以在劳动合同中约定保守用人单位的商业秘密和与知识产权相关的保密事项”的规定为法律依据,认为只有在约定了保密义务的前提下,劳动者才具有保密义务。大部分学者认为,保密义务是附随义务,劳资双方在事前是否约定保密义务不是判断劳动者是否负有保密义务的唯一要件,法院应当结合具体案件事实加以实质性判断。本书认同第二种判断标准。第一,从文义解释来看,《劳动合同法》第 23 条规定的是用人单位与劳动者“可以”约定保密事项,而非“应当”,这表明该规定并没有将双方之间的约定确定为保密义务存在的唯一要件。第二,从立法目的来看,《劳动合同法》是为了维护劳动者合法权益,确立、维护和发展稳定和谐的劳动关系而存在。若将保密义务定性为约定义务,用人单位为了商业秘密的保护必定会采取“广撒网”的方式,与所有的劳动者都签订保密协议。这样不但会增加劳动者的义务,还极易导致劳资双方产生矛盾,不符合《劳动合同法》的立法目的。综上所述,法院在对“负有保密义务人员”进行认定时,应当结合具体案情,根据多种因素予以判断。

(五)劳动者承担违约金后是否仍需要继续履行竞业限制义务?

《劳动法司法解释(四)》第 10 条规定,劳动者违反竞业限制约定,向用人单位支付违约金后,用人单位要求劳动者按照约定继续履行竞业限制义务的,人民法院应予支持。理由在于,两种责任承担方式所承担的补救职责各有侧重,不可互相替代。继续履行想要达到的法律效果不仅在于“恢复原状”,还在于“及时止损”。但用人单位因劳动者违反竞业限制义务的行为遭受的经济损失并不能依靠继续履行责任得到补偿,这时就需要劳动者的违约金责任来发挥作用。因此,劳动者违反竞业限制义务后,若单纯地适用继续履行方式,不能完全补偿用人单位的损失,还应允许同时适用违约金责任制度。上述案例中,被告 J 公司请求许某按合同履行竞业限制义务并支付违约金。法院认为许某与 J 公司的竞业限制协议意思表示真实,协议内容合法,双方应当按照协议内容履行合同义务。因许某违反了其与 J 公司签订的竞业限制约定,故要求许某按合同约定支付违约金并继续履行竞业限制义务。

四、举一反三

李某曾于一家软件开发公司任技术职位,与单位签订了竞业限制协议,李某离职后,单位逾期 1 个月未向其支付经济补偿金,同时李某收到了另一家软件公司的邀请,但李某并未接受。经李某催告,原单位不支付经济补偿长达 3 个月,李某遂入职新公司。公司主张李某履行竞业限制协议并承担违约金责任。

结合本节内容,分析公司的主张是否应得到支持。

第十节　用人单位变动和劳动合同承继

一、知识背景

劳动合同承继,是指因用人单位发生变动,劳动者与原用人单位的劳动合同由与原用人单位有承继关系的新用人单位继续履行的情形。劳动关系是劳动者的劳动力与用人单位的生产资料相结合的关系,因此,用人单位变动对劳动合同的影响主要取决于以下两点:一是用人单位变动中生产资料组合情况的变动,二是用人单位变动对劳动力与生产资料相结合的影响。而用人单位变动后劳动合同得以继续履行的关键在于,与劳动者的劳动力相结合的生产资料仍有其归属主体,即新用人单位承继了原用人单位全部或部分生产资料。① 基于这种考虑,用人单位变动可分为非组织实体变动和组织实体变动两类。

(一)用人单位非组织实体变动及其影响

用人单位若只发生如用人单位名称、法定代表人、主要负责人或者投资人、经营方式、法律形态等非组织实体变动,其组织实体仍然存续,与劳动者的劳动力相结合的生产资料仍属于原组织实体,故其履行劳动合同的能力仍然存续。依据《劳动合同法》第 33 条的规定:"用人单位变更名称、法定代表人、主要负责人或者投资人等事项,不影响劳动合同的履行。"

(二)用人单位组织实体变动及其影响

用人单位组织实体变动必然会对劳动合同的履行产生影响,组织实体变动可进一步划分为用人单位组织实体消灭和用人单位组织实体变更。

用人单位组织实体消灭是指原用人单位消灭,无新用人单位产生,如破产、解散、关闭、被撤销、拍卖等,其与劳动者的劳动力相结合的生产资料,已无归属主体的,劳动合同应当依据《劳动合同法》第 44 条规定予以终止。用人单位与劳动者的劳动力相结合的生产资料有所归属的,可分为以下两种情形:(1)全部或部分劳动者被其他用人单位接收,劳动者愿意与接收单位建立劳动关系的,接收单位可以依据接收协议与劳动者在

① 王全兴:《劳动法》,法律出版社 2015 年版,第 167 页。

平等自愿、协商一致的基础上重新签订劳动合同。但是原用人单位、接收单位、劳动者三方必须签订接收协议,对劳动者在原用人单位的工龄作出处理。协议约定劳动者在原用人单位的工龄不计算为接收单位连续工龄的,原用人单位应当发给劳动者经济补偿金。(2)劳动者未被其他单位接收或者劳动者不愿与接收单位签订劳动合同的,原用人单位可以与其解除劳动合同,并按规定发给劳动者经济补偿金。

用人单位组织实体变更是指原用人单位消灭而新用人单位产生,或原用人单位存续且新用人单位产生。根据法人合并与分立的理论框架可以将其具体分为:(1)用人单位合并,即两个或两个以上的用人单位依法合并为一个用人单位,主要有吸收合并和新设合并两种形式;(2)用人单位分立,即一个用人单位依法分解为两个或两个以上的用人单位,主要有存续分立和解散分立两种形式。组织实体变更后的用人单位应依其占有的生产资料,承继该生产资料原本承载的劳动合同所约定的权利义务,根据《劳动合同法》第 34 条的规定:“用人单位发生合并或者分立等情况,原劳动合同继续有效,劳动合同由承继其权利和义务的用人单位继续履行。”

二、典型案例

(一)案例一①

1. 案情简介

2016 年 7 月 22 日潘某经人介绍到 Z 发泡材料厂(以下简称 Z 材料厂)上班,工种为密炼工,月工资 4800 元。双方没有签订劳动合同,Z 材料厂也没有为潘某购买工伤保险。但 Z 材料厂给潘某购买了国寿绿洲团体意外伤害险,国寿附加绿洲意外住院定额给付团体医疗保险等。2016 年 12 月 29 日晚上 11 时 40 分左右,潘某在干活时右手被轧伤,受伤后 Z 材料厂车间管理人开车将潘某送至医院住院治疗,并支付了潘某的住院医疗费用。2017 年 3 月 22 日,李某支付潘某工资 8634 元。后厂方又向保险公司申请理赔,2017 年 5 月 10 日,洛阳长安法医临床司法鉴定所作出洛长安司鉴所[2017]临鉴字第 B111 号司法鉴定意见书。2017 年 6 月 2 日,保险公司据此鉴定意见书支付潘某保险金。2017 年 8 月 25 日 Z 材料厂变更登记为 Z 鞋材厂,原投资人为李某,变更后的投资人为王某。

2017 年潘某向市劳动人事争议仲裁委员会提起仲裁,请求确认潘某与 Z 鞋材厂自 2016 年 7 月至 2016 年 12 月 29 日存在劳动关系,市劳动人事争议仲裁委员会出具仲裁裁决书,裁决双方自 2016 年 7 月至 2016 年 12 月 29 日不存在劳动关系。潘某不服仲裁裁决,诉至法院,请求法院对仲裁裁决书的错误进行纠正,依法确认潘某与 Z 鞋材厂在

① (2018)豫 03 民终 4489 号。

2016 年 7 月至 2016 年 12 月 29 日存在事实劳动关系。

2. 争议焦点

Z 鞋材厂与潘某之间是否存在劳动关系。

3. 一审法院审理与裁判

说理:潘某于 2016 年 7 月 22 日到 Z 材料厂上班,有 Z 材料厂给潘某购买的团体意外伤害险等保险及 Z 材料厂负责人李某给潘某发放工资的记录为证,且 Z 材料厂在向保险公司申请理赔时,明确承认潘某于 2016 年 12 月 29 日在本厂生产车间上班期间右手受伤,故一审法院认定潘某和 Z 材料厂存在劳动关系,Z 材料厂变更为 Z 鞋材厂后,潘某和 Z 鞋材厂之间存在劳动关系的事实不变。

判决:潘某与 Z 鞋材厂在 2016 年 7 月 22 日至 2016 年 12 月 29 日存在事实劳动关系。

4. 二审法院审理与判决

说理:根据购买团体意外伤害险、Z 材料厂负责人李某给潘某发放工资、Z 材料厂在保险理赔时出具证明等事实,足以认定 Z 材料厂与潘某之间存在事实劳动关系。根据查明的事实,Z 鞋材厂系 Z 材料厂于 2017 年 8 月 25 日变更登记而来,因此,Z 材料厂的权利义务应当由 Z 鞋材厂承担,Z 鞋材厂与潘某之间存在事实劳动关系。Z 鞋材厂主张双方不存在劳动关系的上诉请求没有事实和法律依据,法院不予支持。

判决:驳回上诉,维持原判。

(二)案例二①

1. 案情简介

1972 年 3 月裴某到 C 市第八建筑工程公司(以下简称市八建公司)工作,市八建公司的前身系 C 市建筑机械化施工公司(以下简称市建机公司)。1997 年市八建公司下属的钢窗厂改制为 C 市吉祥门窗有限公司。1997 年 8 月 4 日市八建公司发(1997)052 号《关于将钢窗厂改制为 C 市吉祥门窗有限公司的通知》,通知原钢窗厂职工实行整体转移,包括裴某在内的部分员工从即日起与市建机公司解除劳动合同,同时与 C 市吉祥门窗有限公司签订劳动合同,确定新的劳动关系。1997 年 8 月 26 日,C 市吉祥门窗有限公司成立。裴某从该公司领取工资。1998 年 12 月 18 日,裴某与 C 市吉祥门窗有限公司签订书面劳动合同,合同期限为无固定期限。C 市吉祥门窗有限公司于 1999 年为裴某购买社保,2000 年停缴。2001 年 4 月 6 日,因经营不善,C 市吉祥门窗有限公司召开股东大会决定停产。裴某未办理解除劳动合同。2007 年 11 月 20 日,裴某与 C 市吉祥门窗有限公司停产善后工作领导小组成员达成协议,认可上述事实,并达成调解:裴

---

① (2015)成民终字第 1856 号。

某确认是C市吉祥门窗有限公司职工身份,从C市吉祥门窗有限公司停止为其缴纳社会保险开始到2007年11月止,裴某的各种社会保险费用及生活费用均由裴某自行负担,从2007年12月起为裴某办理内退手续及相关社会保险工作,到法定退休。该协议签订之后,裴某自2007年12月开始领取内退生活费。2013年5月13日,裴某向成都市劳动人事争议仲裁委员会提出仲裁申请,请求确认自1972年3月至2013年4月市八建公司是裴某的合法工作单位且双方存在合法的事实劳动关系等三项请求。该仲裁委员会以“当事人主体不适格”为由作出《不予受理通知书》。裴某遂诉至法院,请求确认自1972年3月至2013年4月市八建公司是裴某的合法工作单位且双方存在合法的事实劳动关系等三项诉讼请求。

2. 争议焦点

裴某与市八建公司在1997年8月至2013年4月是否存在劳动关系?

3. 一审法院审理与裁判

说理:裴某自1972年3月起至1997年8月25日止在市八建公司处工作,市八建公司对此无异议。依照《劳动合同法》第7条的规定“用人单位自用工之日起即与劳动者建立劳动关系……”故裴某与市八建公司自1972年3月起至1997年8月25日止存在劳动关系,法院予以确认。双方争议在于1997年8月26日C市吉祥门窗有限公司成立后,裴某与市八建公司是否存在事实劳动关系。其一,同一劳动者在同一时间内只能与一个用人单位建立劳动关系。其二,市八建公司明确告知名单上包括裴某在内的劳动者与其解除劳动关系,并与C市吉祥门窗有限公司成立劳动关系。后裴某与C市吉祥门窗有限公司签订了书面劳动合同,并领取工资。同时C市吉祥门窗有限公司又为其购买社会保险。以上事实,裴某在2007年的亲笔签名的协议中予以确认。这些事实反映出裴某接受C市吉祥门窗有限公司的管理,为其提供劳动并获得报酬,符合劳动关系的特征。因此从1997年8月26日起,裴某与C市吉祥门窗有限公司建立劳动关系后,与市八建公司已不存在劳动关系。

判决:自1972年3月起至1997年8月25日止裴某与市八建公司存在劳动关系;驳回裴某的其他诉讼请求。

4. 二审法院审理及判决

说理:本案中,关于劳动关系存续期间的问题涉及一个时间节点,即C市吉祥门窗有限公司成立。1997年8月4日,市八建公司发出《关于将钢窗厂改制为C市吉祥门窗有限公司的通知》载明:“……将公司下属的钢窗厂改制为具有独立法人资格的自主经营、自负盈亏、自我约束、自我发展的有限责任公司……”说明C市吉祥门窗有限公司是从市八建公司中新设分立出的公司。《劳动合同法》第34条规定:“用人单位发生合并或者分立等情况,原劳动合同继续有效,劳动合同由承继其权利和义务的用人单位继续履行。”裴某与市八建公司建立的劳动关系,应由新设立的C市吉祥门窗有限公司承继,劳动关系应从C市吉祥门窗有限公司成立之日起建立。且裴某与C市吉祥门窗有限公司在1998年12月18日签订了书面劳动合同,更加印证了裴某与市八建公司之间的劳动关系由C市吉祥门窗有限公司承继。分立设立的C吉祥门窗有限公司自成立就对裴某实际用工,之后裴某在C吉祥门窗有限公司工作,由该公司发放工资和购买社保,足以证明裴某与该公司建立了劳动关系。客观事实和法律规定完全一致,故裴某的上诉理由缺乏事实和法律根据,法院不予采纳。故从1997年8月26日C市吉祥门窗有限公司成立之日起,裴某与市八建公司不存在劳动关系。

判决:驳回上诉,维持原判。

三、案例分析及法理拓展

(一)劳动合同承继的条件

从上述两个案例不难看出,用人单位变动时劳动合同得以承继的关键条件在于,新用人单位承继原用人单位全部或部分生产资料。案例一反映的是用人单位非组织实体变动后对劳动合同的影响,Z材料厂与潘某之间存在事实劳动关系,Z材料厂在潘某受伤后变更登记为Z鞋材厂,且投资人变更为王某,与潘某的劳动合同主体发生变化,但Z鞋材厂与Z材料厂具备劳动合同承继的生产资料条件,鞋材厂承继了Z材料厂的全部生产资料,潘某与用人单位的劳动合同内容不受影响,相关责任应由Z鞋材厂承担。

案例二反映的是用人单位组织实体变动后对劳动合同的影响,属于用人单位分立中的存续式分立,市八建公司新设分立出C市吉祥门窗有限公司,而市八建公司仍然存续,裴某于C市吉祥门窗有限公司成立时与其建立劳动关系,劳动合同主体已发生变动,且与劳动力相结合的生产资料在用人单位变动后仍有其归属主体,C市吉祥门窗有限公司承继了市八建公司的部分生产资料,裴某的用人单位发生了实质改变,与原用人单位的劳动关系相应解除,市八建公司并非裴某的合法工作单位。

因此,证明新用人单位是否承继原劳动合同,关键条件在于认定新用人单位是否承继了原用人单位全部或部分生产资料,即新用人单位与原用人单位是否具备劳动合同承继的生产资料条件。

(二)用人单位变动后劳动合同的履行

用人单位变动后应当继续履行劳动合同的义务不是绝对的,在一定条件下可以变更或解除劳动合同。根据原劳动部《意见》第37条的规定,用人单位发生分立或合并后,分立或合并后的用人单位可依据其实际情况与原用人单位的劳动者遵循平等自愿、协商一致的原则变更、解除或重新签订劳动合同。在此种情况下的重新签订劳动合同视为原劳动合同的变更,用人单位变更劳动合同,劳动者不能依据《劳动法》第28条要求经济补偿。该条规定对于变动后的新用人单位来说是一种处理劳动者与新用人单位关系、解决劳动合同承继问题的方式。根据该规定,如果新的用人单位与劳动者就劳动合同问题不能达成协商一致,用人单位可以依据《劳动合同法》第40条规定解除劳动合同。由此可见,企业可以先和劳动者就劳动合同承继问题协商,协商不成的,用人单位可以提前30日通知劳动者,依据用人单位的单方解除权,支付完经济补偿金后解除劳动合同。① 但是,当分立或合并前的原用人单位与劳动者解除原劳动合同,并由劳动者与分立或合并后新用人单位签订劳动合同时,重新签订的劳动合同视为原劳动合同的变更。并且在这种情况下,虽然原劳动合同解除,但并购后的企业不用向劳动者支付解除原劳动合同的经济补偿金。

(三)劳动合同承继对社会保险责任及劳动者工龄的影响

劳动合同承继使相关社会保险责任发生变化,《工伤保险条例》第43条第1款规定:"用人单位分立、合并、转让的,承继单位应当承担原用人单位的工伤保险责任;原用人单位已经参加工伤保险的,承继单位应当到当地经办机构办理工伤保险变更登记。"其他社会保险也会因用人单位分立、合并、转让而发生类似问题。

当原劳动合同权利义务由新用人单位承继时,常会涉及劳动者工龄的计算处理问题,因为工龄直接关系到之后劳动者解除或终止劳动合同时经济补偿金的多少和医疗期的长短,以及劳动者的其他合法权益。如《劳动合同法》第47条规定,经济补偿按照劳动者在本单位工作的年限,每满1年支付1个月工资的标准向劳动者支付,不满1年的按1年计算。如果劳动者在原用人单位的工龄不能算作新用人单位的工龄,劳动者经济补偿金则会相应减少,从而劳动者利益受损。虽然《劳动合同法》未明确规定劳动合同承继时用人单位工龄的计算问题,但是依据《劳动合同法》第34条所规定,"用人单位发生合并或者分立等情况,原劳动合同继续有效",意味着劳动合同承继包括对劳动者在原用人单位工龄的继承,即劳动者在原用人单位的工龄一并计入劳动者在新用人单位的工龄,进行连续计算。②

四、举一反三

1988年12月1日,韩某入职H省旅游总公司下属的Y开发有限公司(以下简称Y公司)变电站工作,双方签订了为期5年的书面劳动合同,合同期限至1993年12月1日止。1993年4月14日,根据H省人民政府秘书长办公会议决定,市财政局将Y公司

① 参见杨威:《论企业并购中劳动合同的承继》,载《现代经济信息》2010年第12期。

② 参见侯玲玲:《我国企业重组中的劳动合同继承问题研究》,载《华东政法大学学报》2008年第6期。

的债权债务及员工一并移交给L公司接管,该公司完成接管交接工作后,继受履行Y公司与韩某的劳动合同。1993年12月1日,劳动合同期满后,L公司又重新与韩某签订了为期5年的书面劳动合同,韩某继续在该公司担任电工。1996年2月1日,L公司更名为W电力有限责任公司(以下简称W公司)。2000年3月21日,经双方协商一致,终止劳动关系。后韩某因要求W公司提供补缴1995年1月至1998年6月期间养老保险金需要的相关材料未果,遂向市劳动人事争议仲裁委员会申请仲裁,请求确认双方1988年12月1日至2000年3月20日存在劳动关系。

结合本节内容,分析以下问题:

1. 韩某与Y公司是否存在劳动关系?劳动关系存续期间为哪一区间?

2. 韩某与L公司是否存在劳动关系?劳动关系存续期间为哪一区间?

3. 韩某在W公司的工作年限从何时起算?

第十一节 劳动者单方解除劳动合同的条件和程序

一、知识背景

劳动合同解除按照解除的方式不同,可分为协议解除和单方解除,协议解除是指劳动合同经当事人双方协商一致而解除,而单方解除指的是享有单方解除权的当事人以单方意思表示解除劳动合同,无须对方当事人同意的解除。按照行使单方解除权的主体不同,单方解除又可分为劳动者单方解除(通常称辞职)和用人单位解除(通常称辞退或解雇)。劳动者单方解除按照行使单方解除权是否需要预告,可分为预告辞职和即时辞职。

(一)预告辞职

预告辞职以劳动者向用人单位预告为辞职的程序性条件。预告辞职的主要特点有:(1)预告辞职是劳动者享有的法定权利;(2)预告辞职是享有单方解除权的劳动者的单方意思表示;(3)预告辞职不受用人单位制约,无须征得用人单位的同意;(4)预告辞职除了以预告为程序性条件外,不附加实体性条件,故也可以认为预告辞职是劳动者享有的无条件的单方解除权;(5)用人单位可不支付经济补偿金。

预告辞职可分为试用期外预告辞职和试用期内预告辞职,前者为一般预告辞职,后者为特殊预告辞职。一般预告辞职的法律依据是《劳动法》第31条和《劳动合同法》第37条,其中规定,劳动者提前30日以书面形式通知用人单位,可以解除劳动合同。试用期内,劳动者预告辞职的预告期为3天,预告方式为口头通知即可,而无须采用书面方式。

(二)即时辞职

即时辞职(被迫辞职),是指劳动者无须向用人单位预告就可随时辞职。由于没有给用人单位以准备时间,在用人单位毫无准备的情况下,用人单位可能无法立刻安排其他劳动者来顶替辞职者,这就会对用人单位的正常生产经营造成一定不良影响。为此,即时辞职只限于在用人单位有过错的情况下劳动者才可为之。① 与预告辞职相比,即时辞职的主要特点有:(1)没有预告期,劳动者可以随时辞职;(2)须具备法定许可性条件,一般只在用人单位有过错的情况下才许可即时辞职,且许可性条件一般表现为实体性条件,而非程序性条件;(3)用人单位应当支付经济补偿。

根据是否需要通知用人单位,即时辞职可分为随时通知辞职和无须通知辞职。随时通知辞职要求,劳动者在辞职时需履行通知用人单位的义务,不得不辞而别。无须通知辞职则指的是,劳动者可以不通知用人单位而自行辞职,即可以不辞而别。作出这种区别的原因主要在于用人单位过错行为对劳动者人身自由或人身安全的危险程度,因而,《劳动合同法》第 38 条对这两种即时辞职的情形分别加以规定。

随时通知辞职的情形包括:(1)用人单位未按照劳动合同约定提供劳动保护或者劳动条件;(2)用人单位未及时足额支付劳动报酬;(3)用人单位未依法为劳动者缴纳社会保险费;(4)用人单位的规章制度违反法律、法规的规定,损害劳动者权益;(5)用人单位具有《劳动合同法》第 26 条第 1 款规定的致使劳动合同无效的情形,即以欺诈、胁迫的手段或者乘人之危,使劳动者在违背真实意思的情况下订立或者变更劳动合同而致使劳动合同无效;(6)法律、行政法规规定劳动者可以解除劳动合同的其他情形。

无须通知辞职的特点有:(1)只要法律规定的情形出现,劳动者不需事先告知用人单位就可立即辞职;(2)无须通知辞职的法定情形只限于《劳动合同法》第 38 条第 2 款规定的用人单位以暴力、威胁或者非法限制人身自由的手段强迫劳动者劳动的,或者用人单位违章指挥、强令冒险作业危及劳动者人身安全两种情形。

二、典型案例

(一)案例一②

1. 案情简介

孙某于 2005 年 7 月与某航空 H 分公司签订了无固定期限劳动合同,合同约定孙某从事飞行驾驶员工作。2013 年 3 月 9 日,孙某向某航空 H 分公司送达《解除劳动关系

① 参见王全兴:《劳动法》,法律出版社 2015 年版,第 174 页。

② (2014)长中民四终字第 01646 号。

通知书》(以下简称《通知书》)一份,其上载明,依据《劳动合同法》第 37 条的规定,孙某向某航空 H 分公司提出解除劳动关系,并提前 30 日以书面方式向某航空 H 分公司致函告知,请某航空 H 分公司为其办理相关劳动关系解除及档案移转手续。孙某在向某航空 H 分公司寄送上述《通知书》后,就未到某航空 H 分公司处报到上班。某航空 H 分公司收到上述《通知书》后,于 2013 年 3 月 12 日作出《关于孙某同志辞职的复函》,按照民航业的特殊规定,认为孙某提出的辞职理由不充分,不同意其辞职,并于 2013 年 3 月 12 日向孙某送达该复函。2013 年 3 月 15 日,某航空 H 分公司作出《关于暂时安排孙某参加地面工作的通知》,暂停安排孙某执行航班飞行任务,暂时安排其参加飞行部地面工作。

因对劳动合同的履行及解除存在争议,孙某向省劳动人事争议仲裁委员会提出劳动争议仲裁申请,省劳动人事争议仲裁委员会于 2013 年 7 月 9 日作出裁决,要求某航空 H 分公司出具解除劳动关系的证明,为孙某办理劳动人事档案、社会保险关系的移转手续,并将其保管的孙某的航空人员健康登记本、飞行技术履历档案按政策规定封存后交所在地的民航地区管理局暂存保管。因对该裁决结果不服,某航空 H 分公司故诉至法院,请求撤销仲裁裁决。

2. 争议焦点

某航空 H 分公司与孙某的劳动合同是否已解除?

3. 一审法院审理与裁判

说理:对于劳动关系解除问题,某航空 H 分公司、孙某依据双方签订的无固定期限劳动合同,建立了劳动关系。根据《劳动合同法》第 37 条之规定,劳动者提前 30 日以书面形式通知用人单位,可以解除劳动合同,现孙某于 2013 年 3 月 9 日向某航空 H 分公司递交了书面《通知书》,且孙某自提交上述通知书后,就未至某航空 H 分公司处工作,故法院认为某航空 H 分公司、孙某之间的劳动关系于某航空 H 分公司收到上述《通知书》后第 31 日即告解除。对于某航空 H 分公司提出的按照民航业特殊规定,孙某办理解除劳动合同的手续应当在生产淡季提出的抗辩事由,因中国民用航空总局、人事部、劳动和社会保障部、国务院国有资产监督管理委员会、国务院法制办公室联合印发的《关于规范飞行人员流动管理保证民航飞行队伍稳定的意见》中对于飞行人员办理解除劳动关系手续的时间限定属于建议性规定,并非强制性规定,故某航空 H 分公司据此认为孙某提出辞职的时间违反该规定,不同意解除劳动合同的抗辩事由没有法律依据,法院不予采信。

判决:驳回某航空 H 分公司的诉讼请求。

4. 二审法院审理与裁判

说理:《劳动合同法》第 37 条规定:“劳动者提前三十日以书面形式通知用人单位,

可以解除劳动合同。劳动者在试用期内提前三日通知用人单位,可以解除劳动合同。”《关于规范飞行人员流动管理保证民航飞行队伍稳定的意见》中对于飞行人员办理解除劳动关系手续的时间只是建议尽量在运输生产淡季办理,并非强制性禁止规定。孙某已经书面通知某航空H分公司解除劳动关系,故原审法院认定双方劳动合同于某航空H分公司收到书面通知后第31日解除并无不当。某航空H分公司提出的孙某请求解除劳动合同的时间违反上述行业规定因而不应被支持的上诉理由不能成立,法院不予采纳。

判决:驳回上诉,维持原判。

(二)案例二①

1.案情简介

袁某从2015年4月13日开始到X高科技股份有限公司(以下简称X公司)处工作并签订了劳动合同,在第一份劳动合同约定的劳动期限到期后,双方于2018年4月13日续签了新的劳动合同。袁某2017年9月到2018年8月,12个月平均实发工资为4202.83元,平均应发工资为5012.1元。后因公司效益不好未能按时发放工资并在2018年9月处于停产状态,袁某于2018年9月起处于调休状态,后袁某在2018年10月15日到X公司上班时因公司对上班没有具体说法,袁某在回家后于2018年10月16日在X公司的公司通知栏中张贴了《非自愿中断就业被动离职通知书》(以下简称《被动离职通知书》),并在2018年10月17日向X公司邮寄《被动离职通知书》一份,X公司于2018年10月18日收到该份材料;《被动离职通知书》载明“尊敬的X公司领导:本人袁某,因公司未及时支付足额劳动报酬,未及时为本人缴纳社会保险费,本人向公司正式发出《被动离职通知书》,同时要求公司出具终止劳动关系证明并依法为本人补缴含失业保险费在内的社会保险费。本人最后受雇日期为2018年10月16日。……通知人袁某”。

后因X公司未向袁某出具终止劳动关系证明及补缴相关社会保险费用,袁某和徐某等共计10人(申请人)就与X公司(被申请人)的劳动争议事项于2018年10月向区劳动人事争议仲裁委员会申请劳动争议仲裁,要求:裁决双方于2018年10月16日解除劳动合同,被申请人立即清偿劳动关系存续期间的未支付工资、经济补偿金及未缴清的社保(含五险)等五项请求。劳动人事争议仲裁委员会于2018年11月15日作出仲裁裁决书,裁决:被申请人向申请人徐某等10人支付工资并补缴社会保险,驳回其他仲裁诉求。附表中载明:袁某,未支付工资总额13,389.32元,未缴清社保(五险)总额27,338.89元,两项共计约40,728元。袁某于2018年11月16日收到了劳动人事争议

---

① (2019)赣04民终443号。

仲裁委员会的该份仲裁裁决书。仲裁后，袁某不服劳动人事争议仲裁委员会的裁决，于2018年11月27日诉至法院，要求法院支持其诉讼请求。

2. 争议焦点

公司是否应对袁某支付经济补偿金？

3. 一审法院审理及裁判

说理：袁某与X公司双方之间的劳动合同是否已于2018年10月16日解除。根据《劳动合同法》第38条第1款第2项、第3项“用人单位有下列情形之一的，劳动者可以解除劳动合同：（二）未及时足额支付劳动报酬；（三）未依法为劳动者缴纳社会保险费的”，结合本案，X公司未按时足额向袁某支付工资报酬并在代扣了袁某应当承担的个人缴纳社保费用后未帮其缴纳合同期限内的社会保险费用，在2018年9月停产后袁某未能正常上班而处于调休状态，在此情况下袁某向X公司送达了解除劳动合同通知书，要求与用人单位从2018年10月16日解除劳动合同，该公司也确实收到了该通知书，此后袁某向市劳动人事争议仲裁委员会申请仲裁要求确认2018年10月16日解除与X公司的劳动关系，故应认定双方之间2018年4月13日签订的劳动合同已于2018年10月17日解除。

X公司是否应向袁某支付经济补偿金及经济补偿金数额。根据《劳动合同法》第46条第1款第1项“有下列情形之一的，用人单位应当向劳动者支付经济补偿：（一）劳动者依照本法第三十八条规定解除劳动合同的”，结合本案，袁某依据《劳动合同法》第38条的规定解除双方之间的劳动合同关系，X公司仍应当向袁某支付经济补偿金。又根据《劳动合同法实施条例》第27条：“劳动合同法第四十七条规定的经济补偿金的月工资按照劳动者应得工资计算……”现袁某在X公司处工作已满3年6个月，应按4个月工资标准计算经济补偿金，故经济补偿金数额应当以袁某离职前12个月平均应发工资5012.1元为基数按4个月计算为20,048.4元（5012.1元×4）。

判决：（1）袁某与X公司2018年4月13日签订的劳动合同已于2018年10月17日解除；（2）X公司向袁某支付拖欠工资；（3）X公司为袁某缴纳未缴清的社会保险费用；（4）X公司向袁某支付经济补偿金20,048.4元；（5）驳回袁某的其他诉讼请求。

4. 二审法院审理及裁判

说理：依法成立的劳动合同法律关系应受法律保护，用人单位与劳动者应当履行法律规定和劳动合同约定的义务。2018年10月17日袁某向X公司邮寄《被动离职通知书》一份，2018年10月18日X公司收到该份材料。此后袁某没有再上班，双方之间2018年4月13日签订的劳动合同已于2018年10月17日实际解除。故原审法院判决袁某与X公司劳动合同已于2018年10月17日解除。关于X公司是否应当支付解除劳动合同的补偿金，依据《劳动合同法》第46条的规定，劳动者以《劳动合同法》第38

条之规定解除劳动合同的,用人单位应当向劳动者支付经济补偿金。X 公司与袁某劳动关系存续期间,未及时向袁某足额支付劳动报酬,亦未依法、足额为袁某缴纳相应的社会保险费用,故袁某可以依照《劳动合同法》的规定解除劳动合同并要求支付经济补偿金。故法院对于原审判决所确认的由 X 公司支付 20,048.4 元经济补偿金予以确认和维持。双方当事人二审均认可原审判决所确认的欠付工资,已由 X 公司全部给付袁某,已履行完毕支付工资的义务,对此事实法院予以确认,不应再作支付判决。袁某与 X 公司在劳动关系存续期间,原审判决双方按各自缴费比例缴纳袁某养老保险和医疗保险,符合法律规定,该项应予维持。

判决:(1)维持一审判决第 3 项、第 4 项、第 5 项;(2)撤销一审判决第 1 项、第 2 项;(3)袁某与 X 公司 2018 年 4 月 13 日签订的劳动合同已于 2018 年 10 月 17 日解除,双方应在本判决生效后 15 日内依照《劳动合同法》第 50 条规定办理相关手续;(4)驳回 X 公司的上诉请求;(5)驳回袁某其他上诉请求。

三、案例分析及法理拓展

(一)劳动合同单方解除权的性质

劳动合同单方解除权是形成权。形成权是指权利人以自己的意思表示,使民事法律关系发生、变更或者消灭的权利。形成权具有以下特征:其一,形成权的客体为民事法律关系,形成权作用的结果是使权利人与他人或者他人与他人之间的法律关系发生变动;其二,形成权仅依权利人的单方意思表示即可实现,只要权利人将变动法律关系的意思表达于相对人,按照法律的规定即可自动产生相应的效果,既不需要相对人的行为或不行为,也不需要相对人对该意思表示同意或不同意;其三,形成权无被侵害的可能,形成权尚未行使时,对原法律关系并不产生任何影响,但一经权利人行使,具体的权利义务关系即随之发生、变更或消灭,他人无法进行干预;其四,形成权不可单独存在,形成权一般依附于基础法律关系之上,不能单独存在。[①] 从《劳动合同法》中有关劳动合同双方当事人所享有的单方解除权的规定来看,劳动合同当事人享有法定的单方解除权,并具有以下特征:第一,劳动合同当事人行使单方解除权会导致原有劳动合同法律关系消灭;第二,劳动合同当事人行使单方解除权属于单方意思表示行为,只要具备法律规定的情形,当事人即可依法律规定的程序和方式行使解除权,并且单方解除权的效力于送达对方当事人时即生效,无须对方当事人的同意;第三,劳动合同一方当事人依法行使劳动合同解除权时,对方当事人即使不希望这种结果的发生,也只能接受权利人的决定,无法干预;第四,劳动合同解除权必须依附于既有劳动合同法律关系,不能单

① 参见汪渊智:《形成权理论初探》,载《中国法学》2003 年第 3 期。

独存在。因此,劳动合同单方解除权属于形成权。

而劳动者单方解除劳动合同,是一种劳动者行使解除权将合同解除的行为,这一行为并不需要经过用人单位的同意,只需要劳动者将解除合同的意思表示直接通知用人单位,或经过人民法院或仲裁机构向用人单位主张,就可以发生劳动合同解除的效果。简单来说,劳动者想要辞职,只需向用人单位行使其单方解除权即可。但是,根据法律规定及上述两个案例可以看出,单方解除权的行使存在不同的条件,也相应地存在不同的行使程序。

案例一中,孙某采用预告辞职的方式解除劳动合同,其向用人单位送达的《通知书》上载明:依据《劳动合同法》第 37 条规定,孙某向某航空 H 分公司提出解除劳动关系,并提前 30 日以书面方式向某航空 H 分公司致函告知,请某航空 H 分公司为其办理相关劳动关系解除及档案移转手续。虽然孙某在寄送上述《通知书》后就未到用人单位处上班,且违反了《关于规范飞行人员流动管理保证民航飞行队伍稳定的意见》中的建议性规定,但是,根据《劳动合同法》的规定以及形成权的基本原理,双方的劳动关系应于用人单位收到《通知书》后第 31 日即告解除,因此,法院的判决符合法律规定。此外,孙某在寄送《通知书》后,按法律规定应继续工作 30 日才属正当解除劳动关系,该案法院并未讨论这一问题。

案例二中,袁某的辞职方式符合用人单位存在《劳动合同法》第 38 条第 1 款第 2 项、第 3 项所规定的情形,X 公司拖欠劳动者工资且未缴纳社会保险费,劳动者可以随时通知用人单位辞职。在劳动合同履行的过程中,如果用人单位不能按照法律规定或劳动合同约定为劳动者提供安全卫生保护、及时足额支付劳动报酬、办理社会保险等,会严重损害劳动者的合法权益,影响劳动者的人身权利和基本生活保障,在这种情况下,如果还要求劳动者提前 30 天通知解除劳动合同,对劳动者是不公平的。因此,法律就赋予了劳动者在这种用人单位有过错行为场合下的劳动合同特别解除权,即劳动者可以无条件随时解除劳动合同。

(二)劳动者劳动合同解除通知的撤回与撤销

劳动合同的单方解除权,从其性质来看属于民法中的形成权范畴。行使形成权的单方意思表示到达相对人后,才能对相对人发生法律效力。所以,在该意思表示虽然已经发出但还没有到达相对人之前,相对人并不知情,对相对人尚未发生法律效力,因而可以撤回。撤回行使形成权的意思表示后,相对人的利益没有受到影响,也不会使相对人面临不确定的状态,因此,行使形成权的意思表示可以撤回,撤回的通知应该在行使形成权的意思表示到达相对人之前或者与行使形成权的意思表示同时到达相对人。

劳动者一旦以法定方式行使单方解除权,并且将行使权利的意思表示以法律规定的方式告知或送达了对方当事人,则行使劳动合同解除权的意思表示原则上不可以撤销,但在对方当事人表示异议或者撤销该意思表示对对方当事人并无不利且获得对方当事人同意的情况下,可以撤销。[①] 具体而言,劳动者在递交书面辞职信后,在通知期内提出撤销辞职的请求,如果用人单位同意或者用人单位原本就对劳动者辞职有异议,则劳动者可以撤销其辞职决定。

(三)劳动者单方解除劳动合同的法律后果

劳动合同解除后,原有劳动关系消灭,劳动合同中约定的权利义务结束,但是原劳动合同双方当事人仍应履行相关法定义务。根据《劳动合同法》第 50 条的规定,劳动合同解除的法律义务有如下几点:一是用人单位出具解除或者终止劳动合同证明的义务;二是用人单位在 15 日内为劳动者办理档案和社会保险的义务;三是劳动者按照双方约定,办理工作交接的义务;四是用人单位依照法律规定在办理交接手续时向劳动者支付经济补偿的义务;五是用人单位对已经解除或者终止的劳动合同文本至少保存 2 年备查的义务。

另外,根据《劳动合同法》第 46 条,在劳动合同解除时,除劳动者自愿、主动辞职或者劳动者有严重过错而解除劳动合同的情形外,用人单位都应当支付经济补偿金,包括用人单位提出并经双方协商一致解除劳动合同、非过失性解除、经济性裁员、“被迫辞职”、合同期满、破产解散等造成合同终止六类情况。[②] 对于劳动者单方解除劳动合同而言,劳动者采用预告辞职的方式解除劳动合同,无法获取经济补偿金;若劳动者采用即时辞职的方式解除劳动合同,则符合《劳动合同法》第 46 条的相关规定,用人单位应当向劳动者支付经济补偿金。案例一中,孙某属于预告辞职,无法获取经济补偿金;案例二中,袁某因用人单位过错采用即时辞职的方式解除劳动合同,因此有权获得经济补偿金。

《劳动合同法》第 25 条明确规定,“除本法第二十二条和第二十三条规定的情形外,用人单位不得与劳动者约定由劳动者承担违约金”。所以,劳动者辞职不会产生因违反合同的违约金责任,但是,根据《劳动合同法》第 90 条的规定,“劳动者违反本法规定解除劳动合同,或者违反劳动合同中约定的保密义务或者竞业限制,给用人单位造成损失的,应当承担赔偿责任”。因此,当劳动者违反法律规定单方解除劳动合同,给用人单位造成损失的,在用人单位能够证明损失及损失与劳动者违法解除合同之间的因果关系时,劳动者需承担损害赔偿责任。

---

① 黄昆、刘畅:《劳动者提出辞职后可以撤销吗——从劳动合同单方解除权的性质分析》,载《中国劳动》2011 年第 6 期。

② 吴平纪:《解除劳动合同的经济补偿问题研究》,载《河北工程大学学报》(社会科学版)2008 年第 2 期。

四、举一反三

案例一:2007 年 7 月 14 日,陈某入职原告 T 公司担任采购主管一职。2010 年 1 月 1 日,双方签订劳动合同书,期限为 2010 年 1 月 1 日至 2014 年 12 月 31 日。后双方再未签订书面劳动合同。工作期间 T 公司未向陈某发放 2014 年 2 月、3 月工资及话费补贴 293 元。2014 年 4 月,陈某遂计划辞职。

结合本节内容,回答以下问题:

1. 陈某辞职应符合哪些条件与程序?

2. 陈某能否要求 T 公司支付经济补偿金?

3. 陈某是否应承担违约责任?

案例二:傅某系某家电销售公司员工,2001 年入职。2008 年 5 月,因傅某所在的岗位被撤销,公司给傅某安排了新的工作岗位,傅某心生不满,提前 30 日以书面方式向用人单位致函辞职,用人单位表示同意。一星期后,傅某向用人单位表示不辞职了。用人单位因已经着手安排人员接替傅某的工作,并已经开始与傅某进行工作交接,因此拒绝接受撤销辞职。双方发生争议,遂向当地劳动争议仲裁机构申请仲裁。

结合本节内容,回答以下问题:

1. 傅某能否撤销辞职?

2. 傅某经济补偿金的主张应否得到支持?

第十二节 “因劳动者不能胜任工作而解除合同”的理解

一、知识背景

劳动合同解除按照解除的方式不同,分为协议解除和单方解除。而按照行使单方解除权的主体不同,单方解除又可分为劳动者单方解除和用人单位解除(通常称辞退或解雇)。用人单位的单方解除权涉及劳动者切身利益,因此,法律在赋予用人单位单方解除权时进行了严格的法律规制。立法实践中,法律对用人单位单方解除权的规制,因引起解除的事由不同而存在差异。

用人单位单方解除劳动关系的法定事由中,部分来自用人单位,部分来自劳动者。来自劳动者的法定解除事由,又分为可归责的过错性事由和不可归责的能力性事由,而能力性事由因是否在试用期内而不同。[①] 根据《劳动合同法》第 39 条的规定,对劳动者过错性事由和试用期内能力性事由,用人单位实行即时解除。根据《劳动合同法》第 40 条的规定,对劳动者试用期外能力性事由,用人单位实行预告解除。

用人单位预告解除,即用人单位经向劳动者预告或支付补偿金后辞退劳动者。其具有以下特点:(1)用人单位应提前 30 日以书面形式通知劳动者本人,或额外支付劳动者一个月工资;(2)用人单位预告解除事由中不包括劳动者有过错的情形;(3)用人单位应当支付经济补偿。

根据《劳动合同法》的规定,"劳动者不能胜任工作,经过培训或者调整工作岗位,仍不能胜任工作的"情形,属用人单位预告解除的法定事由。不能胜任工作,是指劳动者不能按要求完成劳动合同中约定的任务。劳动者没有具备从事某项工作的能力,不能完成某一岗位的工作任务,用人单位可以对其进行职业培训,提高其职业技能,也可以把其调换到能够胜任的工作岗位上。如果用人单位尽了这些义务,劳动者仍然不能胜任工作,说明劳动者不具备胜任该单位工作的能力,用人单位可以在提前通知或额外支付工资的情况下解除劳动合同。

二、典型案例

(一)案情简介[②]

1997 年 7 月,张某到 L 啤酒有限责任公司(以下简称 L 啤酒公司)处工作,先后从事安装、水处理、叉车、保卫等工作。2005 年 3 月 2 日,张某同 L 啤酒公司签订《劳动合同书》,此劳动合同约定双方为无固定期限劳动合同。2007 年 6 月 28 日,L 啤酒公司更名为 X 啤酒公司。2016 年 3 月 31 日,因张某视力下降,不能保证生产安全,经张某本人申请,从叉车岗位调到了保安岗位工作,并于 2016 年 4 月 1 日签署了《保安岗位责任书》,其中岗位责任书中的岗位职责包括人员管理、车辆管理、物资管理、安全及其他临时性工作。同时岗位责任书中载明了岗位任职要求:(1)高中、中专、中技及以上学历;(2)有一定的门卫工作经验;(3)受过保卫管理培训;(4)具有较强的责任心,诚实、敬业、勤奋、具备积极良好的工作心态;(5)身体健康,无不良记录。张某在上班作业中,不会操作电脑,不能完成相关信息电脑录入工作,该项工作任务均为共同值班的其他人员代为完成。2016 年 12 月 21 日,X 啤酒公司组织包括张某在内的 18 名保卫人员进行了测评,张某测评结果为不合格。2017 年 2 月 8 日,X 啤酒公司对第一次测评不合格人员进行了培训。2017 年 2 月 22 日,X 啤酒公司再次组织测评,张某测评结果仍为不合格。

---

① 刘俊主编:《劳动与社会保障法学》,高等教育出版社 2018 年版,第 103 页。

② (2017)川 10 民终 899 号。

2017年3月6日,X啤酒公司以张某两次岗位测评不合格,不具备保安岗位胜任能力为由,将解除与张某劳动合同的情况书面上报X啤酒公司工会,工会于2017年3月9日书面答复同意解除张某的劳动合同。2017年3月10日,X啤酒公司根据其制定的《岗位胜任管理办法》及《劳动合同法》第40条第2项的规定,提前通知张某30日后解除劳动合同,并支付其经济补偿。

2017年3月14日,张某向市劳动人事争议仲裁委员会申请仲裁,要求X啤酒公司继续履行劳动合同。该仲裁委于2017年4月18日作出内劳人仲案(2017)83号仲裁裁决书,裁决:驳回申请人仲裁申请。张某对该仲裁裁决不服,故诉至法院,请求X啤酒公司继续履行合同。

(二)争议焦点

X啤酒公司是否应当继续履行与张某的劳动合同?

(三)一审法院审理与裁判

说理:张某、X啤酒公司之前签订的无固定期限劳动合同,系双方真实意思表示,依法受法律保护。根据《劳动合同法》第40条第1款第2项"有下列情形之一的,用人单位提前三十天以书面形式通知劳动者本人或者额外支付劳动者一个月工资后,可以解除劳动合同:(二)劳动者不能胜任工作,经过培训或者调整工作岗位,仍不能胜任工作的"的规定,"不能胜任工作",是指不能按要求完成劳动合同中的任务或者同工种、同岗位人员的工作量,用人单位不得故意提高定额标准,使劳动者无法完成。根据X啤酒公司提供的保安岗位责任书,保安职责包括人员管理、车辆管理、物资管理、安全及其他临时性工作五类,其中仅物资管理第五项要求"负责每天提货时间登记及录入电脑,进出门时间段记录表填制与报送",张某虽在工作中不会操作电脑,不能完成相关信息电脑录入工作,但这并不是保安岗位的唯一要求,也不意味着张某不能胜任保安的工作岗位。参照四川省高级人民法院民一庭《关于审理劳动争议案件若干疑难问题的解答》第24条第2款"企业规章制度中约定'末位淘汰'或者'竞争上岗',用人单位以此为由解除劳动合同的,应当认定为解除违法"之规定,X啤酒公司虽未明确约定"末位淘汰"或者"竞争上岗",但以考试确定不能胜任工作岗位的方式,其性质系"末位淘汰"或者"竞争上岗",X啤酒公司也未能提供张某"不能胜任工作"的其他相应证据,仅以张某两次考试不合格作为认定其不能胜任工作的理由解除劳动合同,不符合法律的规定,系违法解除合同。根据《劳动合同法》第48条"用人单位违反本法规定解除或者终止劳动合同,劳动者要求继续履行劳动合同的,用人单位应当继续履行;劳动者不要求继续履行劳动合同或者劳动合同已经不能继续履行的,用人单位应当依照本法第八十七条规定支付赔偿金"的规定,现张某要求继续履行合同,用人单位即X啤酒公司应当继续履行。

判决:X 啤酒公司继续履行与张某的劳动合同。

(四)二审法院审理与裁判

说理:根据《劳动合同法》第 40 条“有下列情形之一的,用人单位提前三十日以书面形式通知劳动者本人或者额外支付劳动者一个月工资后,可以解除劳动合同……(二)劳动者不能胜任工作,经过培训或者调整工作岗位,仍不能胜任工作的……”和《劳动法司法解释(一)》第 13 条“因用人单位作出的开除、除名、辞退、解除劳动合同、减少劳动报酬、计算劳动者工作年限等决定而发生的劳动争议,用人单位负举证责任”的规定,X 啤酒公司以张某两次岗位胜任测评不合格,不具备保安岗位胜任能力为由解除与张某的劳动关系,则 X 啤酒公司负有证明张某不能胜任工作的举证责任。本案审理过程中,X 啤酒公司提交的证据并不足以证明张某不能胜任工作。判断劳动者是否胜任工作,应当结合劳动者的工作能力、平时表现、工作量环比增减并参照相同岗位工作量等因素综合评定。根据 X 啤酒公司提供的《保安岗位责任书》可以看出,保安职责包括人员管理、车辆管理、物资管理、安全及其他临时性工作五类,现 X 啤酒公司未提供证据证明张某在平时保安岗位上不能胜任工作的证据。X 啤酒公司提供的张某 2017 年行政保卫人员电脑实操测评考试卷和服务查验单,仅能证明张某在 X 啤酒公司组织的测评中成绩未达合格分数线,但测评成绩不合格不排除存在其他原因所致,而张某在将近一年的保安工作中并未出现严重失职或者给用人单位的利益造成重大损失等能力不胜任的情形。本案中,X 啤酒公司未举证证明张某不能胜任工作,应当承担举证不能的后果。根据《劳动合同法》第 48 条“用人单位违反本法规定解除或者终止劳动合同,劳动者要求继续履行劳动合同的,用人单位应当继续履行……”的规定,张某要求 X 啤酒公司继续履行与其劳动合同,符合法律规定,法院予以支持。

判决:驳回上诉,维持原判。

三、案例分析及法理拓展

(一)认定“不能胜任工作”的具体要素

认定劳动者“不能胜任工作”的具体要素包括几个层次:第一,用人单位对劳动者提出的胜任工作的标准;第二,劳动者未达到标准的事实;第三,不具有其他排除认定为“不能胜任工作”的因素。仲裁机关或法院在认定用人单位的解除行为是否合法时应查明事实包括:用人单位的内部规章制度是否合法有效,用人单位对劳动者绩效考核的标准是否清晰(包括考核标准,考核程序和其他同等职位劳动者的考核情况等),劳动者是否存在“不能胜任工作”的具体情形,劳动者是不是完全并持续的欠缺履行劳动合同的能力以及劳动者能力的欠缺是否导致劳动合同的目的无法实现等。① 当然,用人单位以“不能胜任工作”解除劳动合同还需证明曾对劳动者进行培训或调整岗位,重新培训或经调整岗位后劳动者仍不能胜任工作。而根据《劳动法司法解释(一)》第13条的规定:“因用人单位作出的开除、除名、辞退、解除劳动合同、减少劳动报酬、计算劳动者工作年限等决定而发生的劳动争议,用人单位负举证责任。”

在上述案例中,用人单位因张某岗位胜任测评不合格,且培训后仍不合格,认为其不具备保安岗位胜任能力而将其开除,X啤酒公司负有证明张某不能胜任工作的举证责任。通过在庭审中提供的《劳动合同书》、《保安岗位责任书》、测评通知、培训及签到表、实操测评考试卷、服务查验单、审核《岗位胜任管理办法》通过的会议纪要及员工签到表、《岗位胜任管理办法》、职代会通过会议纪要及代表签字等有效证据来看,仅能证明张某在测评中成绩未达合格分数线,而用人单位以考试成绩确定劳动者不能胜任工作岗位的方式,其性质系“末位淘汰”或者“竞争上岗”。除此之外,张某在保安工作中并未出现严重失职或者给用人单位的利益造成重大损失等能力不胜任的情形,二审法院也认为判断劳动者是否胜任工作,应当结合劳动者的工作能力、平时表现、工作量环比增减并参照相同岗位工作量等因素综合评定。

(二)“末位淘汰”与“不能胜任工作而解除”的关系

“末位淘汰”,是指用人单位根据本单位的总体目标和具体目标,结合各个岗位的实际情况,设计科学的考核指标体系,以绩效考核体系的具体指标定期对员工进行考核,根据考核结果进行合理排序,并将一定比例排名靠后的员工进行调整岗位或者将不合格的员工辞退的绩效管理制度。该制度最早源于欧美某些学校考试时的一种评分体系,而在劳动关系领域的适用则是美国GE公司前CEO杰克·韦尔奇提出的“活力曲线”,也叫10%淘汰率法则。在GE各级经理每年要将自己部门的员工进行严格评估,从而产生20%的明星员工(A类),70%的活力员工(B类)以及10%的落后员工(C类),通常表现最差的员工都将被解雇。这种强势的管理方法,增强了员工的危机意识和竞争意识,形成了优胜劣汰、适者生存的优化组合,提高了劳动生产率。② 然而,“末位淘汰”作为一项管理手段,在劳动法上是否应得到认可,则成为实践中争议较大的问题。

从劳动法的角度分析,“末位淘汰”属于用人单位解除劳动合同的行为,根据《劳动合同法》第36条、第39条、第40条与第41条的规定,用人单位单方解除劳动合同的情形有三类,因劳动者存在过失而解除、用人单位预告解除、经济性裁员。其中,《劳动合

---

① 王天凡:《“不能胜任工作”与“末位淘汰”规则的规范分析——指导性案例第18号评析》,载《清华法学》2016年第4期。

② 熊波:《论劳动合同法下的末位淘汰制》,载《当代经济》2012年第7期。

同法》第40条第2项规定,劳动者不能胜任工作,经过培训或者调整工作岗位,仍不能胜任工作的,用人单位可以提前30日通知劳动者解除合同。“末位淘汰”在实践中常常被认为是该条规定的具体形式。但是,根据最高人民法院发布的第18号指导性案例,即中兴通讯(杭州)有限责任公司诉王某劳动合同纠纷案的裁判要点指明:“劳动者在用人单位等级考核中居于末位等次,不等同于‘不能胜任工作’,不符合单方解除劳动合同的法定条件,用人单位不能据此单方解除劳动合同。”此外,最高人民法院在《第八次全国法院民事商事审判工作会议(民事部分)纪要》中还明确了用人单位在劳动合同期限内通过“末位淘汰”或“竞争上岗”等形式单方解除劳动合同,劳动者可以以用人单位违法解除劳动合同为由,请求用人单位继续履行劳动合同或者支付赔偿金。

“末位淘汰”,指用人单位将在绩效考核中处于末位的劳动者清除出用人单位的一种管理行为。而以“不能胜任工作”为由解除劳动合同,是要对不能完成其岗位的任务和职责的劳动者进行劳动关系解除。用人单位实施末位淘汰和以不能胜任工作解除劳动合同,其结果都是迫使相应的劳动者离开用人单位,但两者的作用机制却有所不同。前者是要按照一定标准对劳动者进行排序,这种排序是基于劳动者之间相互比较而得出的,具有相对性,但是这种排序的结果并不能对劳动者的工作成果和能力进行直接的评价,排在末位的劳动者只是在绩效排序中处于末位,却无充足理由推测该劳动者的实际工作状况,更不能推断劳动者是“不能胜任工作”的。而后者是劳动者被用人单位判定为“不能胜任工作”,这是对劳动者工作成果和能力的一种评价,具有客观性。不能胜任的评价并非通过该劳动者与其他劳动者之间相互比较得来,因而“不能胜任工作”与绩效排序先后并不对应。① 实践中,有的企业所有劳动者都很优秀,对这些劳动者进行考核必然会有人排在末位,但是排在末位的劳动者只是工作绩效相比其他劳动者稍逊,而非“不能胜任工作”。

劳动者绩效排序居于末位,可能是其不胜任工作,也可能其能够胜任工作,却因各种因素仍在绩效排序中居于末位。因为末位总是客观存在的,每次考核中总有人居于末位,考核不合格不能直接等同于不能胜任工作。因此,用人单位不能因为劳动者绩效排序居于末位,就主张其不能胜任工作而解除合同。② 并且,即使绩效排序居于末位的劳动者确实不能胜任工作,用人单位也无权直接解除合同,而应当对劳动者进行培训或调整工作岗位,只有在仍不能胜任工作的情况下,才能提前30天以书面形式通知劳动者本人或者额外支付劳动者1个月工资后解除劳动合同。

---

① 王一任、翟继满:《论〈劳动合同法〉修改背景下的“不能胜任解除之殇”——基于逻辑推理的分析》,载《中国人力资源开发》2017年第2期。

② 金炜:《劳动合同法视野下末位淘汰制的性质界定》,载《人民司法》2012年第12期。

(三)“末位淘汰”合法运行的方式

拟运用“末位淘汰”进行单位绩效管理时,应将“末位淘汰”机制转化成“不能胜任工作而解除劳动合同”的适用。其一,在规章制度中明确“不能胜任工作”的具体要素,而“末位”仅可作为参考要素之一,结合用人单位经营计划、投资方案等内容,制定书面绩效考核标准、方案,充分征求劳动者意见,并经过用人单位职工代表大会或全体职工讨论通过后,向劳动者公示后生效。其二,谨慎使用解除劳动合同的淘汰形式,末位淘汰制严格来说是一种管理机制,对应的处理结果可囊括多种,如降级、降职、待岗培训、辞退等,现在多数用人单位都把淘汰简单理解为辞退,使其自身处在违法的境地,因此要谨慎使用辞退的淘汰形式,并遵循《劳动合同法》所规定的用人单位单方解除劳动合同的相关内容进行处理。[①] 此外,需优化评估标准,对员工业绩排名靠前的予以奖励,对绩效排序靠后,但绩效目标已经完成的员工不能予以惩处。

当用人单位以劳动者“不能胜任工作”为由解除劳动合同时,必须承担较重的证明责任,需要举证证明劳动者不能胜任本职工作、曾对劳动者进行培训或调整岗位、重新培训或经调整岗位后劳动者仍不能胜任工作。如上述案例中,X 啤酒公司仅依靠两次考核成绩不合格是无法认定劳动者不能胜任本职工作的,还需提供公司对劳动者绩效考核的情况、同等职位的其他劳动者的考核情况、劳动者“不能胜任工作”至何种程度等事实。末位淘汰制虽然存有违法的可能性,但是只要合理运用,在不违反相关法律法规的情况下,可以很大程度上帮助用人单位提高劳动者素质,促进经济发展。但是,如果用人单位将“末位淘汰”作为劳动合同的解除或终止条件来使用,则是违法的。

四、举一反三

案例一:2012 年 7 月,徐某从一家名牌大学毕业。与 A 广告公司签订了 1 年的劳动合同。半年来,徐某工作兢兢业业,业绩也不错,几次受到公司老总的表扬。无奈市场竞争激烈,和其他几位在广告界滚打了多年的“老手”相比,他还是落后了那么一截,连续多个季度绩效考核排名末位,无奈于 2013 年 3 月被 A 公司以不能胜任工作为由辞退。

结合本节内容,回答以下问题:

1. A 公司解除与徐某的劳动合同是否合法?

2. 徐某可否要求 A 公司继续履行合同?

3. A 公司承担何种证明责任?

案例二:2011 年 2 月 28 日,T 公司与范某建立劳动关系,双方当事人订立期限为 12

① 王磊珊:《如何规避末位淘汰制的法律风险》,载《中国农村信用合作》2009 年第 2 期。

个月的书面劳动合同。双方约定,若范某不能通过绩效考核,则视为不能胜任本岗位工作,T公司有权对其调整工作岗位或者重新进行培训。2012年2月28日,双方当事人续订期限为35个月的书面劳动合同。续订的劳动合同与原劳动合同内容相同。根据T公司提供的员工绩效考核成绩表显示,范某2013年第4季度考核成绩为73分,季度等级为D级。2014年1月,T公司对范某等23人进行岗位培训。2014年第1季度范某考核成绩为75分,季度等级为D级。根据T公司提供的绩效管理制度规定,其对员工按季度进行绩效考核,考核成绩分为A、B、C、D、E 5档,并运用强制分布法进行排序,其中A档占20%,B档占50%,C档、D档和E档占30%;绩效结果的应用包括对C、D档的采取限期改进、调离岗位或者加强培训,对考核为E档的可以解除劳动关系。2014年7月3日,T公司以范某不能胜任本职工作为由解除劳动合同。

结合本节内容,回答以下问题:

1. T公司解除劳动合同的行为是否合法?

2. 范某应如何救济?

第十三节 “因劳动者违反规章制度而解除合同”的理解

一、知识背景

用人单位的单方解除权,涉及劳动者的生存权和职业安定,法律在依法赋予其单方解除权时进行了严格的限制。根据《劳动合同法》第39条的规定,对劳动者过错性事由和试用期内能力性事由,用人单位可以即时辞退劳动者,即用人单位无须向劳动者预告或额外支付劳动者工资就可随时通知辞退。其中,严重违反规章制度是即时辞退的事由之一。

(一)劳动规章制度

劳动规章制度,又称用人单位内部劳动规则,指用人单位依法制定并在本单位实施的组织劳动和进行劳动管理的规则。劳动规章制度是“保障劳动者享有劳动权利、履行劳动义务”的规章制度,也是“有关劳动报酬、工作时间、休息休假、劳动安全卫生、保险福利、职工培训、劳动纪律以及劳动定额管理等直接涉及劳动者切身利益的规章制度”。[①] 此外,用人单位制定劳动规章制度的法定环节还包括以下两点:一是职工参与,用人单位在制定、修改或者决定直接涉及劳动者切身利益的规章制度或者重大事项时,

① 刘俊主编:《劳动与社会保障法学》,高等教育出版社2018年版,第78页。

应当经职工代表大会或者全体职工讨论,提出方案和意见,与工会或者职工代表平等协商确定;二是公示或告知劳动者,用人单位应当将直接涉及劳动者切身利益的规章制度和重大事项决定公示,或者告知劳动者。

企业制定的规章制度并不意味着它当然有效,劳动规章制度发生效力,必须完全符合法定有效要件。《劳动法司法解释(一)》第19条将劳动规章制度的有效要件规定为:通过民主程序制定;符合国家法律、行政法规及政策规定;已向劳动者公示。这种规范还不够完整,在法理上,劳动规章制度的有效要件应当包括:(1)制定主体合法,用人单位行政系统中处于最高层次、对组成部分和全体职工实行全面统一管理的机构,才能保证所制定的劳动规章制度在用人单位范围内具有统一性和权威性;(2)内容合法,劳动规章制度规定的劳动者权益不得低于法律、法规、政策和集体合同规定的标准;(3)制定程序合法,在制定劳动规章制度的过程中,凡属于法定必要程序,必须严格履行。

(二)因劳动者严重违反规章制度解除劳动合同的现行规定

根据《劳动合同法》第39条第2项的规定,劳动者严重违反用人单位的规章制度的,用人单位可以解除劳动合同。但是劳动者违反规章制度依严重程度可以分为不同层级,只有符合"严重违反用人单位的规章制度的",用人单位才能即时解除。但《劳动合同法》及其实施条例并未对条文中的"严重"作出界定和解释,"严重"作为一个程度上不确定的法律概念,司法实践中一般应当以劳动者在劳动合同存续期间内未经处罚的和法定可重复处罚的违章违纪事实为根据,以劳动法律、法规所规定的限度和用人单位内部规章制度关于严重违纪行为的具体规定作为衡量标准。[①] 在《劳动部关于〈中华人民共和国劳动法〉若干条文的说明》(劳办发〔1994〕289号)中规定,严重违反劳动纪律的行为,可根据《企业职工奖惩条例》(已失效)和《国营企业辞退违纪职工暂行规定》(已失效)等有关法规认定,但是对违纪违规至何种程度才符合"严重",并未提供可供参照的标准。[②] 在我国的司法实务中,比较普遍的做法是根据用人单位规章制度的规定来判断劳动者的行为是否属于"严重",并结合用人单位的行业特点和劳动者的具体工作岗位进行合理性判断。

二、典型案例

(一)案情简介[③]

窦某于2004年8月7日进入仪征市S超市有限公司(以下简称仪征S超市)工作,

---

① 关怀、林嘉主编:《劳动与社会保障法学》,法律出版社2017年版,第85页。

② 徐剑:《以劳动者违反规章制度为由解除劳动合同要慎重》,载《中国劳动》2005年第8期。

③ (2014)扬民终字第1170号。

双方最后一期劳动合同约定窦某岗位为营运处长,该合同于 2016 年 8 月 31 日到期。仪征 S 超市系独立法人单位,也系上海 S 超市发展有限公司(以下简称上海 S 联华超市)的子公司。上海 S 联华超市《员工手册》(2008 年版)第 3 章第 14 条为惩罚条款,其中第 2.3 款规定,处丁类过失,公司可以对员工解除劳动合同。《员工手册》所规定的丁类过失情形中,第 6.12 款规定,员工将卖场物品私自带出,或私吃、私用卖场物品,私分赠品;第 6.19 款规定,违反公司制度或操作流程,对公司造成损害的,金额达 1000 元。仪征 S 超市已经组织过窦某进行《员工手册》的培训和考核,窦某于 2009 年 4 月 9 日在《员工手册》签认书上签字,表示认同、知晓《员工手册》全部内容,承诺会严格遵守,如有违反,愿接受相应处罚。

2013 年 7 月 8 日下午,窦某违反操作流程,在残次品区将一根月兔空调排水管私自带出卖场。2013 年 7 月 19 日,窦某在接受仪征 S 超市单位调查时,承认其上述行为违反了公司相关规定。2013 年 7 月 23 日,仪征 S 超市依据《员工手册》第 3 章第 14 条第 6.12 款的规定,作出《关于解除与窦某的劳动合同的决定》,窦某行为严重违规,记过失处罚分 10 分,决定与窦某解除劳动合同。当天,仪征 S 超市工会召开的第二届职工代表大会第二次会议一致通过了上述决定。2013 年 7 月 24 日,仪征 S 超市将解除劳动合同通知书邮寄送达给窦某,决定自 2013 年 8 月 1 日起解除与窦某的劳动合同。

2013 年 9 月,窦某向仪征市劳动人事争议仲裁委员会申请仲裁,要求确认仪征 S 超市解除劳动合同的行为违法并支付违法解除劳动合同赔偿金 20 万元。后该委于 2013 年 12 月 26 日作出裁决:仪征 S 超市作出的解除劳动合同决定系违法;仪征 S 超市一次性支付窦某违法解除劳动合同赔偿金 54,655.65 元。仪征 S 超市不服该仲裁裁决,向法院提起诉讼,请求判令确认仪征 S 超市解除与窦某的劳动合同合法且不支付窦某赔偿金 54,655.65 元。

(二)争议焦点

仪征 S 超市解除与窦某劳动合同的行为是否合法?

(三)一审法院审理与裁判

说理:劳动者严重违反用人单位的规章制度的,用人单位可以解除劳动合同。针对超市行业的特点,仪征 S 超市在其规章《员工手册》中,把员工将卖场物品私自带出的行为列入可以解除劳动合同的严重违规行为,是出于严格管理职工和维护公司利益的需要,合乎情理,亦不违法,并且已组织窦某进行《员工手册》的培训考核,窦某对《员工手册》的内容事先应当是完全知晓的。窦某作为一个在仪征 S 超市处工作近 10 年的老员工,应当自觉遵守仪征 S 超市的规章制度,虽然窦某带出的是残次品,但仍应按照规章制度履行相应的手续,窦某私拿仪征 S 超市单位的财物,性质恶劣,仪征 S 超市将此事由通知了工会并经工会召开职工代表大会研究同意,后作出解除与窦某劳动合同的决定,符合法律和仪征 S 超市公司规章制度的规定。仪征 S 超市据此依法不负有支付窦某违法解除劳动合同赔偿金的义务,故对仪征 S 超市的诉讼请求予以支持。

判决:(1)仪征 S 超市与窦某解除劳动合同系合法解除;(2)仪征 S 超市不支付窦某违法解除劳动合同赔偿金。

(四)二审法院审理与裁判

说理:上海 S 联华超市《员工手册》可以作为仪征 S 超市处理与窦某之间的劳动关系的依据。理由是:仪征 S 超市提供的上海 S 联华超市职代会审议通过《员工手册》情况报告及职代会列席代表签到单等证据表明上海 S 联华超市所使用的《员工手册》系经过职代会讨论通过,符合《劳动合同法》第 4 条规定的程序要件。窦某对于上述证据的真实性亦表示认可。即上海 S 联华超市的《员工手册》经过法定程序讨论通过,可以作为劳动争议案件处理的依据。仪征 S 超市就母公司上海 S 联华超市的《员工手册》履行了向劳动者的告知义务,并援用该手册对员工进行管理符合法律规定。换言之,上海 S 联华超市制定的《员工手册》可以作为其子公司仪征 S 超市管理员工的规章制度。

仪征 S 超市解除与窦某之间的劳动关系的行为违法,应当向窦某支付赔偿金。理由是:首先,仪征 S 超市依据《员工手册》第 3 章第 14 条第 6.12 款的规定,认定窦某存在严重违规行为,作出解除劳动关系的决定不当。用人单位依据规章制度作出解除劳动关系的决定需以劳动者存在严重违反规章制度的行为为前提。故用人单位需就劳动者违规行为的严重性承担举证责任。虽然《员工手册》第 3 章第 14 条第 6.12 款规定员工将卖场物品私自带出属丁类过失,可以对员工施以解除劳动合同的处罚。但私自带出情形也应区分严重程度,比如以次数多少或数额大小等来判断严重与否,而不应当不加区分一律解除劳动关系。所以,考虑窦某违规行为所涉及的物品为残次品区的一根价值 10 余元的空调排水管,且无证据表明窦某还存在屡教不改或认错态度不好的现象,故从违规的次数、违规所涉数额、违规给仪征 S 超市所带来的损失等方面综合来看,窦某的行为不属于严重违反规章制度的情形,不应适用《员工手册》第 3 章第 14 条第 6.12 款解除劳动关系。其次,窦某的违规情形处罚依据选择不当。根据仪征 S 超市对窦某的调查笔录显示,窦某在残次品区将一根月兔空调排水管私自带出卖场的行为确属违反操作流程的行为,窦某违规行为的目的系为前顾客所购买的月兔空调进行售后服务,且一审庭审笔录中载明仪征 S 超市对于窦某进行处罚的依据也系操作流程不当。因此,窦某私自将物品带出卖场的行为属于违反仪征 S 超市的操作流程进行售后服务的行为。仪征 S 超市应以违反操作流程的相关条款对窦某进行适当的处罚。最后,窦某的行为亦达不到违反操作流程的解除条款所规定的严重性。窦某违反操作规程将价值 10 余元的残次品区物品私自用于售后服务的行为应以违反操作规程的相关条款进行评价。对照《员工手册》中有关解除劳动关系之处罚规定,第3章第14条第6.19款(违反公司制度或操作流程,对公司造成损害的,金额达1000元)的规定更为符合本案所涉情形。然而窦某违反操作流程所产生的损失价值远小于上述条款的适用条件。故窦某的违规行为未能达到违反操作流程处罚条款所规定的严重性,仪征S超市亦不能依据《员工手册》第3章第14条第6.19款的规定作出解除劳动关系的决定。

判决:(1)撤销一审判决;(2)仪征S超市自本判决生效之日起10日内给付窦某赔偿金54,655.65元。

三、案例分析及法理拓展

(一)"严重违反规章制度"的判断标准

实务中,法院基于用人单位单方解除权的法律规定和实际运用,对严重程度的判断标准呈现出不同选择,主要有以下四种:一是完全认可用人单位对严重程度的规定;二是认为违反法律法规的行为必然达到严重违规的严重程度;三是以诚实信用、劳动纪律、职业操守等民法原则或者道德品质标准衡量劳动者行为的严重程度;四是以实质标准判断劳动者行为是否严重违规。这四种判断标准在个案处理中既有单一适用的情形,也有混合适用的情形。① 上述案例中,一审法院与二审法院体现出的正是对判断标准的不同选择,一审法院认为,用人单位规章制度规定劳动者将物品私自带出的行为是列入可以解除劳动合同的严重违规行为,是出于严格管理职工和维护公司利益的需要,符合法律规定,窦某应当自觉遵守仪征S超市的规章制度,其私拿仪征S超市单位的财物,即使是残次品,也应按照规章制度履行相应的手续,用人单位据此作出解除劳动合同的决定,符合法律和仪征S超市公司规章制度的规定,一审法院认可用人单位对严重程度的规定。

二审法院在分析《员工手册》是否可以作为用人单位处理与劳动者之间劳动关系的依据后,认为应以实质标准判断劳动者行为是否严重违规。

本书认为,二审法院在判断"严重违反规章制度"的过程中,不仅对规章能否作为用人单位处理与劳动者之间劳动关系的依据进行分析,而且对"严重"这一不确定概念作进一步解释,提出了"次数""金额""态度"等多方面标准,具有较强的合理性,也具有法律适用上的推广价值。

当然,违反规章制度是否达到严重程度、什么样的行为和情形属于严重违反规章制度,应以不违背公序良俗为前提,根据行业及岗位的不同由用人单位来判断,同时,也需

① 胡大武、杨芳:《严重违反单位规章制度之严重性边界的实证分析——以〈劳动合同法〉第39条第(二)款为视角》,载《中国劳动》2016年第24期。

结合用人单位经营成本、利润收益及工资水平等因素合理确定劳动者对用人单位造成的经济损失，并以此确定严重程度。以实质标准判断劳动者行为是否严重违规更符合劳动法律法规的立法精神，在尊重用人单位正常经营管理秩序的同时，平衡用人单位和劳动者的权利义务配置，保障双方合法权益。

(二)严重程度的其他考量因素

在"喜某与公汽公司劳动合同纠纷上诉案"中，最高人民法院指出，除用人单位规章制度必须合法外，法院在审理相关劳动争议案件时，若劳动者与用人单位双方对不当行为是否达到严重程度产生分歧，可在具体案件中考虑下列因素：一是劳动者实施违规行为的主观过错程度；二是劳动者实施违规行为的重复频率；三是劳动者违规行为给用人单位造成损失的大小。① 该标准具有较高的参考价值。

有学者将判断"严重性"的标准概括为以下方面：(1)造成损失因素，即指劳动者的不当行为给用人单位造成了经济损失，上述案例中，二审法院认为窦某违规行为所涉及的物品为残次品区的一根价值10余元的空调排水管，经济损失较小，不符合严重违反规章制度的情形；(2)危害生产经营秩序因素，即指劳动者的不当行为给用人单位生产经营的正常运行造成了消极影响；(3)过错程度因素，劳动者主观过错程度越高，表明其与用人单位的劳动合同信赖利益受损程度越重，进而推断用人单位以严重违反规章制度为由解除劳动关系就具有正当性；(4)违反基本规则因素，即法官援引诚实信用、忠诚义务、职业道德、勤勉义务等公序良俗或一般性概念来认定"严重违反劳动规章制度"的方式；(5)职责因素，即从劳动者负责和承担的工作任务范围来判断其不当行为的严重性；(6)顽固性因素，即劳动者从事不当行为后并无改正仍继续再犯；(7)次数因素，即从数量上衡量劳动者不当行为对严重程度的影响，其与顽固性因素相辅相成，间接反映了劳动者的过错程度，上述案例中二审法院认为可依次数多少判断严重与否；(8)职位因素，实务中认为部分管理岗劳动者不同于普通劳动者，应起到带头严格遵守规章制度的作用，否则其产生的消极示范影响和后果较普通劳动者更具严重性；(9)最后手段原则因素，指用人单位穷尽其他所有可能的手段后，如警告、调岗等，解除劳动合同才是解决劳动者违规行为的最后必要手段；(10)工龄因素，指的是根据劳动者在同一用人单位连续工作的年限，对工龄可作有利或不利评价，上述案例中，一审法院从过错角度出发对劳动者工龄作不利评价，认为劳动者工作多年更应清楚违反规章制度的后果；(11)用人单位或第三人的有过失因素，即他方对构成解雇事由之劳动者不当行为的发生具有过失，如劳动者服从上级指示而违规操作，应作出减轻劳动者严重违反程度的有利判

① 最高人民法院民事审判第一庭：《民事审判指导与参考》(2012年卷)，人民法院出版社2018年版，第86页。

断;(12)用人单位性质因素,实践中通常会对劳动者遵守符合用人单位特殊性质的行为规范课以更严格的要求,从而用人单位性质对劳动者违反规章制度的严重性认定具有决定性分量;(13)违规后的措施因素,即劳动者从事违规行为后,包括认错态度、改正、补救措施等对劳动合同履行和劳资间信赖产生影响的情形,若事后能积极改过或补救,则可作出对劳动者违规行为的有利判断;(14)工作表现因素,即指劳动者过往工作表现是综合考察工作能力、态度、作风等各方面的重要指标,对用人单位决定是否与劳动者继续履行劳动合同具有重要参考价值。[①] 上述各项皆是判断劳动者违反用人单位规章制度严重程度的考量因素,实践中用人单位不应不加区分劳动者违规行为的严重程度,就以严重违反规章制度为由一律解除劳动关系,而应综合考虑各项因素进行合理判断。

(三)“严重违反劳动纪律”与“严重违反用人单位规章制度”的关系

劳动纪律是《劳动法》中规定的法律概念,指由用人单位制定的要求全体劳动者在劳动过程中必须遵守的行为规则。根据《劳动法》第25条第1款第2项的规定,严重违反劳动纪律或用人单位规章制度的,用人单位可以解除劳动合同。可见,在《劳动法》中,劳动纪律和规章制度为平等并存关系。而根据《劳动合同法》第4条的规定,用人单位在制定、修改或者决定直接涉及劳动者切身利益的劳动报酬、工作时间、休息休假、劳动安全卫生、保险福利、职工培训、劳动纪律以及劳动定额管理等规章制度或者重大事项时,应当经职工代表大会或者全体职工讨论,提出方案和意见,与工会或者职工代表平等协商确定。《劳动合同法》已经将劳动纪律纳入规章制度范畴,劳动纪律只是劳动规章制度内容中的一个组成部分,但未将劳动者严重违反劳动纪律的情形作为用人单位即时辞退劳动者的许可性条件。

对此问题,各地审判机关为统一裁判规则相继出台了各有特色的裁判指引或解答意见。例如,2015年出台的《深圳市中级人民法院关于审理劳动争议案件的裁判指引》第89条的规定,劳动者严重违反劳动纪律,用人单位可以依据《劳动法》第25条的规定解除劳动合同。可以看出,深圳市中级人民法院认为在《劳动法》未废止的情况下,该条款依然有效,并未考虑《劳动法》第25条和《劳动合同法》第39条的内容变化问题。而2017年《北京市高级人民法院、北京市劳动人事争议仲裁委员会关于审理劳动争议案件法律适用问题的解答》中明确指出,在规章制度未作出明确规定、劳动合同亦未明确约定的情况下,如劳动者存在严重违反劳动纪律或职业道德的行为,用人单位可以依据《劳动法》第3条第2款的规定与劳动者解除劳动合同。北京市高级人民法院的规定是针对规章制度未作出明确规定、劳动合同亦未明确约定的情况,为用人单位今后解除违

---

① 朱军:《认定“严重违反劳动规章制度”的因素及规范构成——基于相关案例的实证分析》,载《法学》2018年第7期。

反劳动纪律和职业道德的劳动者提供了较广阔的操作空间,但若已在规章制度、劳动合同中都对此作出规定或约定,应优先适用相关规定或约定,此种根据具体情况区分处理的方式更具普遍适用价值。

(四)劳动合同约定与用人单位规章制度关于"严重"规定不一致时的处理

我国现行立法并未直接规定劳动合同与用人单位规章制度的关系,当二者对于"严重违反规章制度"判断标准不一致时,其在适用过程中就产生了效力冲突,学界对二者间的效力冲突主要有以下三种观点:一是劳动合同效力优于劳动规章,劳动合同是劳动者与用人单位平等协商的结果,劳动者拥有主动权,虽然规章制度可由工会或职工代表提出修改,但主动权仍掌握在用人单位手中,故以劳动合同为准进行判断,可以限制用人单位滥用劳动规章制度,更能体现劳动法中劳动者权益保障的原则;二是劳动规章效力高于劳动合同,劳动规章制度是用人单位所有成员都必须遵守的基本准则,是用人单位具有普遍行为效力的内部行为规范,以劳动规章为准进行判断符合用人单位管理的实际需要;三是视两者对劳动者是否有利决定二者效力关系,在判定劳动合同与规章制度的效力关系时,有利于劳动者的判断结果体现了劳动法的立法精神和宗旨。①

根据《劳动法司法解释(二)》第16条的规定,用人单位制定的内部规章制度与集体合同或者劳动合同约定的内容不一致,劳动者请求优先适用合同约定的,人民法院应予支持。针对劳动者的不当行为,当劳动合同约定未达到解除劳动关系的条件,而用人单位规章制度规定已达到时,劳动者若主张优先适用劳动合同约定的,应以劳动合同约定作为判断是否"严重违反规章制度"的标准,但是在此种情况下,劳动合同签订的时间应在劳动规章制度颁布生效后,视为劳动者和用人单位已作例外约定代替了原有规章制度的内容。但如果劳动合同签订时间在劳动规章制度颁布生效前,则不能简单适用劳动合同约定优先,此时的劳动规章制度是经职工代表大会或全体职工讨论通过的,即使部分内容与劳动合同约定不一致,也不能依据前述司法解释选择优先适用劳动合同约定。②

四、举一反三

案例一:叶某于2010年5月10日进入T公司从事消费者维权工作,双方签订了劳动合同,期限为2010年5月10日至2013年5月9日,T公司为叶某缴纳了社会保险,叶某于2012年1月起从事二线客服工作。2012年10月31日,T公司书面解除与叶某

---

① 胡立峰:《劳动规章制度与劳动合同之效力冲突》,载《法学》2008年第11期。

② 最高人民法院民事审判第一庭:《民事审判指导与参考》(2012年卷),人民法院出版社2018年版,第86页。

的劳动合同,解雇叶某的理由为,2012 年 7 月至 9 月,叶某均有一定数量的私人外呼,总计外呼 28 次,外呼时长 441 分钟,叶某的行为严重违反价值观诚信底线及《T 客户满意中心服务制度》相关规定。T 公司解除与叶某的劳动合同依据的是 KBS 网页公示的第 4 项处罚标准中辞退的 B 项:“利用岗位权限,擅自进行违反流程或规范的操作。”T 公司已将《T 客户满意中心服务制度》在公司内部 KBS 网页进行了公示,且在内部招募二线客服时也要求“熟悉使用后台工具(KBS、CRM 等)”。叶某认可其在 2012 年 7 月至 9 月利用公司电话外拨的行为,但称其没有看过公司 KBS 网页上的规定,且该规定过于笼统。

案例二:林某于 1992 年 12 月进入某运输集团股份有限公司 Q 分公司(以下简称 Q 公司)工作。双方于 2010 年 5 月 15 日签订了无固定期限《劳动合同书》,在林某的权利和义务中约定,林某应遵守用人单位的各项规章制度和劳动纪律,遵守安全操作规程,维护正常的生产工作秩序。2015 年 7 月,林某利用工作之便,先后侵吞票款共计 650 元。因此,Q 公司对与林某一样侵吞票款的员工进行了罚款,林某及部分员工认为处罚过重,2015 年 8 月 14 日,林某等 31 名单位员工在用人单位大厅进行了罢工,林某系本次罢工的组织、策划者之一。为此,Q 公司拟对包括林某在内的 4 名员工解除劳动合同,并以《某运输集团股份有限公司 Q 公司关于解除林某等 4 名同志劳动合同的函》,征求了用人单位工会的意见,用人单位工会于 2015 年 12 月 9 日复函,同意解除 4 名员工的劳动合同。2015 年 12 月 28 日,Q 公司以林某违反某运输集团股份有限公司制定的《严重违反规章制度的员工劳动合同处理办法》第 6 条第 3 项之规定,向原告送达了解除劳动合同通知书、告知书,决定解除与林某的劳动合同。

结合本节内容,回答以下问题:

1. 案例一中,叶某行为是否属于“严重违反规章制度”?

2. 案例二中,Q 公司解除与林某的劳动合同是否合法?

第十四节　非全日制用工关系的认定及特殊规则的适用

一、知识背景

(一)非全日制用工的含义

根据我国《劳动合同法》第 68 条的规定,非全日制用工是指以小时计酬为主,劳动者在同一用人单位一般平均每日工作不超过 4 小时,每周工作时间累计不超过 24 小时的用工形式。根据法律的规定,对于非全日制用工的界定,不仅是指用工时间没有达到标准的工作时间,同时还规定有用工时间的最长标准。

(二)非全日制用工的特殊规定

1. 试用期

《劳动合同法》第70条规定:"非全日制用工双方当事人不得约定试用期。"若用人单位与劳动者确实约定了试用期,并且已经履行,根据《劳动合同法》第83条的规定,劳动者可以要求用人单位以劳动者试用期满月工资为标准,按已经履行的超过法定试用期的期间支付赔偿金。

2. 非全日制用工合同

(1)非全日制用工劳动合同的订立

《劳动合同法》第69条规定:"非全日制用工双方当事人可以订立口头协议。从事非全日制用工的劳动者可以与一个或者一个以上用人单位订立劳动合同;但是,后订立的劳动合同不得影响先订立的劳动合同的履行。"从该条可以看出,非全日制的用工合同可以采取口头形式订立,且可以和多个用人单位订立。非全日制的合同订立形式更加灵活,既能满足用人单位灵活用工的需求,同时也可以满足劳动者额外的工作需求。

(2)非全日制用工劳动合同的解除与赔偿

《劳动合同法》第71条规定,"非全日制用工双方当事人任何一方都可以随时通知对方终止用工。终止用工,用人单位不向劳动者支付经济补偿"。在全日制用工关系中,无论是用人单位还是劳动者,要解除劳动合同都必须满足法律规定的条件和程序,用人单位在违法解除劳动合同的情形下,还要承担相应的赔偿责任。但是在非全日制用工形式当中,任何一方都可以通知另一方终止用工,且不需具备相应的法定条件与法定程序的要求。如果此时劳动者以用人单位无理由解雇为由主张赔偿金,无法得到法律的支持。

二、典型案例

(一)案情简介①

符某于2003年3月进入L公司在H公司管理中心办公区域从事办公楼卫生保洁工作。2008年以前的工资,L公司采取每月一发的形式,2008年5月至2010年5月,符某的工资发放周期均为15天。符某在L公司上班至2010年5月,其确认劳动关系终止前12个月的平均工资为955元。2010年5月,L公司将符某调至H公司从事桥面保洁工作,符某不予接受。符某因此于2010年6月9日以L公司拒绝签订劳动合同、未

① (2010)厦民终字第2875号。

为其缴纳社会保险费为由向区劳动争议仲裁委员会提起仲裁,请求解除L公司、符某之间的劳动关系,补缴社会保险费,支付未签订劳动合同的双倍工资和经济补偿金9366元。区劳动争议仲裁委员会于2010年7月12日裁决L公司为符某补缴社会保险费、支付经济补偿金9366元,并解除双方之间的劳动关系;驳回了符某的其他请求。裁决后,L公司、符某均不服,先后在法定期间提起诉讼。

(二)争议焦点

L公司是否应为符某补缴社会保险费并支付其经济补偿金?

(三)一审法院审理与裁判

说理:L公司主张与符某建立的是非全日制用工关系,应当承担相应的举证责任。根据L公司提供的《考勤表》记载,符某每周累计工作时间大部分未超过24小时,每天工作时间平均4小时左右,而且L公司每半个月与符某结算一次劳动报酬,可以认定双方建立非全日制用工关系。符某提供的《证明》(H公司管理中心支部委员会出具)、工资明细单仅证明其与L公司存在劳动关系,不能证明其与L公司存在全日制用工关系。符某主张其与L公司存在全日制用工关系,但其不能提供充分的证据予以证实,法院不予采纳。

非全日制用工可以不签订劳动合同而采用口头协议形式,故符某主张L公司拒不与其签订劳动合同,诉请支付双倍工资缺乏法律依据。

非全日制用工关系是用人单位采取的用工形式,不影响劳动者与用人单位存在劳动关系的认定。用人单位采用非全日制用工形式,仍负有保护劳动者的合法权益的法律义务,为劳动者缴交社会保险金。因此,符某请求L公司为其补缴自2003年3月1日起至终止劳动关系之日止的社会保险费,法院予以支持。

判决:(1)确认L公司与符某的劳动关系自2010年5月30日终止;(2)L公司应于本判决生效之日起10日内支付符某经济补偿金9366元;(3)L公司应于本判决生效之日起为符某补缴2003年3月1日起至2010年5月30日止,用人单位应缴部分的社会保险金。

(四)二审法院审理与裁判

说理:根据L公司提交的考勤表,符某2008年5月以后大部分工作日的工作时间超过4小时,且相关考勤记录并未记载超过4小时部分属于超时加班或其他延长工时的情形,故从2008年5月至双方劳动关系终止时,L公司对符某的用工形式并不符合《劳动合同法》所规定的非全日制用工形式。对于2008年5月之前的用工方式,因L公司没有提供相应的考勤记录或者其他有关符某用工方式的证据,故应当由L公司承担举证不能的后果。同时,依据现有的考勤记录,符某每日的工作时间分为上午和下午两段,其上班时间分别占据了每日正常工作时段的大部分,故符某主张其与L公司为全日制劳动关系具有一定的依据和合理性,法院予以采纳。

2010 年 5 月,因符某不愿从事 L 公司所分配的工作,双方劳动关系终止,故 L 公司与符某的劳动关系存续期间为 2003 年 3 月至 2010 年 5 月 30 日。

由于 L 公司在劳动关系存续期间,没有与符某签订劳动合同和为其缴纳社保,原审根据符某的工作年限和工资收入情况,对符某主张的经济补偿金 9366 元予以支持,并判决 L 公司依法为符某补缴应当由用人单位承担的社保费并无不当。

根据《劳动合同法》的规定,用人单位自用工之日起超过 1 个月不满 1 年未与劳动者订立书面劳动合同的,应当向劳动者每月支付二倍的工资,自用工之日起满 1 年不与劳动者订立书面劳动合同的,视为用人单位与劳动者已经订立无固定期限劳动合同。据此,L 公司在 2008 年之后没有在 1 年内与符某签订书面劳动合同,应向符某支付 2008 年 2 月至 2008 年 12 月的双倍工资,之后应视为双方已经订立无固定期限劳动合同。由于符某直至 2010 年 6 月才就 L 公司未与其签订书面劳动合同一事向劳动仲裁委申请仲裁,L 公司以符某的该项诉讼请求超过诉讼时效为由提出抗辩,具有相应的法律依据,法院予以采纳。

判决:驳回上诉,维持原判。

三、案例分析及法理拓展

(一)非全日制劳动关系的认定

我国《劳动合同法》第 68 条规定的用工时间是非全日制用工认定的主要标准,劳动者在同一用人单位一般平均每日工作不超过 4 小时,每周工作时间累计不超过 24 小时是非全日制用工的主要表现形式。因此在上述案件中,用工时间的认定是事实认定的中心。无论是一审法院认定“根据 L 公司提供的《考勤表》记载,符某每周累计工作时间大部分未超过 24 小时,每天工作时间平均 4 小时左右,而且 L 公司每半个月与符某结算一次劳动报酬,可以认定双方建立非全日制用工关系”。还是二审法院根据 L 公司提交的考勤表所认定的“符某 2008 年 5 月以后大部分工作日的工作时间超过 4 小时,且相关考勤记录并未记载超过 4 小时部分属于超时加班或其他延长工时的情形”的事实,均为法院对符某工作时间这一基本事实所认定的结果。

在上述案例中,两级法院在该基本事实的认定上得出不同结论,是在举证、质证、认证之后的结果,由于判决书中未对相关证据完整呈现,本书难以对证据加以分析。但由此可得出的结论是,非全日制用工关系认定的关键是对劳动者工作时间的认定,而此处的“工作时间”应为劳动者在同一用人单位的实际工作时间,而不是双方合同中约定的工作时间。因为实践中常会出现合同约定的工作时间与实际工作时间不符的情形。而劳动关系的认定是以“用工”为标志,而不是以“合同约定”为标志,故用人单位应证明劳动者的用工时间,平均每日不超过4小时,每周累计不超过24小时。在上述案例中,两级法院均以"考勤表"作为认定事实的证据,也是基于这一理由。

(二)非全日制劳动关系中用人单位为劳动者办理社会保险的义务

关于非全日制用工的社会保险问题,我国《劳动合同法》没有作出规定。① 目前可以参照的是原劳动和社会保障部《关于非全日制用工若干问题的意见》以及《社会保险法》。《关于非全日制用工若干问题的意见》第10条规定,从事非全日制工作的劳动者应当参加基本养老保险;第11条规定,从事非全日制工作的劳动者可以以个人身份参加基本医疗保险;第12条规定,用人单位应当按照国家有关规定为建立劳动关系的非全日制劳动者缴纳工伤保险。《社会保险法》第10条第2款规定,无雇工的个体工商户、未在用人单位参加基本养老保险的非全日制从业人员以及其他灵活就业人员可以参加基本养老保险,由个人缴纳基本养老保险费。《社会保险法》第23条规定,无雇工的个体工商户、未在用人单位参加职工基本医疗保险的非全日制从业人员以及其他灵活就业人员可以参加职工基本医疗保险,由个人按照国家规定缴纳基本医疗保险费。《社会保险法》第33条规定,职工应当参加工伤保险,由用人单位缴纳工伤保险费,职工不缴纳工伤保险费。

结合《关于非全日制用工若干问题的意见》以及《社会保险法》的规定可以看出,在非全日制劳动关系中,在基本养老保险和基本医疗保险的缴纳上,用人单位没有强制性义务。一般情形下,用人单位支付给劳动者的小时工资中,涵盖了养老和医疗保险费用。只有工伤保险,用人单位须另行承担并且缴纳,且系法律强制规定之义务。在上述案件中,一审法院认为非全日制劳动关系中,用人单位仍然负有为劳动者缴纳社会保险费的义务。因为非全日制用工关系是用人单位采取的用工形式,不影响劳动者与用人单位存在劳动关系的认定。用人单位采用非全日制用工形式,仍负有保护劳动者的合法权益的法律义务,为劳动者缴交社会保险费。该说理实际上与现行规定存在出入,事实上,如果认定二者之间是非全日制合同关系,则不可能得出用人单位为劳动者补办社保的结论。二审法院虽然维持了原判,但对案件的说理完全不同,二审法院否认了二者之间是非全日制合同关系,而认定双方存在全日制劳动关系,因此用人单位应为劳动者补办社保。该理解才符合现行规定。

在司法实践中,大部分案件的处理都与该案一审处理不同,例如在"戴某玲诉某日报社劳动合同案"中②,一审法院认为,"现行法律对非全日制用工参加社会保险未作强制性规定,故对原告要求被告补偿养老保险金31,200元及给付失业金5376元的诉讼

① 李秀凤:《非全日制用工规定的不足以及完善》,载《前沿》2010年第17期。

② (2009)芜中民一终字第892号。

请求,依法不予支持"。这些案件的审理均体现了,司法实践中,非全日制用工的社保费缴纳义务仅限于工伤保险这一部分,而用人单位对其他险种并没有强制性的参保义务,本书亦赞同此种观点。

四、举一反三

陈某经人介绍进入某建材公司从事搬运工工作,双方达成口头协议,约定的用工形式为非全日制。后陈某在公司的玻璃加工车间搬运玻璃时,因为身后堆放的玻璃倾倒而被砸伤,经鉴定构成工伤9级。因为支付工伤待遇等问题与公司产生纠纷,因此陈某向法院提起了诉讼,要求公司支付工伤待遇赔偿。

结合本节内容,分析陈某诉请法院判决公司支付其工伤待遇赔偿应否得到支持。

第十五节 劳动合同的非法解除与赔偿

一、知识背景

(一)用人单位对劳动合同的非法解除

我国《劳动合同法》第39条至第42条规定了用人单位解除劳动合同的条件与具体程序。《工会法》第21条第2款还规定了企业单方面解除劳动合同时应当事先通知工会的必经程序。《劳动法司法解释(四)》第12条还规定,解雇雇员没有依法通知工会,但是起诉前用人单位已经补正有关程序的,程序上的瑕疵即被补足,此时劳动者就不能获得违法解雇的赔偿金。由此可见,用人单位单方面解除劳动合同,应当符合相应的条件以及程序,当用人单位违反相关的条件和程序,径行对劳动合同进行解除时,即构成对劳动合同的非法解除。

(二)用人单位非法解除劳动合同的后果以及劳动者的救济途径

《劳动合同法》第48条规定,"用人单位违反本法规定解除或者终止劳动合同,劳动者要求继续履行劳动合同的,用人单位应当继续履行;劳动者不要求继续履行劳动合同或者劳动合同已经不能继续履行的,用人单位应当依照本法第八十七条规定支付赔偿金"。根据该条规定,在用人单位存在非法解除情形时,劳动者可以选择要求用人单位继续履行劳动合同,也可以选择用人单位向其支付赔偿金。《劳动合同法》第87条规定,"用人单位违反本法规定解除或者终止劳动合同的,应当依照本法第四十七条规定的经济补偿标准的二倍向劳动者支付赔偿金"。而《劳动合同法》第47条规定,"经济补偿按劳动者在本单位工作的年限,每满一年支付一个月工资的标准向劳动者支付。六个月以上不满一年的,按一年计算;不满六个月的,向劳动者支付半个月工资的经济补偿。……本条所称月工资是指劳动者在劳动合同解除或者终止前十二个月的平均工资"。

《劳动合同法实施条例》第27条规定,"劳动合同法第四十七条规定的经济补偿的月工资按照劳动者应得工资计算,包括计时工资或者计件工资以及奖金、津贴和补贴等货币性收入。劳动者在劳动合同解除或者终止前12个月的平均工资低于当地最低工资标准的,按照当地最低工资标准计算。劳动者工作不满12个月的,按照实际工作的月数计算平均工资"。

特别值得注意的是,根据《劳动合同法实施条例》第25条的规定,当劳动者已经获得赔偿金之后,其不得根据《劳动合同法》第47条对用人单位再请求经济补偿。

二、典型案例

(一)案情简介①

2015年6月6日,Z公司与闻某签订书面劳动合同,闻某于2015年6月20日入职Z公司从事执行副总经理工作,合同期限为2015年6月20日起至2020年6月19日止。合同约定:"基本工资:捌拾万元整/年,分成如下部分支付:(1)月工资:伍万元整,每月按时支付;(2)年终奖金:贰拾万元整,每年阴历年底支付,超额完成绩效指标,甲方给予乙方最高奖金肆拾万元,若乙方未能按照甲方要求完成年底绩效指标,最低奖金为零元。"双方在劳动合同中就劳动合同的解除作出约定:"甲方主动解除劳动合同,乙方不退还预付安家费,甲方应赔偿乙方叁拾万元整。"

2017年9月27日,Z公司向闻某发出《解除劳动合同通知书》,通知书载明:"由于公司内部变动,公司决定与你解除劳动合同,终止劳动合同关系。"该通知书要求闻某于2017年9月29日办理离职手续,闻某于2017年9月29日离职。Z公司已支付闻某赔偿金86,520元,闻某对此予以确认。

2017年10月16日,闻某向劳动仲裁委员会申请仲裁,请求裁决:(1)被申请人支付申请人2016年的绩效工资20万元;(2)被申请人支付申请人赔偿金30万元;(3)被申请人支付申请人2017年1月至2017年9月的绩效工资15万元。后Z公司与闻某均不服裁决,于法定期限内提起诉讼,请求判如所请。

(二)争议焦点

1. Z公司解除劳动合同是否违法?

2. 闻某可否向Z公司同时主张劳动合同约定的30万元赔偿金以及劳动合同法规

---

① (2018)闽02民终2574号。

定的劳动合同非法解除时的赔偿金?

(三)一审法院审理及裁判

说理:关于解除劳动合同是否违法的问题,首先,劳动合同第8条双方已约定合同解除条款,Z公司没有提供证据证明闻某违反合同约定的解除情形,故Z公司无权行使约定解除权。其次,Z公司的解除劳动合同通知书系以"公司内部变动"为由解除合同,并未提及公司是否亏损、是否经营困难,公司事后以亏损为由解除合同与事实不符。最后,Z公司提供的在案证据不足以证明双方劳动合同确实无法履行,且未提供证据证明双方经过协商后解除,故无权行使法定解除权。综上所述,Z公司解除行为既不符合约定解除情形,也不符合法定解除条件,属于违法解除劳动合同。

关于双方劳动合同中"甲方主动解除劳动合同,乙方不退还预付安家费,甲方应赔偿乙方30万元"的约定是否有效,成为争议的问题。法院认为,Z公司(甲方)与闻某(乙方)签订讼争劳动合同系双方当事人真实的意思表示,未违反法律、行政法规的强制性规定,合法有效,双方均应履行合同义务。《劳动合同法》第87条规定:"用人单位违反本法规定解除或者终止劳动合同的,应当依照本法第四十七条规定的经济补偿标准的二倍向劳动者支付赔偿金。"《合同法》第114条第1款规定:"当事人可以约定一方违约时应当根据违约情况向对方支付一定数额的违约金,也可以约定因违约产生的损失赔偿额的计算方法。"因《劳动合同法》对劳动合同中约定由用人单位承担法律规定之外的违约金并没有作出禁止性规定,法律亦未禁止用人单位给予劳动者更高的赔偿,故法定赔偿金与约定违约金之间并不冲突。

此外,Z公司未提供证据证明该条款订立时闻某存在欺诈、胁迫或乘人之危的情形,该条款的签订系双方的真实意思表示,符合意思自治与合同自由原则,故该条款合法有效,对双方当事人具有约束力。Z公司的辩解意见,缺乏事实与法律依据,不予采纳。按照该条款约定,Z公司应当支付闻某"赔偿款"30万元,该30万元中超出法定赔偿金的部分属于约定的违约金,系法定赔偿金和约定违约金的综合体。综上所述,Z公司违反合同约定、违法解除劳动合同,应当向闻某支付赔偿款30万元。根据已查明事实,Z公司已经支付了86,520元,已付部分应当予以扣除,故Z公司还应支付闻某213,480元,超出部分不予支持。

判决:(1)Z公司应于判决生效之日起10日内向闻某支付2016年的绩效工资20万元;(2)Z公司应于判决生效之日起10日内向闻某支付解除劳动合同赔偿款213,480元。

(四)二审法院审理及裁判

说理:首先,劳动合同第8条双方已经约定合同解除条款,Z公司没有证据证明闻某违反合同约定合同解除的情形,故Z公司无权行使约定解除权。其次,Z公司的解除合同通知书是以“公司内部变动”为由,并没有提及公司是否亏损、是否经营困难,公司事后以亏损为由解除合同与事实不符。最后,Z 公司提供的在案证据不足以证明双方劳动合同确实无法履行,且未提供证据证明双方经过协商后解除,故无权行使法定解除权。综上所述,Z 公司解除行为既不符合约定解除情形,也不符合法定解除条件,属于违法解除劳动合同。

另外,《劳动合同法》对劳动合同中约定由用人单位承担法律规定之外的违约金并没有作出禁止性规定,法律也没有禁止用人单位给予劳动者更高的补偿,故法定的赔偿金与约定的违约金之间并不冲突。此外,Z 公司并未提供证据证明劳动合同第 8 条第 2 项订立时闻某存在欺诈、胁迫或者乘人之危的情形,该条款的签订是双方的真实意思表示,符合意思自治和合同自由原则,故该条款合法有效,对双方当事人具有约束力。

判决:驳回上诉,维持原判。

三、案例分析及法理拓展

(一)用人单位非法解除劳动合同的举证责任分配

《劳动法司法解释(一)》第 13 条规定:“因用人单位作出的开除、除名、辞退、解除劳动合同、减少劳动报酬、计算劳动者工作年限等决定而发生的劳动争议,用人单位负举证责任。”该规定体现了举证责任倒置的分配原则。理由在于,若根据“谁主张,谁举证”的民事诉讼举证责任分配原则,劳动者主张用人单位应当就其违法解除劳动合同的行为进行赔偿,那么劳动者就应当承担证明用人单位存在非法解除劳动合同事由的举证责任。但此种举证责任分配是否合理,不无疑问。因为,劳动者须就用人单位未遵守相应的解除程序(如通知工会)或不存在单方解除须具备的实体要件(如经营困难)等进行举证。此种证明难度相对较高,因为劳动者是就消极事实进行举证,而消极事实的举证难度往往要高于对积极事实的举证(因为消极事实一般只能通过间接证明加以证实)。[①] 劳动者在劳动关系中处于劣势地位,却令其承担更重的举证负担,不符合我国《劳动合同法》的价值倾向,也有违法律公平。因此,有必要对举证责任的分配予以调整。

上述案例中,举证责任的安排符合相关的规范价值。但一审法院援引的条文却仍有进一步加以明确的必要,该条只说在相应情形导致的劳动纠纷中,应当由用人单位承担举证责任,但未明确用人单位应当就哪些具体待证事实承担举证责任。若认为用人

① 袁中华:《劳动合同解除争议之证明责任分配——基于法教义学的分析》,载《法商研究》2019 年第 1 期。

单位须就所有的纠纷中出现的待证事实予以证明，而劳动者无须承担任何证明责任，此种结论显然荒谬，因此，该条文尚有进一步明确的必要性。

(二)劳动合同中约定的违约金与法律规定的赔偿金的关系

实践中，用人单位与劳动者常常约定用人单位承担违约金的情形，例如，在上述案件中，劳动者与用人单位在劳动合同中约定了高于法定赔偿金2倍的违约金，该约定是否具有效力，可否与劳动合同法规定的法定赔偿金同时主张均易产生争议。对该问题，可从以下几个方面展开分析：

第一，我国《劳动合同法》第3条规定："订立劳动合同，应当遵循合法、公平、平等自愿、协商一致、诚实信用的原则。依法订立的劳动合同具有约束力，用人单位与劳动者应当履行劳动合同约定的义务。"从该条可以看出，劳动合同并没有排除当事人自治的空间，当双方当事人基于平等自愿的原则安排两者之间的权利义务时，除非具有实质上权利义务配置的不公，否则就应当肯定劳动合同所具有的合同属性，保障当事人的意思自治。

第二，《劳动合同法》第87条赋予劳动者向用人单位请求给付违法解除或者终止劳动合同的赔偿金的权利，并且可以依照《劳动合同法》第47条规定的经济补偿标准的两倍向用人单位请求支付赔偿金。该条的立法目的在于提高用人单位违法解除劳动合同的成本，在一定程度上遏制用人单位违法解除或者终止劳动合同的行为。是一种具有惩戒性质的赔偿条款。①

该条的功能首先在于遏制用人单位违法解除劳动合同，敦促其遵循合法的解除程序。同时，保障劳动者的合法权益如就业的安定权，体现了劳动合同法的社会法属性。但劳动者若和用人单位根据真实的意思表示就违法解除劳动合同的事项作出违约损害赔偿的约定，且该约定有利于劳动者(如本案约定的赔偿金额高于法定赔偿金)，根据《劳动合同法》第3条的规定，应承认此约定的效力，这是劳动合同法同时具备的私法属性的体现，此时应尊重当事人的合意。

《劳动合同法》第87条并非构成双方当事人意思表示效力的要件，法律亦没有规定当事人双方约定高于《劳动合同法》第87条规定的赔偿金额无效。同时，违约金也具有惩戒功能(如惩罚性违约金)，②当违约金的约定有利于劳动者时，该约定恰恰是和《劳动合同法》第87条的内在目的趋于一致，此时用第87条作为限制当事人违约金条款效力的根据，于价值上考量亦无道理。即使用人单位认为约定的赔偿条款较高，有违公平原则，亦应由法院裁判根据相关法律规定予以司法酌减，而不能直接令该条款无效。由

① 参见信春鹰、阚珂：《中华人民共和国劳动合同法释义》，法律出版社2013年版，第356页。

② 参见姚明斌：《违约金论》，中国法制出版社2018年版，第46页。

此可见,劳动者与用人单位的约定违约金和法定赔偿金两者并不相互冲突,如果约定违约金小于法定赔偿金,应按法定标准执行,如果约定的标准大于法定的标准,则可按照约定标准执行。本案法院判决亦采此种观点。

四、举一反三

2012 年 2 月 11 日,刘某进入 D 公司包装部工作,2013 年 10 月 8 日,公司发出通知,解散包装部,后 D 公司没有另外对刘某安排工作。因此,10 月 8 日当天,刘某就被解除劳动关系。刘某向仲裁机构申请仲裁,请求 D 公司支付违法解雇赔偿金 14,000 元,仲裁机构支持刘某请求,D 公司不服仲裁裁决向法院起诉。

法院查明,刘某在 D 公司工作起止时间为 2012 年 2 月 11 日到 2013 年 10 月 8 日,刘某离职之前 12 个月的工资情况如下:2012 年 11 月 2774 元、12 月 2897 元、2013 年 1 月 3651 元、2 月 2746 元、3 月 1994.16 元、4 月 1490.16 元、5 月 2746 元、6 月 3883 元、7 月 2888 元、8 月 2805 元、9 月 3801 元、10 月 2881 元。

结合本节内容,回答以下问题:

1. D 公司是否构成非法解除劳动合同?

2. 如果 D 公司构成非法解除劳动合同,D 公司对刘某的赔偿金如何计算?

第十六节　劳务派遣“同工同酬”问题

一、知识背景

(一) 劳务派遣的含义

劳务派遣是指派遣单位将派遣劳动者派遣到用工单位,用工单位对派遣劳动者为实际用工的新型用工形式。劳务派遣关系主要涉及三方的法律主体,即派遣单位、用工单位和被派遣的劳动者。派遣单位与被派遣劳动者签订劳动合同,是被派遣劳动者的用人单位,用工单位则实际使用劳动者的劳动力。

(二) 劳务派遣同工同酬

同工同酬,是指用人单位对所有劳动者同等价值的劳动应付给同等的劳动报酬,在同一分配单位中,从事同种类工作,同样熟练程度的劳动者,不分性别、年龄、民族、种族,只要付出同等劳动,就应当领取同等的报酬。[①] 根据《劳动合同法》第 63 条的规定,

① 参见黎建飞:《劳动法与社会保障法:原理、材料与案例》,北京大学出版社 2015 年版,第 99 页。

被派遣的劳动者享有和用工单位的劳动者同工同酬的权利。《劳务派遣暂行规定》第 7 条第 4 项亦规定,要按照同工同酬原则确定劳动报酬数额和支付方式。实行同工同酬,是公民在法律面前一律平等的原则在劳动法中的具体表现,体现了按劳分配的原则。劳动法有必要保障劳动者平等地享有劳动报酬权,避免劳动歧视,保障劳动者的合法权益。

二、典型案例

(一)案情简介[①]

陈某与 X 公司签订劳动合同,被派遣到 B 公司车工岗位,根据劳动合同的约定,派遣期限自 2017 年 4 月 1 日至 2019 年 3 月 31 日,其中试用期为 2 个月,每周工作 5 天,每天 8 小时。工资按照 X 公司制定的工资分配办法确定。每月 30 日前以货币形式发放工资。加班工资的计发基数为无锡市最低工资标准。X 公司实际发放陈某 2017 年 4—8 月的工资为 1889 元。与陈某同样岗位的赵某(劳务派遣)2017 年 4—8 月的应发工资为 7434.90 元。

陈某认为,其在 B 公司进行派遣工作期间,B 公司工资标准违反国家的法律法规,没有实行同工同酬,其向劳动争议仲裁委员会提起仲裁,后诉至法院,要求自 2017 年 6 月起到 9 月 13 日与 B 公司同岗位车工、铣床工赵某、戴某、袁某同工同酬,标准按照 4200—4500 元补发工资差额。

(二)争议焦点

被告对原告工资的发放是否违反同工同酬原则?

(三)一审法院审理及判决

说理:根据《劳动法》第 46 条、第 47 条的规定,工资分配应当遵循按劳分配原则,实行同工同酬。用人单位根据本单位的生产经营特点和经济效益,依法自主确定本单位的工资分配方式和工资水平。所谓同工同酬是指用人单位对于技术和劳动熟练程度相同的劳动者在从事同种工作时,不分性别、年龄、民族、区域,只要提供相同的劳动量,就获得相同的劳动报酬。劳动者享有同工同酬的权利,但同工同酬只是相对的同工同酬,而非绝对的同工同酬。劳动者存在个体差异,能力水平、熟练程度等不可能完全一样。

本案中,陈某在入职时间、工作经验、熟练程度、职位及岗位职责、教育背景等方面均与赵某、戴某、袁某存在差异,因此不能说陈某与赵某、戴某、袁某属于同工的范畴。根据 B 公司提供的以上三人各方面情况,X 公司以劳动合同约定的工资标准为基础,再

---

① (2017)苏 0211 民初 4821 号。

按照B公司制定的工资支付制度确定具体报酬并不违反同工同酬的原则,且B公司也提交了铣床工岗位宛某的工资清单,经对照、比较,陈某与其他员工的主要差距是在有效工时数、加班工资两项。由于B公司并未对员工进行定额,故有效工时的计算完全与每人的熟练程度、生产合格产品数量有关。也就是B公司根据员工的实际能力和劳动业绩进行综合考量。因此,B公司根据单位规定计算陈某的工资并不违反相关法律规定。陈某要求与赵某、戴某、袁某同工同酬,没有法律依据,不予支持。

判决:驳回原告陈某的诉讼请求。

三、案例分析及法理拓展

(一)劳务派遣关系中劳动者主张劳动报酬的对象

《劳动合同法》第58条规定:"劳务派遣单位是本法所称用人单位,应当履行用人单位对劳动者的义务。……劳务派遣单位应当与被派遣劳动者订立二年以上的固定期限劳动合同,按月支付劳动报酬;被派遣劳动者在无工作期间,劳务派遣单位应当按照所在地人民政府规定的最低工资标准,向其按月支付报酬。"可见,在劳务派遣关系中,派遣单位作为用人单位应当是被派遣劳动者劳动报酬的支付主体。上述案例中,派遣单位(X公司)应当对陈某的工资报酬承担给付责任。

(二)"同工同酬"中"同工"的认定

在劳务派遣运行的过程中,用工单位对待本单位劳动者与劳务派遣劳动者往往适用不同的薪酬标准,为保护劳务派遣劳动者的劳动报酬权,立法规定了同工同酬的标准,但是对于何为"同工",无论是在理论还是实务中都存在理解的差异。综合来看,理论界对于"同工"的界定有如下几种观点:

1. 形式标准:工作岗位标准

该标准认为,根据《劳动合同法》第63条的规定,只要劳动者从事的岗位与本单位其他劳动者的岗位是"同类"则可认定为"同工",①应适用"同酬"的标准,如果本单位没有同类岗位,则参照用工单位所在地相同或者相近岗位的劳动报酬来确定。之所以将岗位作为判断"同工"的标准,是基于用工形式与工作岗位之间的关系。用工形式本来就应当是一个岗位性的范畴,即常年性的岗位使用正式工,季节性的岗位使用临时工。同种的岗位适用同种的用工形式,因此可以根据"岗位"之异同来判断是否"同工"。

---

① 参见王全兴、杨浩楠:《试论劳务派遣中的同工同酬——兼评2012年〈劳动合同法修正案〉》,载《苏州大学学报》(哲学社会科学版)2013年第3期。

2. 实质标准:工作内容标准

以岗位形式作为判断“同工”的标准,存在实践上的问题,不少企业为了避免“同工”的认定,对于企业中实质上具有相同工作内容和性质的岗位在形式上予以不同的命名。或者采用其他的方式设立名目来拒绝承认同工的事实。① 因此,形式上的岗位判断不利于形成“同工”的正确标准。有观点主张以实质的工作内容异同作为判断是否属于“同工”的标准。如以劳动者的工作产出、工作性质(如某些工作对劳动者的知识背景和技能有特殊要求,若劳动者之间的素质存在明显差异,则从事同种性质工作的可能性较低)、工作所处的环境等多种因素来综合判断劳动者之间的工作是否属于同一个“岗位”。

在上述案例中,法院认为:“所谓同工同酬是指用人单位对于技术和劳动熟练程度相同的劳动者在从事同种工作时,不分性别、年龄、民族、区域,只要提供相同的劳动量,就获得相同的劳动报酬。”显然,法院采用了工作内容这一实质性标准来认定“用工”的事实。具体而言,法院对于“同工”的判断,采纳几个实质性的考量要素:其一,劳动者需从事同种工作;其二,劳动者的技术和熟练程度基本相同;其三,提供了相同的劳动量。相比而言,实质标准比形式标准更能体现“同工”的本质要求,本案的说理部分对于认定劳务派遣“同工同酬”问题的处理具有较强的参考价值,符合实质公平的要求。

(三)“同酬”的界定

确定了“同工”的前提之后,“同酬”的界定同样意义重大。因为该界定直接影响劳动者对“劳动报酬”的请求范围。如前所述,根据我国《劳动合同法》的规定,用工单位对派遣劳动者负有支付加班费、绩效奖金等义务,那么加班费以及绩效奖金是否属于“同酬”中所指的“酬”呢?根据学者观点,所谓的“酬”有广狭两义,在劳务派遣关系中,狭义上的“酬”仅指基本工资,即劳动者提供劳动所获得的对价。广义上的报酬包括劳动者的加班费、福利费等相关的用于保障劳动者或者奖励劳动者的其他报酬费用。② 若取狭义,那么被派遣劳动者仅能够向派遣单位提起诉请。但若采从保护劳动者权益的角度出发,应当认为此时的“同酬”系采广义上的报酬概念,即包括劳动者应得的加班费、绩效奖金以及其他的福利费用。根据《劳动合同法》第 62 条第 3 项的规定,用工单位应当对被派遣劳动者负有支付加班费、绩效奖金以及提供与工作岗位相关的福利待遇的义务。在上述案件中,法院系采广义的同工同酬观念,将用工单位(B 公司)纳入诉

① 参见张帆、卫学芝、蔡锋:《劳务派遣同工同酬的司法检视与完善路径》,载《河北法学》2016 年第 8 期。

② 同上。

讼过程中作为同工同酬请求的被告,符合立法原意。

对同酬的"范围"加以界定之后,还需进一步明确同酬的"数额"界定的疑问。在本案中,法院认为:"劳动者享有同工同酬的权利,但同工同酬只是相对的同工同酬,而非绝对的同工同酬。""用人单位根据本单位的生产经营特点和经济效益,依法自主确定本单位的工资分配和工资水平。"应当认为,所谓的"同酬"的"数额",应采相对的做法,应当根据各个企业的实际情形以及岗位性质,来给出一个相应的工资区间,只要是在该区间范围内,就应当认为实现了"数额"上的"同酬",①而不应违背单位的自主经营意愿和市场规律,要求薪酬数额上的绝对平等。

四、举一反三

夏某与F公司签订劳务派遣合同,约定期限为2年,派遣到当地的检察院担任司机,后F公司解除与夏某的劳动合同,双方就此发生争议。夏某在诉讼中表示,被告市检察院未遵守同工同酬的原则,应当比对案外人许某的工资水平来补偿其差额部分。经调查,案外人许某系检察院司法行政管理局装备处在职在编人员,除了担任司机之外,还负责协助管理机关部分事务。

结合本节内容,分析夏某主张的"同工同酬"请求能否得到支持?

第十七节　劳务派遣用工单位和用人单位的连带责任

一、知识背景

(一)劳务派遣用工单位和用人单位连带责任的规则演变

劳务派遣作为一种特殊的用工形式,有别于直接雇佣的劳动法原则及规定。在劳务派遣情形下,"雇佣"和"实际的用工"发生了分离。劳务派遣机构与劳动者签订劳动合同,成为"用人单位",实际用工单位与劳务派遣单位签订劳务派遣协议,成为劳动法上的"用工单位"。因此,当被派遣劳动者在派遣劳动期间遭受损害,用人单位和用工单位如何承担责任成为重要的问题。2012年前的《劳动合同法》第92条对此进行了初步的规定,劳务派遣单位违反本法规定,给被派遣劳动者造成损害的,劳务派遣单位和用工单位承担连带赔偿责任。但2013年施行的全国人民代表大会常务委员会《关于修改〈中华人民共和国劳动合同法〉的决定》对第92条劳务派遣中用工单位和用人单位的

① 张帆、卫学芝、蔡锋:《劳务派遣同工同酬的司法检视与完善路径》,载《河北法学》2016年第8期。

连带责任的规定进行了修改。修正后的《劳动合同法》第 92 条规定,“用工单位给被派遣劳动者造成损害的,劳务派遣单位与用工单位承担连带赔偿责任”。

(二)劳务派遣用工单位和用人单位连带责任的现行规定

根据修正后的《劳动合同法》第 92 条的规定,在劳务派遣关系中,只有当用工单位对被派遣劳动者造成损害时,劳务派遣单位和用工单位之间才承担连带责任。反之,被派遣劳动者损害的发生是由派遣单位导致时,用工单位并不因此而与派遣单位对被派遣劳动者承担连带责任。即修正后的《劳动合同法》采单向的连带规定,限制了将用工单位纳入连带责任的条件。

二、典型案例

(一)案情简介①

2011 年 2 月 28 日曹某与 S 劳务公司签订为期 3 年的全日制劳动合同。S 劳务公司派遣曹某至 K 电子公司从事派遣劳动,《劳务派遣协议书》内容如下:约定由 S 劳务公司为 K 电子公司提供劳务派遣用工服务,岗位及工种为包装作业员(只限于包装员工);不允许 K 电子公司将 S 劳务公司员工派遣到其他单位,由此造成的一切后果由 K 电子公司承担;S 劳务公司未及时为派遣人员代缴各项保险费,由此造成的一切后果由 S 劳务公司承担;派遣人员发生工伤时,K 电子公司应及时通报 S 劳务公司,积极配合 S 劳务公司做好职工工伤申报工作,工伤医疗费由 K 电子公司先垫付,双方共同处理;S 劳务公司应在工伤认定后 15 日内,将 K 电子公司的垫付费支付给 K 电子公司,伤残等级赔付由 S 劳务公司参照社保标准支付一次性伤残补助金。

2011 年 7 月 8 日 K 电子公司安排曹某从事运输工作而导致曹某遭受伤害。事发前,S 劳务公司未为曹某缴纳社会保险费。因此 S 劳务公司向曹某承担了相应的工伤损害赔偿责任。但 S 劳务公司认为被告 K 电子公司违反协议约定安排曹某从事包装以外的工作引发事故导致其受伤,因此请求法院判决被告 K 电子公司与原告 S 劳务公司之间承担连带责任,并赔偿原告派遣公司因其违约行为造成的经济损失。

(二)争议焦点

S 劳务公司和 K 电子公司在本案中是否须对被派遣劳动者的损失承担连带责任?

(三)一审法院审理与裁判

说理:S 劳务公司、K 电子公司签订的《劳务派遣协议书》合法有效,予以确认。协议约定,S 劳务公司未及时为派遣人员代缴各项保险费,由此造成的一切后果由 S 劳务公司承担,据此,代缴社保的义务在 S 劳务公司。其未及时履行该义务,劳动者工伤所

① (2013)苏中民终字第 2531 号。

发生的相应损失,应由S劳务公司承担。K电子公司作为用工单位,对用人单位派遣的劳动者的各项保险费的支付情况,理应尽到督促义务;未尽到督促义务的,应对该部分损失承担适当的赔偿责任。

判决:由K电子公司对全部损失承担20%的赔偿责任计68,404.37元,扣除已垫付的11,772.08元,K电子公司应支付S劳务公司56,632.29元。

(四)二审法院审理与裁判

说理:S劳务公司在将曹某派遣至K电子公司前未为曹某缴纳社保,导致曹某在K电子公司工作期间因工受伤产生工伤保险待遇损失,根据《劳动合同法》第92条之规定,对外应由S劳务公司与K电子公司向曹某承担连带赔偿责任。现S劳务公司已按生效劳动仲裁裁决书确定的金额向曹某支付赔偿费用,有权向K电子公司提起追偿之诉。本案中,S劳务公司与K电子公司签订了《劳务派遣协议书》,该协议内容不违反法律强制性规定,且系双方当事人真实意思表示,应认定为合法有效。根据协议书约定,S劳务公司作为派遣单位负责为劳动者缴纳社保,并承担未缴纳造成的一切后果。据此,本案中产生的损失原则上应由S劳务公司负担。K电子公司作为用工单位,根据工作需要安排曹某从事临时性工作,亦在其经营管理权限范围之内,该情节不能成为认定K电子公司存有过错的事由。但K电子公司作为实际用工者和劳动者付出劳务的主要受益者,对被派遣员工依法负有保障其劳动安全的责任,其不能因与S劳务公司之间的相关约定,而对被派遣员工的劳动安全保障漠视不理。K电子公司对损害的发生亦具有法律上的责任,应适当分担损害赔偿数额。

判决:驳回上诉,维持原判。

三、案例分析及法理拓展

当被派遣劳动者在派遣劳动期间遭受损害时,可否同时向劳务派遣单位和用工单位主张损害赔偿,这涉及用人单位和用工单位之间的连带责任何以成立的问题。现行《劳动合同法》第92条第2款规定,"用工单位给被派遣劳动者造成损害的,劳务派遣单位与用工单位承担连带赔偿责任"。根据该条规定,上述案例中,派遣单位S劳务公司是否需要与K电子公司承担对被派遣劳动者损害的连带责任,需要首先判断用工单位即本案中的K电子公司是否对劳动者的损害负有责任。

一审法院认为,K电子公司作为用工单位,对用人单位派遣的劳动者的各项保险费的支付情况,理应尽到督促义务;未尽到督促义务的,应对该部分损失承担适当的赔偿责任。二审法院认为:K电子公司作为实际用工者和劳动者付出劳务的主要受益者,对被派遣员工依法负有保障其劳动安全的责任,其不能因与S劳务公司之间的相关约定,而对被派遣员工的劳动安全保障漠视不理。K电子公司对损害的发生亦具有法律上的责任，应适当分担损害赔偿数额。由此可见，两审法院均强调了用工单位对劳动者的安全保障义务，着重分析了用工单位承担责任的义务前提。

在劳务派遣关系中，用工单位对劳动者为实际用工，且对劳动生产的场所享有控制力。因此，用工单位在对被派遣劳动者用工的过程中，应当负有对被派遣劳动者进行安全保障的注意义务。在上述案例中，对被派遣劳动者社保费用的缴纳，应具有督促的义务，及时提示用人单位为劳动者缴纳社会保险。而K电子公司却疏于履行其安全保障义务，未及时提示督促用人单位为被派遣劳动者及时缴纳社会保险，因此造成被派遣劳动者损害。此时，应认为K电子公司符合法律规定的“用工单位给被派遣劳动者造成损害”的要件，K电子公司应当与S劳务公司就劳动者受到的损害承担连带责任，一审、二审法院的说理以及判决符合立法本意。

四、举一反三

Q劳务公司派遣雷某到J工业公司从事工作，Q劳务公司未给雷某办理社保，雷某在J工业公司工作期间，J工业公司未对雷某进行岗位规范和劳动保护培训。雷某在工作期间遭受工伤。

结合本节内容，分析以下问题：

1. 本案中，J工业公司和Q劳务公司对被派遣劳动者承担什么样的义务和责任？
2. 劳动者可否同时主张J工业公司和Q劳务公司对其工伤损害承担连带责任？
3. J工业公司在向劳动者承担工伤损害赔偿责任之后，可否向Q劳务公司追偿？

第十八节　劳务派遣中被派遣劳动者的退回与解雇

一、知识背景

（一）劳务派遣的三方关系

劳务派遣关系主要涉及三方的法律主体，即派遣单位、用工单位和被派遣的劳动者。派遣单位是劳动者的用人单位，其与劳动者签订劳动合同，存在劳动关系。但在劳务派遣关系中，派遣单位并未实际用工，而是将被派遣劳动者发派到用工单位，由用工单位进行实际用工。在劳务派遣关系中，“雇佣”和“实际用工”发生了分离。

（二）我国关于被派遣劳动者的退回与解雇的现行规定

在劳务派遣法律关系中，派遣单位即用人单位，与劳动者之间存在劳动关系，但却在用工单位的安排下为用工单位劳动。因此，劳动者在用工单位工作期间，可能会存在违反用工单位规章制度的行为,或者遭遇用工单位经营困难无法继续履行劳务派遣协议。此时,用工单位可否将被派遣劳动者退回用人单位;若许退回,则用人单位可否因此解除与被派遣劳动者之间的劳动合同以解雇被派遣劳动者,遂成问题。

针对这些问题,《劳动合同法》第 65 条第 2 款、《劳务派遣暂行规定》第 12 条及第 15 条均对此进行了规定。当具有法律规定的情形时,用工单位可以将被派遣劳动者退回用人单位,这些情形包括:第一,基于劳动者自身的原因而将其退回,主要情形是劳动者自身存在过错,如劳动者违反用工单位的工作制度等;或是劳动者虽无过错,但却缺乏在用工单位进行工作的能力而被用工单位退回。第二,基于用工单位自身原因而退回,这些情况包括:用工单位被依法宣告破产、吊销营业执照、责令关闭、撤销、决定提前解散或者经营期限届满不再继续经营。

当被派遣劳动者被用工单位退回时,用人单位在下列情形下享有解除劳动合同的权利:第一,当劳动者因自身原因被用工单位退回的(因《劳动合同法》第 39 条,第 40 条第 1 项、第 2 项事由),根据《劳动合同法》第 65 条第 2 款的规定,用人单位可以解除与劳动者之间的劳动合同。第二,当劳动者是因用工单位的原因而被用工单位退回的,派遣单位重新派遣劳动者时维持或提高劳动合同约定的条件,只有当劳动者不同意的情况下,才能够解除劳动合同。若是用人单位在重新派遣劳动者时,降低了合同约定的条件,那么其也不享有解除劳动合同的权利,除非是被派遣劳动者主动解除合同。

二、典型案例

(一)案情简介①

M 公司和 L 公司签订有《劳务派遣协议》,约定 M 公司向 L 公司派遣相关劳务人员。劳动者晁某分别于 2007 年 2 月 1 日和 2015 年 1 月 19 日与 M 公司签订固定期限劳动合同。第二次固定期限劳动合同的终止期限是 2017 年 1 月 31 日,合同约定晁某从事操作工工作。2015 年 12 月 10 日,L 公司以市场环境、生产调整为由要求调整晁某工作岗位遭到晁某拒绝。2015 年 12 月 15 日,L 公司禁止晁某等人进入公司,M 公司也拒绝接收晁某等人。

2016 年 1 月 25 日,L 公司向 M 公司表明基于市场环境的持续恶化,导致销售订单及利润的严重下降,要求退回劳动者,并要求 M 公司协助安排向劳动者推荐新的岗位。2016 年 1 月 29 日,L 公司向晁某通知其已被退回,但晁某拒收函件。2016 年 1 月 29 日,L 公司向 M 公司邮寄函件告知 M 公司已经通知晁某将其退回 M 公司,请 M 公司依照法律规定进行接洽。晁某不服以上安排提起劳动仲裁,因不服劳动仲裁结果提起诉

---

① (2017)苏 03 民终 7973 号。

讼。诉请:(1)M公司向晁某支付违法解除劳动合同经济补偿72,456元。(2)L公司承担连带责任。

(二)争议焦点

1. L公司可否退回劳动者晁某?

2. L公司将劳动者退回后,M公司可否将劳动者予以解雇?

3. 被派遣劳动者晁某可否主张M公司和L公司对其损害承担连带责任?

(三)一审法院审理与裁判

说理:晁某与M公司签订劳动合同,M公司根据与L公司签订的劳务派遣协议将晁某派遣到L公司工作,用工单位将被派遣劳动者退回用人单位以及用人单位解除与被派遣劳动者的劳动关系应当遵守相关法律的规定,否则将承担相应的法律责任。《劳动合同法》第65条第2款规定,被派遣劳动者有本法第39条和第40条第1项、第2项规定情形的,用工单位可以将劳动者退回劳务派遣单位,劳务派遣单位依照本法有关规定,可以与劳动者解除劳动合同。《劳动合同法》第40条第3项规定,劳动合同订立时所依据的客观情况发生重大变化,致使劳动合同无法履行,经用人单位与劳动者协商,未能就变更劳动合同内容达成协议的,用人单位按照该条规定可以解除劳动合同。人力资源和社会保障部《劳务派遣暂行规定》第12条第1款第1项规定,用工单位有劳动合同法第40条第3项、第41条规定情形的,用工单位可以将被派遣劳动者退回劳务派遣单位。第2款规定,被派遣劳动者退回后在无工作期间,劳务派遣单位应当按照不低于所在地人民政府规定的最低工资标准,向其按月支付报酬。L公司与S公司进行吸收合并系属事实,然而晁某本身即在L公司工作,L公司没有提供充分证据证实企业合并之后,晁某无法继续履行其工作,L公司也没有提供充分证据证实市场经营严重困难、需要进行裁员的客观情况。

此外,L公司也没有提供充分证据证实其向晁某推荐的岗位优于或者持平于晁某原先的岗位。并且,即使L公司以企业合并、经营困难为由需要将晁某退回M公司,其也应当按照正当程序将晁某退回M公司,而非事实上先于2015年12月15日将晁某拒之门外,然后再于2016年1月补发通知告知相关退回事宜。

因此,L公司将晁某退回M公司不符合法律规定的相关实体和程序要件,系违法退回被派遣劳动者,损害了晁某的利益。而M公司作为用人单位,在L公司禁止晁某进入公司之后,也拒绝接收晁某,系违法解除与晁某的劳动关系。根据《劳动合同法》第92条第2款规定,用工单位给被派遣劳动者造成损害的,劳务派遣单位与用工单位承担连带责任。L公司违法退回晁某导致M公司违法解除与晁某的劳动关系,L公司与M公司应当连带向晁某支付违法解除劳动合同赔偿金。晁某的工作时间从2005年6月1日计算到2015年12月15日,晁某自愿将计算赔偿金的月平均工资调整为2771.78元,则经计算违法解除劳动合同赔偿金为60,979.16元(2771.78元乘以11个月再乘以2)。

判决:(1)M公司与L公司于判决生效之日起10日内向晁某连带支付违法解除劳动合同赔偿金60,979.16元;(2)驳回晁某的其他诉讼请求;驳回M公司的诉讼请求。

(四)二审法院审理与裁判

说理:关于涉案劳动关系是否已经解除,是否具备支付赔偿金的条件的问题。依据晁某与M公司签订的全日制劳动合同书,M公司是晁某的用人单位。M公司将晁某派遣到L公司,L公司是用工单位。被上诉人举证的2015年12月16日其工友王某与M公司经理杨某的通话录音显示,杨某明确表示其作为用人单位,拒绝接收被上诉人等人,且事后亦未给被上诉人等人另行安排工作。故,应当认定M公司以拒绝接收的方式与被上诉人等人解除了劳动合同。M公司的解除行为违反法律规定,属于违法解除,应当向被上诉人支付赔偿金。

关于上诉人应否承担连带赔偿责任的问题。被上诉人一审举证的2015年12月15日早晨在L公司的视频显示,L公司的门卫拒绝被上诉人及王某等人入厂。上诉人称L公司和S公司合并后,人员出现富余,故于2015年12月15日通知被上诉人待岗,但未对人员富余的事实举证证明,也未就决定晁某等人待岗是否履行相应的程序予以举证,故上诉人拒绝晁某等人入厂缺乏合法的理由。因上诉人作为用工单位存在过错,应当和派遣单位M公司向晁某承担连带赔偿责任。L公司于2016年1月20日向晁某发放工资及2016年1月25日书面退回晁某的行为发生在晁某2016年1月11日提起仲裁之后,不影响本案对于M公司已解除与晁某劳动合同的认定。

判决:驳回上诉,维持原判。

三、案例分析及法理拓展

(一)用工单位退回派遣劳动者条件的性质

用工单位对于派遣劳动者的退回涉及对《劳动合同法》第65条、《劳务派遣暂行规定》第12条的理解。《劳动合同法》第65条规定了用工单位因劳动者自身存在的原因,可以将其退回派遣单位;《劳务派遣暂行规定》第12条规定了当用工单位自身存在经营困难等问题时,亦可将劳动者退回,但条文内容尚存在争议。

前述条文是否具有强制性效力,从而限制了用工单位退回劳动者,实现退回劳动者的"法定化"? 有学者提出退回法定说,[①]认为《劳动合同法》第65条排除了用工单位退回劳动者的自主意思,其只有根据法律的规定,在满足法律规定的条件时,才能够将劳

① 覃曼卿:《劳务派遣退回制度研究——以解雇保护为中心》,载《政法学刊》2015年第1期。

动者退回。有学者提出退回任意说,[①]认为从《劳动合同法》第65条的文义解读,该条使用的是"可以"而非"应当",说明其只是任意性的法律规范,立法只是列举了用工单位在劳动者存在某些情形的状况下可以将其退回,但并未同时限制用工单位只能根据这些条件加以退回,而排除如约定退回的情形。还有学者提出解除法定说,[②]认为在符合《劳动合同法》第65条情形时,用工单位可以将劳动者退回,而用人单位也可以据此解除劳动合同,但是若用工单位系因《劳务派遣暂行规定》第12条中的事由将劳动者退回,用人单位对劳动合同的解除即受限制。由此可见,《劳动合同法》第65条以及其他相关条文,其重点是对用人单位的解除予以限制并加以法定化,但用工单位的退回则允许约定情形的存在,无须法定化。

本书认为,退回法定说更加符合立法者的立法目的。其一,劳动者的就业安定权是劳动关系稳固的根基,也是劳动者的一项基本权利。退回制度的任意化,会产生用工以及用人单位通过退回劳动者来规避"解除"制度约束的风险,且不利于派遣劳动者的就业安定,有损劳动者的权利,不利于贯彻倾斜保护劳动者的立法原则。其二,有学者注意到,2014年1月26日人力资源和社会保障部劳动关系司负责人答记者问中,面对记者提出的用工单位在哪些情形下可以将被派遣劳动者退回派遣单位的问题,负责人明确回答:"《劳务派遣暂行规定》明确,用工单位出现以下三种情况,方可将被派遣劳动者退回派遣单位。"人力资源和社会保障部对此问题的答复措辞是"方可",态度已为明确,即只有在这三种情形之下,才可以将劳动者退回派遣单位。可见人力资源和社会保障部等部门在表达立法者意思的态度上,已为明确。

上述案例中,一审和二审法院明显在用工单位退回劳动者的问题上,采纳的是"退回法定说"的态度,即认为用工单位只有在符合《劳动合同法》以及《劳务派遣暂行规定》的相关条件的情形下,才能够将劳动者退回。

以上分析可见,一审、二审法院采纳的"退回法定说"的观点符合立法原意。

退回任意说和解除法定说并非绝无道理。从劳务派遣具有的临时性、补充性、辅助性的角度出发,此种用工形式在一定程度上与正式长期的用工形式有所区别,应侧重其用工的灵活性和效率性并有助于经济效率。若派遣单位和用工单位就劳动者的退回和接收安排等事项进行了充分的协商,且不损害被派遣劳动者现有利益的情况下,扩大用工单位退回劳动者的自主意思,有利于用工单位根据自己的实际经营情况,妥善安排用工。同时,只要严格把握劳动合同解除的法定条件,劳动者的利益保护也能够得到平衡。因此,在用工单位退回被派遣劳动者的问题上,学理上仍有继续讨论的必要。

---

① 刘义军:《完善我国劳务派遣退回机制的思考》,载《中国劳动》2014年第5期。

② 刘瑛、李玉兰:《劳务派遣合法退回探析》,载《法制与经济》2013年第4期。

(二)《劳动合同法》第65条与《劳务派遣暂行规定》第12条的关系

《劳务派遣暂行规定》第12条扩大了用工单位可以将劳动者退回的条件和情形,是对《劳动合同法》第65条的补充。在《劳动合同法》第65条规定的情形中,用工单位在退回劳动者之后,派遣单位可以直接解除其与被派遣劳动者之间的劳动合同。但是在《劳务派遣暂行规定》第12条的情形中,派遣单位不能直接解除其与劳动者之间的劳动合同,而是需将劳动者重新派遣,且须在重新派遣时维持或者提高原来的条件。只有在此种情形下劳动者仍不同意重新派遣的,派遣单位才具有劳动合同的解除权。可见,在《劳务派遣暂行规定》第12条规定的用工单位退回情形下,劳动合同的解除条件更加严格。

根据退回和解除法定说,用工单位退回劳动者,用人单位解除劳动合同,必须符合《劳动合同法》第65条和《劳务派遣暂行规定》第12条规定的退回和解除的条件,且须对该条件予以证明。否则构成违法退回和解除,在造成劳动者损害时,用工单位和用人单位须承担连带责任。

(三)用人单位和用工单位的责任分配

劳动者的退回必须符合正当的程序和满足前述相关法律规定的条件,用工单位需与用人单位协商好退回与接收的事宜,并对劳动者为相应的通知,以保障劳动者的知情权,让劳动者做好相应的准备,不得直接退回。若是因为用工单位自身的原因而导致劳动者被退回,用人单位对劳动者重新为派遣时维持或者提高其合同条件,劳动者仍然拒绝的,才可以将劳动合同解除。如是在重新派遣劳动者时降低其合同条件的,劳动者若不同意,那么用人单位也不享有解除权。如果用工单位和用人单位在退回劳动者或者解除劳动合同的过程中不遵守正当的程序而导致劳动者损害,应当根据《劳动合同法》第92条的规定对劳动者的损害承担连带责任。

在上述案例中,一审法院对退回劳动者、解除劳动关系的理由进行了分析,该分析符合法律的规定,同时也符合用人单位与用工单位在退回与解除问题上的责任承担原理。

四、举一反三

Y公司和P公司签订劳务派遣协议,约定由Y公司向P公司提供劳务派遣工。并在合同中约定,派遣员工如果因为P公司生产经营困难被退回,由P公司承担对于员工的责任。给Y公司造成损失的,应当赔偿损失。后P公司果真以生产困难为由退回员工21名,Y公司为了防止损失扩大,立即对员工予以辞退。员工遂要求Y公司承担违法解除劳动合同的赔偿责任。

结合本节内容,分析Y公司解除劳动合同的行为是否合法?如果不合法,若Y公司支付了赔偿金是否可以向P公司追偿?

第三章　劳动基准

第一节　加班与加班工资

一、知识背景

(一)工作时间

工作时间,是指法律、法规规定的,或者劳动合同约定的劳动者应当从事劳动或工作的时间。工作时间可以分为法定工作时间和约定工作时间,法定工作时间是基于法律、法规保护劳动者的生命健康权规定的劳动者每日、每周工作的最长时间。约定工作时间是指用人单位与劳动者在法定标准下根据自身实际情况约定的劳动者每日、每周工作的具体时间。劳动者只有在完成相应的工作时间的工作后,剩余时间才是劳动者的休息时间。因此,工作时间的长短,直接影响劳动者休息和休假权的实现。

工作时间具有以下特点:(1)工作时间是劳动者履行劳动义务的时间。即劳动者根据劳动合同的约定,必须为用人单位提供劳动的时间。工作时间有工作小时、工作日和工作周三种,其中工作日是工作时间的基本形式,指在一周以内的工作天数,工作小时指一个工作日内的以小时为单位的小时数,工作周指一周内工作的时间。(2)工作时间不限于实际工作时间,还包括准备工作时间、结束工作时间以及法定非劳动消耗时间,以及依据法律、法规或单位行政安排离岗从事其他活动的时间。其中,法定非劳动消耗时间是指劳动者自然中断的时间、工艺需中断时间、停工待活时间、女职工哺乳婴儿时间、出差时间等。(3)工作时间是用人单位计发劳动者报酬的依据之一,劳动者按照劳动合同约定的时间提供劳动,即可以获得相应的工资福利待遇,加班加点的,可获得加班加点工资。(4)工作时间的长度由法律直接规定,或由集体合同或劳动合同直接规定。(5)劳动者或用人单位不遵守工作时间的规定或约定,要承担相应的法律责任。

(二)标准工时制、计件工时制和特殊工时制

以工作时间的计算方法为标准,工作时间制度可以分为标准工作时间制度、计件工作时间制度和特殊工作时间制度。

标准工时制是我国运用得最广泛的工时制度。根据《劳动法》第 36 条的规定:“国家实行劳动者每日工作时间不超过八小时、平均每周工作时间不超过四十四小时的工时制度。”《国务院关于职工工作时间的规定》第 3 条规定:“职工每日工作 8 小时、每周工作 40 小时。”虽然国务院关于工作时间的规定位阶较低,但是由于该行政法规规定的时间不包括加班加点的时间,属正常工作时间,且该内容是有利于劳动者的特定规定,也是我国“入世”接轨的需要,因此在实践中一直执行的是 40 小时标准工时制。总结起

来,标准工时制有三项基准:(1)劳动者每日工作时间不超过8小时;(2)每周工作时间不超过40小时;(3)每周至少安排劳动者休息1日。

计件工时制,是指以劳动者完成一定劳动定额为标准的工作时间,是以劳动者完成一定数量的合格产品或一定的作业量来确定劳动报酬的一种劳动形式。《劳动法》第37条规定:"对实行计件工作的劳动者,用人单位应当根据本法第三十六条规定的工时制度合理确定其劳动定额和计件报酬标准。"《劳动法》第36条的规定即标准工时制的规定。通常认为,计件工时制应以职工在一个标准工作日(每日8小时)或标准工作周(每周不超过40小时)的工作时间内能够完成的计件数量为标准,超过这个标准就等于延长了工作日时间。从这个意义上说,合理确定计件劳动定额是实行计件工时制的关键。当用人单位合理地确定了劳动定额和计件报酬标准后,劳动者工作时间可以比实行标准工作日的职工有更大的灵活性,如提前完成当日或当月的定额,则剩余时间为休息时间,如未完成,则可在每日8小时之外,每周40小时以内加点完成定额。计件工时制更讲究效率,侧重定额内职工所耗工时,激励职工朝更快、更好方向发展。但用人单位也不得不切实际地规定定额标准,必须是在正常生产情况下,大多数工人标准工作时间能够完成的定额。

特殊工时制与标准工时制对称,指特定工作岗位上的劳动者适用的不同于标准工时制计算方法的工时制度。《劳动法》第39条规定:"企业因生产特点不能实行本法第三十六条、第三十八条规定的,经劳动行政部门批准,可以实行其他工作和休息办法。"特殊工时包括缩短工作时间制度、不定时工作时间制度、综合计算工作时间制度。

缩短工时制是指少于标准工作日长度的一种工时制度。因工作性质或者生产特点的限制,不实行每日工作8小时、每周工作40小时标准工时制。缩短工时制可以适用于特殊条件下从事劳动或者有特殊情况的职工。就现阶段而言,应当实行缩短工时制的情形主要包括:(1)从事特定工作岗位,如从事矿山井下、高山、有毒、有害、特别繁重或者过度紧张的体力劳动职工,以及纺织、化工、煤矿井下、建筑冶炼、地质勘探、森林采伐、装卸搬运等行业或者岗位的职工。(2)从事夜班工作的职工,夜班工作的时间一般指晚22时至第二日的早6时,从事夜班工作的企业、事业单位、国家机关、社会团体等的职工,其工作时间比标准工作日减少一小时,同时按照规定发放夜班津贴。(3)在哺乳期工作的女职工,《女职工劳动保护特别规定》第9条明确规定,对哺乳未满1周岁婴儿的女职工,用人单位不得延长劳动时间或者安排夜班劳动。用人单位应当在每天的劳动时间内为哺乳期女职工安排1小时哺乳时间;女职工生育多胞胎的,每多哺乳1个婴儿每天增加1小时哺乳时间。(4)未成年工和怀孕女工,对于未成年工,应实行少于8小时工作制度,对于怀孕7个月以上的女职工,应当在其正常的工作时间内安排一定的休息时间。(5)其他依法可以缩短工作日工时的职工。值得注意的是,由于缩短工时制是对劳动者有利的一种工时形式,因此除以上情形外,在双方协议下同样可以适用缩短工时制,但是不得以缩短工时的方式侵害劳动者的劳动报酬权。

不定时工时制是企业在特殊条件下实行的,工作日的起点、终点及连续性不固定,即每一工作日没有固定上下班时间限制的工时制度。不定时工时制不受标准工作时间的限制,并非说对工作时间毫无限制,我国《宪法》和《劳动法》赋予了劳动者休息权,在任何情况下用人单位都应该保护劳动者的这项权利。原劳动部《意见》第 67 条规定:"经批准实行不定时工作制的职工,不受劳动法第四十一条规定的日延长工作时间标准和月延长工作时间标准的限制,但用人单位应采用弹性工作时间等适当的工作和休息方式,确保职工的休息休假权利和生产、工作任务的完成。"因此,不定时工作制不是无休息工作制,只是休息时间没有标准工时制固定和规律,企业应在保障职工身体健康并充分听取员工意见的基础上,采取集中工作、集中休息、轮休轮调、弹性工作时间等适当的方式,确保员工在休息休假方面的诸项权利得到实现,否则不合法。《劳动部关于企业实行不定时工作制和综合计算工时工作制的审批办法》第 4 条规定:"企业对符合下列条件之一的职工,可以实行不定时工作制。(一)企业中的高级管理人员、外勤人员、推销人员、部分值班人员和其他因工作无法按标准工作时间衡量的职工;(二)企业中的长途运输人员、出租汽车司机和铁路、港口、仓库的部分装卸人员以及因工作性质特殊,需机动作业的职工;(三)其他因生产特点、工作特殊需要或职责范围的关系,适合实行不定时工作制的职工。"

综合工时制是以标准工时制为基础,根据实际情况,以周、月、季或年为周期,综合计算工作时间的工时制度。实行综合工时制度的关键是确定好计算的周期,应当注意它的平均日工作时间应当与法定标准工作时间基本相同。同不定时工时制,用人单位也应在保障职工身体健康并充分听取员工意见的基础上,采取集中工作、集中休息、轮休轮调、弹性工作时间等适当的方式,确保员工在休息休假方面的诸项权利得到实现。《劳动部关于企业实行不定时工作制和综合计算工时工作制的审批办法》第 5 条规定:"企业对符合下列条件之一的职工,可实行综合计算工时工作制……(一)交通、铁路、邮电、水运、航空、渔业等行业中因工作性质特殊,需连续作业的职工;(二)地质及资源勘探、建筑、制盐、制糖、旅游等受季节和自然条件限制的行业的部分职工;(三)其他适合实行综合计算工时工作制的职工。"用人单位要实行综合计算工作时间,应按程序办理审批手续,未办理审批手续实行综合计算工作时间,其行为是不合法的,不能发生综合计算工作时间的效力。

(三)休息休假

休息休假时间是劳动者根据法律的规定,享有自由支配,免于履行劳动义务的时间。它是劳动者休息权利得以充分实现的一种法律保障,休息可以使劳动者的体力和精力得到恢复。为保证劳动者的休息休假权利得到充分实现,我国《劳动法》及相关法律法规对休息休假制度作了明确的规定。具体来说,包括工作日内的休息时间、工作日间隔时间休息、周末休息时间、法定节假日、带薪年休假、探亲假以及婚丧假等。休息休假时间不是劳动者履行劳动义务的时间。

二、典型案例

(一)案例一

1.案情简介①

2011年2月16日H公司与唐某订立书面劳动合同,合同期限为2011年2月17日至2014年3月31日。劳动合同约定H公司实行标准工时制,即每日工作不超过8小时,每周工作不超过40小时,每周至少休息1日。劳动合同还约定,《H公司员工手册》作为劳动合同附件,与劳动合同具有同等效力。2011年2月17日唐某在《员工手册确认书》上签字,确认已收到《H公司员工手册》。《H公司员工手册》第2.4条规定:"公司要求员工在工作时间内完成任务,如因公司经营和工作需要加班的员工,必须使用公司办公自动化系统或书面《加班申请单》提前申请,并经上级审核批准后交人力资源部备案,计算考勤。未按此程序办理者,不视为加班。员工的加班补偿按国家和公司相关规定执行;如需补休的,原则上在6个月内完成补休。"双方在劳动合同中已约定,H公司实行标准工时制,唐某每周至少休息1日。电子考勤记录表显示,从2011年4月1日至2012年6月30日共计457天,折合65周零2天。在该时间段内,唐某除国家法定节假日外至少应休息65天,而唐某除国家法定节假日外实际已休息112天,超过65天。电子考勤记录表还显示,在上述时间段内,唐某在2011年中秋节加班1天,国庆节加班2天,2012年春节加班3天,元旦、清明节、劳动节、端午节各加班1天,累计在国家法定节假日加班10天。2012年8月6日,唐某将H公司及其南坪店诉至法院,要求判令被告:(1)补发原告2011年3月1日至2012年6月30日休息日加班工资11,181元;(2)补发原告2011年3月1日至2012年6月30日法定节假日加班工资1314元;(3)解除与原告之间的劳动关系。

2.争议焦点

(1)劳动合同中关于工时制度的约定如何认定?

(2)电子考勤记录表和排班表能否作为职工出勤情况的依据?

(3)法定节假日加班工资基数如何确定?

---

① (2014)渝高法民提字第00153号。

3. 一审法院审理及判决

说理:劳动者主张加班费的,应当就加班事实的存在承担举证责任。但劳动者有证据证明用人单位掌握加班事实存在的证据,用人单位不提供的,由用人单位承担不利后果。本案中原告唐某未举示证据证明2011年3月1日至2011年3月31日存在加班事实,亦无证据证明被告掌握加班事实存在的证据而不提供,因此,对原告要求被告支付2011年3月1日至2011年3月31日的法定节假日加班费、休息日加班费之诉讼请求,法院不予支持。另外,《国务院关于职工工作时间的规定》中亦规定,企业可以根据实际情况灵活安排周休息日。在2011年4月1日至2012年6月30日期间,唐某实际休息日超过劳动合同约定的休息日,故对其要求支付此段时间内休息日加班工资的主张法院不予支持。

被告已安排原告在国家法定节假日加班,应当依法及时足额补发原告应得国家法定节假日加班工资。虽然原告唐某未能举示证据以证明其在国家法定节假日加班已依照员工手册规定进行申请并得到批准,但被告已向原告唐某支付了部分国家法定节假日加班工资,可推定被告已知悉并批准了原告唐某在国家法定节假日加班的事实。根据被告举示的"工资表"和劳动合同约定的每周工作时间,2011年中秋节、国庆节、2012年元旦、春节原告应得法定节假日加班工资为1450元÷26.08天×7天×3倍=1167.56元,2012年清明节原告应得法定节假日加班工资为1475元÷26.08天×1天×3倍=169.67元,2012年劳动节、端午节原告应得法定节假日加班工资为1575元÷26.08天×2天×3倍=362.35元。被告已向原告支付上述6个月的法定节假日加班工资1262.8元,还应补发436.78元。

判决:H公司自本判决生效之日起10日内向唐某支付2011年3月1日至2012年6月30日国家法定节假日加班工资449.8元。

4. 二审法院审理及判决

说理:二审查明的事实与一审查明的事实一致。

判决:驳回上诉,维持原判。

5. 再审审理及判决

说理:关于工时制度问题。根据《劳动法》和《国务院关于职工工作时间的规定》的规定,标准工时制是指每日工作8小时,每周工作40小时,每周休息2日的工时制度;而当事人之间"每日工作不超过8小时,每周工作不超过40小时,每周至少休息1日"的约定属于标准工时制之外的其他工时制之一,这种工时制度亦符合法律规定。由此可见,劳动合同中关于工作时间的约定,实际包含了两种不同的工时制度。对于应采用何种工时制度,可结合合同的其他约定,进行分析判断。劳动合同第13条约定,《H公司员工手册》等公司规章制度为其附件,与劳动合同具有同等效力,因此,可结合《H公司员工手册》等来确定合同当事人约定采取的工时制度方式。唐某收到的《H公司员工手册》关于工作时间的内容为“原则上每周工作不超过40小时,每周至少休息1天”,该内容文字表述明确,当事人不会对此产生歧义。故合同当事人关于工作时间的约定实为,每日工作不超过8小时,每周工作不超过40小时,每周至少休息1日。原一审、二审认定合同当事人约定的工时制度为标准工时制不当,法院予以纠正。据此,劳动者一周工作的第6天不应视为休息日加班。双方当事人约定的工时制度并非标准工时制,即每日工作不超过8小时,每周工作不超过40小时。

关于出勤情况的依据问题。根据本案一审庭审笔录内容以及重庆市南岸区人民法院民事审判第三庭向法院出具的情况说明,唐某对电子考勤记录表的真实性予以认可。此外,H公司及H公司南坪店对唐某提交的排班表的真实性不予认可。故电子考勤记录表可以作为认定唐某出勤情况的依据。

关于法定节假日加班工资基数问题。如前所述,双方当事人约定的工时制度并非标准工时制,即每日工作不超过8小时,每周工作不超过40小时,每周至少休息1日,故原审按月计薪天数26.08天计算节假日加班工资基数符合合同约定。原审关于应补唐某节假日加班工资的计算方式亦无不当之处,但一审判决主文中关于唐某应补发节假日加班工资的金额与计算的结果不一致,法院予以纠正。

判决:撤销重庆市第五中级人民法院(2013)渝五中法民终字第3294号民事判决;维持重庆市南岸区人民法院(2012)南法民初字第8589号民事判决第二、三、四项;变更重庆市南岸区人民法院(2012)南法民初字第8589号民事判决第一项为:由H公司自判决生效之日起10日内向唐某支付2011年4月1日至2012年6月30日国家法定节假日加班工资436.78元。

(二)案例二

1.案情简介①

何某于2013年3月7日入职被告L公司,每月实际领取工资2800元。每周上班6天,每天上班9小时。劳动合同约定何某工作时间为每日工作8小时、每周工作6天,每天工作期间用餐时间1小时,不计入工作时间;劳动报酬中约定正常工作时间按2700元执行,包含加班工资、补贴;落款时间为2013年3月7日。何某对劳动合同不予确认。何某就解除劳动合同经济补偿金及加班工资等问题与L公司发生劳动争议,并于2015年8月31日向东莞市劳动人事争议仲裁院南城仲裁庭申请仲裁,请求裁令L公司向原告支付补足2013年3月23日至2015年7月30日加班工资21,627.5元(2800元÷21.75×1.5倍×4天×28个月)。仲裁庭于2015年11月3日作出东劳人仲院南城庭

① (2015)东一法南民一初字第2358号。

案字(2015)696号仲裁裁决书,裁决确认原告与L公司维持劳动关系,但驳回原告的其他申请请求。何某不服仲裁裁决,在法定期限内向法院提起诉讼。另查明,东莞市每月最低工资标准从2013年5月1日起调整为1310元/月即7.53元/小时;东莞市每月最低工资标准从2015年5月1日起调整为1510元/月即8.68元/小时。

2. 争议焦点

加班工资是否包含在劳动合同约定的劳动报酬中?

3. 一审法院审理及判决

说理:关于加班工资。首先,虽然被告L公司在庭审中辩称原告工作时间实际上是每天8个小时,但是其没有就仲裁裁决起诉,视为其服从仲裁裁决,而仲裁裁决中计算原告加班工资是以原告上班时间为每天9小时计算的。被告L公司对其主张原告未加班的事实负举证责任,但其在举证期间内没有提交相关证据佐证,故法院对其辩论意见不予采纳。法院确认原告上班时间为每天9小时,每月休息4天。再者,根据《劳动法》第44条,结合东莞市每月最低工资标准,计算出原告2015年5月1日前每月工资为2097.82元(1310元+7.53元/小时×9小时×200%×4天+7.53元/小时×150%×1小时×21.75天=2097.82元),2015年5月1日后每月工资为2418.14元(1510元+8.68元/小时×9小时×200%×4天+8.68元/小时×150%×1小时×21.75天=2418.14元),原告的月工资高于上述工资计算标准,故原告要求被告L公司支付其加班工资的主张,证据不足,法院不予支持。

判决:确认原告何某与被告L公司的劳动关系已于2015年7月30日解除,驳回原告何某的其他诉讼请求。

(三)案例三

1. 案情简介①

唐某于2004年5月22日入职A公司,担任区长职务,月薪是基本工资3000元加提成加加班费,2012年8月1日起签订无固定期限劳动合同,2018年3月16日因单位拖欠加班工资提出解除劳动合同;唐某离职前12个月平均工资5038.14元。2015年12月唐某存在73小时延时加班,A公司认可2015年没有申请综合工时,但是已经支付唐某延时加班工资1082.41元,是按照当年最低工资标准计算的延时加班工资,唐某不认可。2018年3月22日,唐某向北京市东城区劳动人事争议仲裁委员会申请仲裁,请求:1. A公司支付解除劳动合同经济补偿金60,933.89元;2. A公司支付2015年12月延时加班73小时延时加班工资差额812.83元。2018年6月26日,该委作出京东劳人仲字(2018)第1956号裁决书,裁决A公司支付唐某2015年12月延时加班73小时延时加

① (2018)京02民终10434号。

班工资差额 805.5 元。A 公司不服裁决结果,向法院提起诉讼。

2. 争议焦点

劳动合同未做约定,加班工资该如何计算?

3. 一审法院审理及判决

说理:关于延时加班,双方均认可唐某 2015 年 12 月存在 73 小时延时加班,且 2015 年 A 公司并没有综合工时审批,因此 A 公司应支付延时加班工资,A 公司按当年最低工资标准支付延时加班工资,既没有双方约定,也没有公司制度规定,因此应按唐某月工资标准补足差额,仲裁裁决数额标准,一审法院予以确认。

判决:判决生效之日起 7 日内,A 公司支付唐某 2015 年 12 月延时加班工资差额 805.5 元。

三、案例分析及法理拓展

(一)劳动合同约定加班时劳动报酬与加班费的关系

劳动合同中约定加班,不代表劳动合同中的劳动报酬必然包含加班费,实务中,劳动合同中对加班的约定分为两种情形,第一种明确约定了劳动报酬包含加班费,第二种约定加班但未约定劳动报酬包含加班费。

在案例二中,劳动双方约定了加班也约定了劳动报酬包含加班费。何某与 L 公司劳动合同中约定,"何某工作时间为每日工作 8 小时、每周工作 6 天,每天工作期间用餐时间 1 小时,不计入工作时间;劳动报酬中约定正常工作时间按 2700 元执行,包含加班工资、补贴"。法院在认定劳动报酬是否包含加班费时,不仅考虑了双方当事人的约定,还考虑了劳动报酬是否符合《劳动法》第 44 条延长工作时间劳动报酬的规定。法院结合东莞市每月最低工资标准,计算出原告 2015 年 5 月 1 日前每月工资为 2097.82 元,2015 年 5 月 1 日后每月工资为 2418.14 元,原告的月工资高于上述工资计算标准,且劳动合同中明确约定了加班,以及加班费包括在劳动报酬中,最终法院驳回原告要求被告 L 公司另行支付其加班工资的主张,认为劳动报酬已经包含加班费,该判决符合现行立法的规定。因此,如果劳动约定劳动报酬包括加班费,该约定并不违反现行法的规定,只要双方约定的标准经测算后并没有导致标准工作时间内的工资低于法定最低工资标准,则劳动者无权再另行请求支付加班费。

在案例三中,劳动合同中约定加班但未约定劳动报酬包含加班费,法院最终以基本工资为基数计算加班工资。因为加班是关于工作时间的约定,而加班费是关于加班劳动报酬的约定,二者属于劳动合同中两个不同的条款,因此,如果双方在劳动合同中对加班费未作约定,则视为未约定加班费,合同中的劳动报酬条款仅应视为正常工作时间内的劳动报酬,而加班费则根据该劳动报酬基准,依据法律规定的标准来具体计算。

（二）加班工资的计算基数

《劳动法》第44条规定了用人单位在不同时间段延长工作时间应分别按照150%、200%、300%的标准支付高于劳动者正常工作时间工资的工资报酬。但加班费的计算基数"正常工作时间工资"立法较为模糊。原劳动部《意见》第55条规定，"劳动法第四十四条中的'劳动者正常工作时间工资'是指劳动合同规定的劳动者本人所在工作岗位（职位）相对应的工资"，而《对〈工资支付暂行规定〉有关问题的补充规定》（劳部发〔1995〕226号）规定加班加点的工资为"以劳动合同确定的正常工作时间工资标准的一定倍数所支付的劳动报酬"，在这些规定中，加班工资基数为劳动者与用人单位在劳动合同中约定的工资。然而在实践中，大部分企业以最低工资标准作为加班工资的计算基数，以此来降低用工成本，以至于该标准已经类型化为一种理论上的观点。除此之外，关于加班工资基础的工资如何认定的第三种观点是以除去加班费后的所有工资总额为基数，具体而言就是指在每日工作时间不超过8小时，平均每周工作时间不超过40小时的标准工时制度下，用人单位支付给劳动者的包括计时工资、计件工资、奖金、津贴和补贴、特殊情况下支付的工资等全部项目的劳动报酬。①

本书赞同第三种观点。一方面该观点与现行规定并不矛盾，"劳动合同约定的工资"不应僵化理解为原始合同文本中确定的工资，因为在实践中，劳动者的工资水平可能随时在作调整，而调整后的工资有可能与最初的劳动合同文本中的工资标准并不一致，通常认为，"约定工资"就是劳动关系在执行过程中的当期全部工资。另一方面加班工资的计算基数以"正常劳动所得"来理解，应在劳动者所获工资构成项中具有名目固定性、金额稳定性和时间连续性的特点，同时还是对劳动者本职工作的劳动报酬的体现，不应随意约定。全勤奖是针对正常工作时间的出勤率予以奖励，职工全勤与职工加班是两个方面的考量，全勤奖是奖励，加班费是补偿，两者并无关联，计算加班费不以劳动者全勤为基础，且全勤奖不具有稳定性，人为因素较强，不符合加班费计算基数稳定性特征。

综上所述，加班工资的计算基数应以劳动者正常工作时间内应得的全部工资总额为标准计算，同时以最低工资标准为底线，具有与劳动付出相关联性、名目固定性、金额稳定性以及时间连续性的特点。一方面，从工资表来看，基本工资、交通费、住房补贴是每月比较稳定的收入，属于正常工作应得的工资。另一方面，正常工作应得的工资应排除临时性的工资、社会保障性和带有劳动保护支出性质的补贴和津贴。就劳动保障性而言，如职工死亡丧葬费、医疗费等，不应当归于工资范畴。带有劳动保护的支出是因劳动的危险性，而购买保障用品的支出，不是劳动者劳动付出所得，亦不应当算在工资

① 袁琳：《论加班工资基数之确定问题》，载《中国劳动》2018年第5期。

总额内。

(三)加班工资的计算方法

《劳动法》第44条规定了加班工资的计算标准,即(1)安排劳动者延长工作时间的,支付不低于工资的150%的工资报酬;(2)休息日安排劳动者工作又不能安排补休的,支付不低于工资的200%的工资报酬;(3)法定休假日安排劳动者工作的,支付不低于工资的300%的工资报酬。另外,1994年劳动部办公厅关于印发《关于〈中华人民共和国劳动法〉若干条文的说明》的通知,其中第44条第2款规定了加班工资的计算方式,“实行计时工资的用人单位,指的是用人单位规定的其本人的基本工资,其计算方法是:用月基本工资除以月法定工作天数(23.5天)即得日工资,用日工资除以日工作时间即得小时工资;实行计件工资的用人单位,指的是劳动者在加班加点的工作时间内应得的计件工资。”换而言之,加班工资的折算方式中日工资为月工资收入除以月计薪天数,月计薪天数为(365天-104天)÷12月=21.75天(104天是52个双休日),日工资=月薪÷21.75天,小时工资=日工资÷8小时。算出日薪与时薪后,再分别乘上3倍(法定节假日)或2倍(正常公休),就是当天应得的加班工资。

四、举一反三

小张是某机场的空管调度员,负责机场的日常调度工作,实行的是标准工时制,月薪9000元。2019年春运工作启动后,由于工作需要,领导经征求小张意见后,安排其顶替其他因故不能到岗的调度员,负责2019年春节假期期间的机场调度工作。从2月4日(除夕)当日开始,一直到2月10日(初六),共7天。同时,领导承诺,待春节假期任务结束后,可以安排小张补休2天。7天之中,从初一到初三的这3天,小张每天工作10小时,其余4天执行的仍然是标准工时制,即每天工作8小时。

结合本节内容,分析小张在春节假期期间的加班费应当如何计算。

第二节　加班的法定条件

一、知识背景

延长工作时间,又称加班加点。所谓加班,是指劳动者按照用人单位的要求,在法定节日或公休假日从事生产或工作;所谓加点,是指劳动者按照用人单位的要求,在正常工作日以外继续从事生产或工作。从整体上看我国有关延长工作时间的法律规定,对延长工作时间的态度是限制、防止滥用。我国《劳动法》第43条明确规定“用人单位不得违反本法规定延长劳动者的工作时间”。

我国《劳动法》第41条规定,“用人单位由于生产经营需要,经与工会和劳动者协商后可以延长工作时间”,即用人单位延长工作时间不是随意的,必须符合下列条件、程序:(1)由于生产经营需要。但《劳动法》未明确规定“生产经营需要”的具体情形。实践中,由集体合同约定,或者由用人单位与工会共同确定“生产经营需要”的具体范围。(2)必须与工会协商。用人单位认为需要延长工作时间的,必须把延长工作时间的理由、人数、时间长短等向工会说明,征得工会的同意。(3)必须与劳动者协商。只有在劳动者同意的情况下才可以进行,用人单位不得强迫劳动者延长工作时间。用人单位未与工会和劳动者协商,强迫劳动者延长工作时间的,依法承担法律责任。

《劳动法》第41条规定,用人单位延长工作时间,一般每日不得超过1小时;因特殊原因需要延长工作时间的,在保障劳动者身体健康的条件下延长工作时间每日不得超过3小时,但每月不得超过36小时。《劳动法》第42条规定:“有下列情形之一的,延长工作时间不受本法第四十一条规定的限制:(一)发生自然灾害、事故或者因其他原因,威胁劳动者生命健康和财产安全,需要紧急处理的;(二)生产设备、交通运输线路、公共设施发生故障,影响生产和公众利益,必须及时抢修的;(三)法律、行政法规规定的其他情形。”

二、典型案例

(一)案情简介①

李某于2002年8月21日入职Q公司。2008年5月15日,双方签订劳动合同,约定合同期限为2008年5月15日至2011年5月止,工资为计时工资,试用期满月正常工作时间工资定为1480元。2008年11月21日,Q公司(甲方)与李某(乙方)签订一份《要求自愿加班申请协议书》,约定:鉴于甲方计划扩招保安人员来确保工厂的保安工作合埋化,乙方表示可利用工余时间来加班,赚取多点工作报酬,要求甲方放弃招人计划,要求甲方准许乙方加班,弥补工作上的人员短缺。为此,双方协议如下:一、乙方全体工作人员为甲方的安保工作实行轮班制度。轮班工作时间由乙方安排并报甲方批准备案。二、乙方安排的工作人员在星期六以及节日的加班均按日常正常工作时间计算报酬,星期天的加班计算2倍基本工资。三、乙方星期天工资计算为底薪除以26天之结果。四、本协议有效期为长期。2013年11月25日,Q公司向李某发出辞退通知书,双方于2013年11月25日解除劳动关系。李某因劳动合同纠纷于2013年11月26日向中山市劳动争议仲裁委员会申请仲裁,请求Q公司支付2011年5月至2013年11月休

① (2014)中中法民六终字第357号。

息日加班工资58,915.86元、法定节假日加班工资9164.69元，解除劳动合同的经济补偿金26,103元。2014年1月20日，中山市劳动争议仲裁委员会作出中劳仲案字(2013)4795号仲裁裁决书，裁决Q公司于裁决生效后即支付李某2011年5月1日至2013年11月25日的休息日及法定节假日加班工资差额共60,357.14元。劳动双方不服劳动仲裁的裁决，遂向法院提起诉讼。

（二）争议焦点

《要求自愿加班申请协议书》是否有效？

（三）一审法院审理及判决

说理：2008年11月21日的要求自愿加班申请协议书为长期有效，该协议是Q公司、李某双方对加班工资的自愿协商结果，故应对双方有效。

判决：Q公司于本判决生效之日起3日内向李某支付2011年5月1日至2013年11月25日期间的休息日加班工资差额共19,424元。

（四）二审法院审理及判决

说理：《劳动法》第44条规定："有下列情形之一的，用人单位应当按照下列标准支付高于劳动者正常工作时间工资的工资报酬：……（三）法定休假日安排劳动者工作的，支付不低于工资的百分之三百的工资报酬。"该协议的第2条约定"乙方安排的工作人员在星期六以及节日的加班均按日常正常工作时间计算报酬"，该条违反了上述法律的强制性规定。《劳动合同法》第26条第1款规定："下列劳动合同无效或者部分无效：……（三）违反法律、行政法规强制性规定的……"因此，《要求自愿加班申请协议书》中违反法律强制性规定的部分无效。原审认定《要求自愿加班申请协议书》完全有效不妥，法院对此依法予以纠正。对Q公司认为《要求自愿加班申请协议书》完全有效的主张，法院不予支持。

判决：原审判决认定事实部分有误，但适用法律正确，法院对原审判决认定有误的事实部分依法予以纠正。

三、案例分析及法理拓展

（一）用人单位与劳动者延长工作时间合意的效力

加班需要劳资双方达成合意，但是合意不应违反法律的规定。首先，加班应符合相应的条件，在条件不成立的情况下，劳动者与用人单位对延长工作时间达成的合意无效。《劳动法》第41条规定了一般情况下，只有基于生产经营的需要才能安排劳动者加班，"生产经营需要"是一个模糊概念，实践中诸如来料加工、商业企业在旺季完成收购、运输、加工农副产品的紧急任务等情况都属此列。但正是因为该概念的模糊性，加班的条件在实务中往往极少影响到加班协议的效力。

其次,劳动者与用人单位对延长工作时间协商一致,应遵守法定程序,根据《劳动法》第41条的规定,加班还需与工会进行协商,用人单位应将延长工作时间的理由、人数、时间长短等向工会说明,征得工会的同意。程序上只有同时满足生产经营需要、与劳动者协商、征得工会同意,延长工作时间才符合法律规定的程序要件。

再次,法律对劳动者与用人单位关于延长工作时间协商的内容进行了限制性规定,也即强制性规定,一旦违反将不发生法律效力。主要是延长工作时间的时间长度限制、劳动报酬最低限制、劳动主体限制。时间长度限制在一般每日不得超过1小时;因特殊原因需要延长工作时间的,限制在每日不得超过3小时,且每月不得超过36小时,另外《劳动法》第38条规定,"用人单位应当保证劳动者每周至少休息一日"。法律也规定了不受时间限制的特殊情形,即《劳动法》第42条规定:"有下列情形之一的,延长工作时间不受本法第四十一条规定的限制:(一)发生自然灾害、事故或者因其他原因,威胁劳动者生命健康和财产安全,需要紧急处理的;(二)生产设备、交通运输线路、公共设施发生故障,影响生产和公众利益,必须及时抢修的;(三)法律、行政法规规定的其他情形。"简而言之,这三种情形第一类为突发或紧急情况,第二类为应急处置,第三类为兜底情形。除此之外,延长工作时间劳动报酬在协商中也受最低标准的限制,《劳动法》第44条规定了三种情形的加班工资最低标准:(1)安排劳动者延长工作时间的,支付不低于工资的150%的工资报酬;(2)休息日安排劳动者工作又不能安排补休的,支付不低于工资的200%的工资报酬;(3)法定休假日安排劳动者工作的,支付不低于工资的300%的工资报酬。上述案例中,劳动双方在《要求自愿加班申请协议书》对"乙方安排的工作人员在星期六以及节日的加班均按日常正常工作时间计算报酬"协商一致。但因违反"休息日安排劳动者工作又不能安排补休的,支付不低于工资的百分之二百的工资报酬,以及法定休假且安排劳动者工作的,支付不低于工资部分的百分之三百的工资报酬",法院判决此合意无效符合立法原意。

最后,协商延长工作时间的劳动者范围也受到一定限制。我国有关法律、法规禁止怀孕女工和哺乳未满1周岁婴儿的女职工在正常工作日以外延长工作时间。违反《劳动法》强制性规定,用人单位与以上特殊人群协商延长工作时间的,合意无效。

(二)超出延长工作时间限度约定加班的后果

超出延长工作时间限度约定加班,其后果可以从劳动者和用人单位两个角度来考量。

对劳动者而言,已经完成的加班,仍然有权按照法定标准获得加班工资,因为劳动力的不可逆性特征,约定无效的后果无法恢复到合意之前的状态,劳动者已经付出的劳动,有获得相应的劳动报酬的权利,这也是对劳动者倾斜保护的原则在加班制度上的具体体现。

对于用人单位而言,此行为违反法律强制性规定,协议无效。现实生活中,如果劳动合同中约定超过延长工作时间限度加班,尚未执行的,劳动者无须遵守该加班约定。《劳动法》第90条规定:“用人单位违反本法规定,延长劳动者工作时间的,由劳动行政部门给予警告,责令改正,并可以处以罚款。”同时,由于加班协议违反了法律的强制性规定,属于劳动监察的重要内容,《劳动保障监察条例》第23条规定了对特殊人群违法延长工作时间的处罚标准,“用人单位有下列行为之一的,由劳动保障行政部门责令改正,按照受侵害的劳动者每人1000元以上5000元以下的标准计算,处以罚款……(四)安排怀孕7个月以上的女职工夜班劳动或者延长其工作时间的……(六)安排女职工在哺乳未满1周岁的婴儿期间……延长其工作时间或者安排其夜班劳动的”。同时,该法第25条对违法延长工作时间的处罚作出了一般规定,“用人单位违反劳动保障法律、法规或者规章延长劳动者工作时间的,由劳动保障行政部门给予警告,责令限期改正,并可以按照受侵害的劳动者每人100元以上500元以下的标准计算,处以罚款”。劳动监察机关可以据此,对用人单位进行相应的行政处罚。

(三)“自愿加班”的性质

“自愿加班”一直备受热议,焦点在对“自愿”的理解上。现实生活中自愿加班的原因主要有两类:第一类是劳动者因无法完成单位安排的法定工作时间内的任务而“自愿加班”。一些用人单位清楚知道按《劳动法》规定的程序延长工作时间会大大提高用工的成本,减少经营利润。为降低生产经营成本,于是避延长工作时间而不谈,不与劳动者、工会协商延长工作时间事宜,但通过制定不合理的劳动定额或给劳动者安排不可能在法定工作间内完成的任务,致使大部分劳动者在法定工作时间内不能完成单位的任务。劳动者为完成定额,避免被扣罚工资、奖金,只好“被自愿”加班。第二类是职工为创造更多的经济效益、更好的工作业绩,获得更多的工作报酬、晋升机会而“自愿加班”。如今职场竞争激烈、工作压力较大,一部分有志劳动者为了能取得更好的工作业绩,自愿选择下班后继续工作,这种现象普遍存在。

第一类劳动者无法完成日常工作任务而自愿加班的情形所产生的争议中,首先劳动者需要对加班事实进行初步举证,单位举证证明分配给劳动者的工作任务量是否合理。如果单位分配的工作任务量明显在标准工时制内无法完成,劳动者的“主动”或“自愿”行为非其本意,实为用人单位变相强迫劳动者加班,应认定为加班。如果单位分配的工作任务符合普通劳动者在标准工时制内的工作任务额度,且单位有明确的加班审批流程,劳动者未经过审批流程加班,则不视为加班,不必支付加班工资。以上所说的工作任务量分析,其实质还是在分析是否符合《劳动法》第41条规定的“生产经营需要”,如果用人单位安排的工作任务量明显大于法定工作时间内的工作量,且该超出的工作量又具备关联性、必要性、紧急性,那就符合“生产经营需要”的实质。未经工会、劳动者协商不代表加班事实不存在，只是未按照法定的延长工作时间程序进行，仍应认定为加班，用人单位需要按规定支付加班费。

对于单位没有明确的日常工作任务时劳动者自愿加班的情形，可根据用人单位的态度分为两类：一类是用人单位在明知其加班的情况下接受了加班事实和劳动成果，则应认定为“默示同意”加班（如允许员工打加班卡），或对于员工自愿加班已有支付加班费的先例，①用人单位应支付加班费。“默示同意”加班同样属未按照法定的延长工作时间程序进行，仍符合加班的事实，用人单位享受了劳动者劳动成果，需要按规定支付加班费。目前，大多数劳动密集型企业支付工人的劳动所得，都是采取“计件工资制”。表面上看“做得越多、挣得越多”公平合理，其实变相通过“多劳多得”制度驱使劳动者加班，劳动者为了获得多得收入，“自觉自愿”地廉价加班，针对此类情形，应认定为加班，用人单位应按法律规定支付加班费。另一类情形，用人单位没有明确的日常工作任务要求，不知晓员工自愿加班的事实，且公司制度明确了加班审批流程，劳动者未经过审批流程加班，不视为加班，不必支付加班工资。

四、举一反三

刘某是农村进城务工人员，前往一家肉类加工厂应聘，并表示自愿每天加班。工厂考虑到，本次招工过程中前来应聘的人员太少，招聘计划未能完成。经与本厂的工会协商，得到工会的同意后，工厂同意了刘某的加班要求。双方签订了劳动合同，约定：刘某每周工作五日，每天工作 12 个小时，其中 4 个小时为加点。工厂按照 4 个小时的加点工资，向刘某支付加班费；每月工资 1200。刘某在工厂工作数月之后，由于长期加班，刘某感到身体疲劳，难以继续适应每天 12 个小时的工作量，于是某日向工厂提出，从即日起，刘某不再加点。工厂因为岗位定员，如果刘某不再加点，会导致工厂内部岗位缺员，影响工厂的整体运营，工厂还认为，刘某加班属于自愿，并且双方签订的劳动合同之中对此早有约定，于是不同意刘某的要求。双方为此发生纠纷，刘某向劳动争议仲裁委委员申请劳动仲裁。

结合本节内容分析劳动争议仲裁委员会是否应支持刘某的请求？

---

① 夏桂颖、杨春岭、王鹤霖等：《HR 专项法律顾问实务操作与案例精解》，中国法制出版社 2014 年版，第 237 页。

第三节 工资约定不明时劳动者工资报酬的确定

一、知识背景

(一)工资

工资指用人单位或者雇主依据法律规定、行业规定或与员工之间的约定,以货币形式向劳动者支付的劳动报酬。工资是劳动基准的重要内容,是保证劳动者的基本生存权益的重要手段,同时也是维系劳动者家庭生活的重要来源和物质条件。

工资具有四个特征:(1)工资是基于劳动关系所取得的劳动报酬。劳动者因从事承揽、委托、运输、个体劳动等民事活动取得的劳动报酬不是劳动法意义上的工资,不受劳动法调整。(2)工资权是劳动者让渡劳动力支配权而取得的一项权利。劳动者一方只要在用人单位的指挥下按照规定完成一定的工作量,劳动者就有权要求取得工资。(3)工资量的确定应当主要以集体合同、劳动合同等事前约定为依据。集体合同和劳动合同的约定,不得和国家的规定相抵触。另外《劳动法》第46条规定工资分配应当遵循按劳分配原则,实行同工同酬。(4)工资必须以法定货币形式支付。

工资形式,即计量劳动和支付工资的形式。我国现行的工资形式主要有计时、计件两种基本形式,另外在一定范围内实行年薪制。计时工资指按照单位时间工资率(计时工资标准)和工作时间支付劳动者个人的劳动报酬。计时工资可以分为月工资制、日工资制和小时工资制三种。计件工资指按照劳动者完成的合格产品的数量和预先规定的计件单位计算的劳动报酬,这是用一定时间内的劳动成果来计算的工资,即用间接劳动时间来计算,因此是计时工资的转化形式。年薪则是指对符合一定条件的劳动者实行以一个账务年度为核算工资依据计发劳动报酬的工资形式。

工资的构成即工资总额由几部分相互联系的内容组成。《劳动法》第47条规定:“用人单位根据单位的生产经营特点和经济效益,依法自主确定本单位的工资分配方式和工资水平。”《国家统计局关于工资总额组成的规定》第4条明确列举了构成工资总额的项目,有计时工资、计件工资、奖金、津贴和补贴、加班加点工资、特殊情况下支付的工资。具体来说:(1)基本工资,指劳动者与用人单位在劳动合同中约定的与工作岗位相适应的相对固定的工资单位。(2)奖金,指用人单位支付给劳动者的超额劳动报酬或相关非基本工资核算要素的报酬,是辅助工资的构成内容之一,包括生产奖、劳动竞赛奖、全勤奖等。(3)津贴,指补偿劳动者在特殊条件下的额外劳动消耗和生活费额外支出的工资补充形式。津贴的具体作用主要表现在三个方面:一是补偿作用,即对劳动者因特殊劳动的额外劳动消耗给予补偿;二是调节作用,即协调劳动力资源合理的社会布局;三是激励作用,即鼓励职工专研技术、努力工作。(4)补贴,补贴是工资构成中较固定和稳定的单元,一般是针对特定条件下因物价变动影响而对劳动者所做的临时性工资补助,其目的是保证劳动者生活水平免受较大的冲击。(5)加班加点工资,是指按照规定支付的加班工资和加点工资。(6)特殊情况下支付的工资,包括根据国家法律、法规和政策规定,因病、工伤、产假、计划生育假、婚丧假、事假、探亲假、定期休假、停工学习、执行国家或社会义务等原因按计时工资标准或计件工资标准的一定比例支付的工资以及附加工资、保留工资。

(二)劳动报酬

劳动报酬是比工资更广泛的一个概念,劳动法上的劳动报酬是劳动者按照劳动合同约定向用人单位提供了合格的劳动之后,用人单位支付给劳动者的一种对价。

用人单位在生产过程中支付给劳动者的全部报酬包括三个部分:一是货币工资,用人单位以货币形式直接支付给劳动者的各种工资、奖金、津贴、补贴等;二是实物报酬,即用人单位以免费或低于成本价提供给劳动者的各种物品和服务等;三是社会保险,指用人单位为劳动者直接向政府和保险部门支付的失业、养老、人身、医疗、家庭财产等保险金。严格意义上说,劳动报酬并不等同于工资,工资是劳动报酬的一部分,劳动报酬的范围远比工资大。

二、典型案例

(一)案例一

1. 案情简介①

2014 年 1 月,林某入职 D 公司工作。双方劳动关系存续期间,林某与 D 公司分别签订了期限自 2014 年 3 月 1 日起至 2015 年 4 月 1 日、2016 年 4 月 9 日起至 2017 年 4 月 8 日止的《球童协议书》。约定林某工资分为 ABCD 级四个档次,每月由 D 公司依据林某的综合表现进行评级定档发放工资。2016 年 6 月 25 日,D 公司向林某出具《解除劳动合同通知书》称:你于 2016 年 4 月 9 日与公司签订 1 年期限(2016 年 4 月 9 日至 2017 年 4 月 8 日)的《球童协议书》,工作岗位球童,在本单位工作年限 3 年。现因海口市政府责令球场退出,由公司提出解除劳动合同,经双方协商一致,公司决定与你于 2016 年 6 月 30 日解除(终止)劳动合同。2016 年 7 月 7 日,D 公司向林某支付解除劳动合同经济补偿 5720 元。林某确认已收到该款。D 公司《球童工资表》显示,2014 年 1 月至 12 月期间,林某有 12 个月的工资低于 1120 元的最低工资标准,月平均工资为 943

① (2019)琼 01 民终 3322 号。

元;2015 年 1 月至 2016 年 4 月,林某有 15 个月的工资低于 1270 元的最低工资标准,月平均工资 1040 元;2016 年 5 月至 6 月,林某有 2 个月的工资低于 1430 元的最低工资标准,月平均为 678 元。林某于 2017 年 10 月 12 日向省劳动人事争议仲裁委员会申请仲裁,请求确认林某与 D 公司于 2013 年 1 月至 2016 年 6 月 30 日存在劳动关系,裁决 D 公司向林某支付未足额发放工资 7800 元。D 公司不服,向一审法院起诉,请求判令 D 公司不向林某支付最低工资差额 7078 元。

2. 争议焦点

D 公司是否应向林某支付最低工资差额?

3. 一审法院审理及判决

说理:因 D 公司自 2014 年 1 月至 2016 年 6 月向林某支付的劳动报酬部分未达到规定的市最低月工资标准,共计最低工资差额 7078 元。根据《劳动法》第 48 条的规定,D 公司应向林某支付最低工资差额 7078 元。D 公司主张不向林某支付最低工资差额,没有事实和法律依据,一审法院不予支持。

判决:限 D 公司于本判决发生法律效力之日起 10 日内,向林某支付最低工资差额 7078 元。

4. 二审法院审理及判决

说理:《劳动法》第 48 条规定:"国家实行最低工资保障制度。最低工资的具体标准由省、自治区、直辖市人民政府规定,报国务院备案。用人单位支付劳动者的工资不得低于当地最低工资标准。"因此 D 公司与林某所约定的劳动报酬不能低于当地最低工资标准,D 公司主张单位实行综合计算工时工作制,不应受最低工资标准限制,故不应向林某支付工资差额,于法无据,法院不予采纳。

判决:限上诉人 D 公司于本判决生效之日起 10 日内向被上诉人林某支付最低工资差额 7078 元。

(二)案例二

1. 案情简介①

李某 2014 年 3 月进入吐鲁番市 H 公司工作,月工资标准 3800 元,H 公司一直未与李某签订书面劳动合同。2015 年 11 月 17 日李某工作中被烧伤,后被送往中国石油天然气运输公司职工医院进行救治。李某受伤后,H 公司仅支付了李某在中国石油天然气运输公司职工医院的医疗费,李某与 H 公司因工伤待遇多次协商未果,2017 年李某向吐鲁番市高昌区劳动人事争议仲裁委员会申请仲裁,李某对该仲裁裁决不服,向法院提起了诉讼,其中请求支付原告解除劳动合同经济补偿金 22,296 元(5574 元 ×4 个

① (2018)新 2101 民初 332 号。

月),未签合同两倍工资 45,348 元(3800 元 ×9 个月 +5574 元 ×2 个月)。(备注:5574 元/月为 2016 年度吐鲁番地区社平工资,李某于 2014 年 3 月到 H 公司上班,前期从事机修工作,月工资 3800 元,2014 年年底转岗为化产班班长,月工资增加到 5500 元左右。)

2. 争议焦点

H 公司是否应支付李某解除劳动合同经济补偿金及未签书面合同双倍工资?应支付多少?

3. 一审法院审理及判决

说理:关于解除劳动合同经济补偿金的问题。原告李某入职被告 H 公司的期间为 2014 年 3 月至 2017 年 12 月,根据《劳动合同法》第 47 条、第 48 条的规定,主张经济补偿金 22,296 元(5574 元月 ×4 个月),法院予以支持。关于未签书面合同双倍工资的问题。原告诉称 2014 年 3 月入职被告公司,被告亦予以认可,其辩称与原告签订过劳动合同,目前已遗失,无法向法院举证证明其主张,法院认为,被告应当承担举证不能的不利后果,原告要求被告公司支付未签书面劳动合同双倍工资与经济补偿金的主张,合法有据,法院予以支持。根据《劳动合同法》第 82 条的规定,被告应当向原告支付 11 个月的未签书面合同双倍工资,即 41,800 元(3800 元 ×11 个月),法院予以支持。

判决:被告 H 公司于本判决生效之日起 10 日内向原告李某支付解除劳动合同经济补偿金 22,296 元、未签合同双倍工资 41,800 元等合计 64,096 元。

(三)案例三

1. 案情简介①

2012 年 3 月 1 日,陈某与 R 公司签订劳动合同,合同期限从 2012 年 3 月 1 日至 2014 年 2 月 28 日。2014 年 3 月 1 日,双方再次签订劳动合同,合同期限从 2014 年 3 月 1 日至 2022 年 2 月 28 日,工作岗位为业务员,劳动报酬按《劳动合同制销售人员基本法》规定的薪酬办法确定。2017 年 10 月起,R 公司按 800 元/月(实发)的标准向陈某发放工资至 2018 年 10 月。2018 年 5 月,陈某向宁乡市劳动人事争议仲裁委员会(以下简称宁乡仲裁委)申请劳动仲裁,要求确认陈某、R 公司之间从 2007 年 10 月起与 R 公司建立劳动关系并要求 R 公司支付违法解除劳动合同的经济补偿金 109,200 元、赔偿金 81,270 元等。2018 年 10 月 18 日,宁乡仲裁委作出宁劳人仲案字(2018)363 号裁决书,裁决陈某与 R 公司从 2012 年 3 月起至今成立劳动合同关系、R 公司补发陈某工资 3328 元、驳回陈某的其他请求。陈某对该裁决不服,向一审法院提起诉讼,请求法院判决解除 R 公司、陈某的劳动关系,判决 R 公司向陈某支付经济补偿金 63,700 元,判决 R 公司

---

① (2019)湘 01 民终 5857 号。

向陈某支付少发的产假工资32,926元、2017年10月至2018年5月的工资72,800元、赔偿金105,726元。

另查明,(1)陈某2016年1月至2016年6月的月平均工资(应发)为10,187.53元;(2)2016年9月至2017年8月,陈某的月平均工资(应发)为9888.07元;(3)2018年5月,陈某申请仲裁后,未再到R公司上班。

2. 争议焦点

陈某主张的2017年9月至2018年5月工资及经济补偿金应否得到支持?

3. 一审法院审理及判决

说理:关于2017年9月至2018年5月工资,劳动合同应当就劳动报酬进行约定,劳动报酬为劳动合同的必备条款。本案中,陈某、R公司签订的劳动合同就劳动报酬部分约定为按《劳动合同制销售人员基本法》规定的薪酬办法确定,该《劳动合同制销售人员基本法》属于涉及劳动者切身利益的规章制度,但R公司未举证证实该制度系经过民主程序制定并向劳动者公示或告知,对劳动者不具有约束力,故一审法院认为陈某、R公司在劳动合同中就劳动报酬约定不明,R公司从2017年10月起按800元/月向陈某发放工资无事实依据。综合考虑陈某2017年10月之前的工资标准及2017年10月后的工作状态,一审法院酌情以2017年度湖南省在岗职工平均工资5500元/月作为计算陈某2017年10月至离职期间的工资标准。陈某于2018年5月提起劳动仲裁后未再到R公司上班,应当认定陈某、R公司之间的劳动关系于2018年5月解除,故R公司应补发陈某2017年10月至2018年5月的工资32,900元(4700元/月×7月),其余部分一审法院依法不予支持。

关于陈某主张的经济补偿金,本案中,R公司从2017年9月起未足额向陈某发放工资,陈某可以解除劳动合同,并有权要求R公司按照其工作年限和离职前的工资标准支付经济补偿金。陈某于2018年5月离职,在R公司的工作期限为6年2个月。关于陈某离职前12个月的平均工资,因从2017年9月起,R公司未正常发放陈某工资,故一审法院以陈某2016年9月至2017年8月的月平均工资9888.07元为参考认定陈某离职前的12个月平均工资。R公司应当支付陈某的经济补偿金为64,272.46元(9888.07元/月×6.5月)。扣除R公司已向陈某支付的2018年6月至10月的工资4000元(800元/月×5月)后,R公司尚应支付陈某经济补偿金60,272.46元。

判决:R公司在本判决书生效之日起5日内支付陈某工资32,900元,经济补偿金60,272.46元。

4. 二审法院审理及判决

说理:关于2017年9月至2018年5月工资,从本案证据显示,R公司的薪酬制度包含基本工资+绩效工资+误餐补贴、过节费、防暑费防寒费等福利待遇,且基本工资同时随同个人绩效浮动。R 公司与陈某发生争议后,2017 年 9 月至 2018 年 5 月对陈某月基本工资调整为 717.13 元、876.22 元、755.62 元、810 元、759.8 元等 5 个标准,对此调整的原则和依据 R 公司没有提供充分的证据材料予以证明。陈某与 R 公司双方均认可:陈某 2016 年 9 月至 2017 年 8 月平均工资 9888.07 元中,包括了平均每月绩效工资 8343.01 元和基本工资、误餐补贴、过节费、防暑费防寒费等平均每月 1545.06 元。对于陈某 2017 年 9 月至 2018 年 5 月基本工资等待遇,R 公司应当按照双方认可的陈某 2016 年 9 月至 2017 年 5 月平均工资中的基本工资、福利待遇标准即每月 1545.06 元予以发放,其应当发放金额为 13,905.54 元(1545.06 元 ×9 个月)。R 公司已经支付陈某 6825.78 元,尚欠付陈某 7079.76 元。一审法院"酌情以 2017 年度湖南省在岗职工平均工资 5500 元/月作为计算陈某 2017 年 10 月至离职期间的工资标准"不当,法院予以纠正。

关于陈某主张的经济补偿金,根据法律的规定,计算陈某经济补偿金的标准为 2017 年 6 月至 2018 年 5 月间 12 个月的平均应发工资,但陈某对上述时间内 2017 年 10 月后的工资双方已经产生争议,2017 年 10 月之后的工资标准不能作为陈某的经济补偿金计算标准。鉴于陈某对 R 公司发放的 2017 年 6 月 3622.62 元、7 月 8803.28 元、8 月 4481.91 元没有争议,且结合 R 公司 2018 年 4 月补发陈某 2017 年 9 月绩效工资 7501 元和认定的陈某 2017 年 9 月基本工资和福利待遇 1545.06 元的情况,陈某上述 4 个月工资总额为 25,953.87 元,平均 6488.46 元/月。法院酌情以此为标准计算 R 公司应当支付陈某的经济补偿,即 42,174.99 元(6488.46 元/月 ×6.5 月)。R 公司此项上诉理由部分成立,法院予以采信。一审法院以"陈某 2016 年 9 月至 2017 年 8 月的月平均工资 9888.07 元为参考认定陈某离职前的 12 个月平均工资"不当,法院予以纠正。

判决:R 公司湖南省分公司在本判决生效之日起 5 日内支付陈某工资 7079.76 元;R 公司湖南省分公司在本判决生效之日起 5 日内支付陈某经济补偿金 42,174.99 元。

三、案例分析及法理拓展

(一)无约定时确定劳动报酬的标准?

《劳动合同法》第 18 条对于用人单位与劳动者双方就劳动报酬和劳动条件等约定不明的情形作出了明确的规定。按照该条的规定,因为劳动合同对劳动报酬和劳动条件等标准约定不明确引发争议的,可以通过以下几个方法或者步骤来确定:第一步,重新协商。用人单位与劳动者可以重新进行协商,充分尊重当事人之间的意思自治。第二步,协商不成看集体合同。对于协商不成的,要看有没有集体合同,或者集体合同之中对此有没有作出规定,如果有的话,就适用集体合同的规定,集体合同是企业职工一方与用人单位通过平等协商,就劳动报酬、工作时间、休息休假、劳动安全卫生、保险福利等事项订立的协议。第三步,如果没有集体合同或者集体合同未规定劳动报酬的,实行同工同酬,也就是比照同类型同级别的其他工作岗位的标准来确定劳动者的报酬。就算不能证明同工同酬的具体标准,用人单位也应当根据本地最低工资标准向劳动者支付工资。

综上可见,第一,用人单位不得低于当地最低工资标准向劳动者支付工资报酬。无论劳动合同明确约定了工资,还是约定了工资报酬的计算方式,用人单位以货币形式实际支付的工资报酬均不能突破最低工资标准的底线要求,集体合同也不例外。《劳动合同法》第55条规定:“集体合同中劳动报酬和劳动条件等标准不得低于当地人民政府规定的最低标准;用人单位与劳动者订立的劳动合同中劳动报酬和劳动条件等标准不得低于集体合同规定的标准。”上述案例一中,林某与D公司未明确约定劳动报酬,D公司向林某支付的劳动报酬部分未达到规定的海口市最低月工资标准,共计与最低工资差额为7078元,林某请求支付差额得到了一审、二审法院的支持。第二,对于合同约定工资报酬不明的处理,可以按照协商优先的原则进行处理,协商不成的,才可以适用集体合同、同工同酬的原则加以确定。第三,劳动者在遭遇用人单位低于最低工资标准支付工资报酬的情况时,除了申请劳动仲裁和提起诉讼之外,还可以采取向劳动行政部门投诉举报,请求劳动行政部分责令用人单位及时支付差额。

(二)作为其他给付义务计算基数的“工资”的范围

计算基数的“工资”的范围不是固定的,如计算经济补偿金、未签合同二倍工资、竞业限制补偿金时,其范围有所不同。

1.“工资”范围的一般规定。原劳动部《意见》第53条规定劳动法中的“工资”,一般包括计时工资、计件工资、奖金、津贴和补贴、延长工作时间的工资报酬以及特殊情况下支付的工资等。《国家统计局关于工资总额组成的规定》第4条明确列举的工资总额项目同上面范围一致。因此没有特殊规定,通常所称“工资”范围应以此为准。但计算基数的“工资”的范围不是固定的,如计算经济补偿金、未签合同二倍工资、竞业限制补偿金时,其范围有所不同。

2.作为计算经济补偿金基数的“工资”范围。《劳动合同法》第47条规定,“本条所称月工资是指劳动者在劳动合同解除或者终止前十二个月的平均工资”。同时《劳动合同法实施条例》第27条规定,“劳动合同法第四十七条规定的经济补偿的月工资按照劳动者应得工资计算,包括计时工资或者计件工资以及奖金、津贴和补贴等货币性收入。劳动者在劳动合同解除或者终止前12个月的平均工资低于当地最低工资标准的,按照当地最低工资标准计算。劳动者工作不满12个月的,按照实际工作的月数计算平均工资”。由此可知,在计算经济补偿金时,“工资”的范围为计时工资或者计件工资以及奖金、津贴和补贴等货币性收入,而计算基数为劳动者在劳动合同解除或者终止前12个月的平均工资。

在案例二中,法院在计算经济补偿金基数时,将劳动合同解除或者终止前12个月的平均工资理解为当地的平均工资,而非劳动者本身的平均工资,不符合法律的规定。而案例三中,法院在计算"平均工资"时,法院认为作为计算基数的"平均工资"包括劳动者的绩效工资、基本工资、误餐补贴、过节费、防暑费防寒费等,也即应得工资。该种理解经济补偿金基数的范围符合现行法的规定。总体而言,在计算经济补偿金时,作为计算基数的"工资"应符合以下要求:(1)应以劳动者在劳动合同解除或者终止前12个月的平均工资作为计算依据,其中的工资包括绩效工资、基本工资、误餐补贴、过节费、防暑费防寒费等应得货币性收入。(2)当劳动者在劳动合同解除或者终止前12个月的平均工资低于当地最低工资标准的,按照当地最低工资标准计算,而不是以当地前12个月的平均工资作为计算基数。(3)当劳动者工作不满12个月时,按照劳动者实际工作的月数计算平均工资。案例三就仅以2017年6月、7月、8月、9月的平均工资计算R公司应当支付陈某的经济补偿。

3. 作为计算未签合同情况下的二倍工资基数。《劳动合同法》第82条规定用人单位自用工之日起超过1个月不满1年未与劳动者订立书面劳动合同的,应当向劳动者每月支付二倍的工资。此处"工资",理论界存在不同的说法,有基本工资说、工资总额说。基本工资说认为以基本工资作为计算基准较为适宜,其理由是,基本工资具有主干性、常规性和基准性,①例如广州市中级人民法院认为用人单位未按法规规定签订书面劳动合同而每月支付二倍工资的,以标准工资作为计算基数。② 工资总额说认为,若适用二倍工资时仅为基本工资,不仅此条款的意义不大,对单位的威慑力亦不明显,同时,也无法真正保护劳动者的利益。故主张二倍工资应以一倍工资为基数,包含全部工资,③例如北京市高级人民法院认为用人单位应当向劳动者支付的二倍工资,其计算基数应以相对应的月份的应得工资为准。④

有学者认为,二倍工资具有惩罚性赔偿的性质,并不是劳动报酬,立法者设立的目的是对用人单位不及时与劳动者签订书面劳动合同的一种惩罚性赔偿,用人单位应承担法律责任。因此工资总额说主张二倍工资应以一倍工资为基数,包含全部工资,这更

---

① 张沛儒:《论二倍工资的若干法律问题》,载《中国劳动》2011年第4期。

② 《广州市中级人民法院关于审理劳动争议案件的参考意见》中规定,"用人单位未按法规规定签订书面劳动合同而每月支付双倍工资的,以标准工资作为计算基数"。但不包括以下两项:(1)支付周期超过1个月的劳动报酬,如季度奖、半年奖、年终奖、年底双薪以及按照季度、半年、年结算的业务提成等;(2)未确定支付周期的劳动报酬,如一次性的奖金,特殊情况下支付的津贴、补贴等。

③ 杨晓慧:《劳动合同法中"二倍工资"法律适用研究》,载《时代金融》2015年第18期。

④ 《北京市高级人民法院关于劳动争议案件法律适用问题研讨会会议纪要》中规定,用人单位应当向劳动者支付的双倍工资,其计算基数应以相对应的月份的应得工资为准。

能对单位起威慑作用,同时也真正保护劳动者的利益,能有效督促劳动者及时维权,且能有效地防止对“在自己权利上睡觉”的当事人的过度保护,实现立法的目的。① 本书赞同该种观点。

4. 作为计算竞业限制补偿金基数的“工资”范围。《劳动法司法解释(四)》第 6 条第 1 款规定了当事人在劳动合同或者保密协议中约定了竞业限制,但未约定解除或者终止劳动合同后给予劳动者经济补偿的情形,如果劳动者履行了竞业限制义务,有权要求用人单位按照劳动者在劳动合同解除或者终止前 12 个月平均工资的 30% 按月支付经济补偿。另外,如以上平均工资的 30% 低于劳动合同履行地最低工资标准的,应按照劳动合同履行地最低工资标准支付。根据此条规定,可以将竞业限制赔偿金的基数“工资”分为两类:一类是按照竞业限制协议中的约定向该员工支付补偿费;另一类是没有约定,以劳动者在劳动合同解除或者终止前 12 个月平均工资的 30% 按月支付经济补偿,且不低于劳动合同履行地最低工资标准。

由于我国法律并未明确规定竞业限制补偿标准,实践中难以确定一个合理的标准。《上海市高级人民法院关于适用〈中华人民共和国劳动合同法〉若干问题的意见》(沪高法〔2009〕73 号)第 13 条规定,基于当事人就竞业限制有一致的意思表示,补偿金数额不明的,双方可以继续就补偿金的标准进行协商;协商不能达成一致的,用人单位应当按照劳动者此前正常工资的 20% ~50% 支付。协商不能达成一致的,限制期最长不得超过两年。此处以约定优先,协商不成则以此前正常工资为基数,正常工资不包括延长工作时间的工资、津贴或者补贴等。《浙江省技术秘密保护办法》第 15 条规定:“竞业限制补偿费的标准由权利人与相关人员协商确定。没有确定的,年度补偿费按合同终止前最后一个年度该相关人员从权利人处所获得报酬总额的三分之二计算。”此处同样以约定优先,没有约定的,以最后一个年度该相关人员从权利人处所获得报酬总额为竞业限制补偿金的计算基数。

另外,此处报酬总额包括劳动者所有应得报酬,比上海市高级人民法院规定的正常工资范围要大。银川市对劳动双方关于竞业限制补偿金的约定也作了最低限制,其规定,约定经济补偿的数额明显过低、不足以维持劳动者在当地的最低生活标准的,属于《劳动合同法》第 26 条第 2 项规定的“用人单位免除自己的法定责任、排除劳动者权利的”情形,该竞业限制条款不具约束力。这是防止用人单位以借约定优先来损害劳动者的利益。因此竞业限制补偿金的基数“工资”范围相较于前面几类“工资”基数而言更为多样化,存在平均工资说、正常工资说、报酬总额说等,目前相对统一的观点是以劳动

---

① 邱婕、王龘祎:《〈劳动合同法〉十周年回顾系列之一〈劳动合同法〉之“二倍工资”研究》,载《中国劳动》2018 年第 1 期。

者与用人单位之间的约定优先,实践中亦有不同的认定方式。

四、举一反三

2010 年 7 月,王某进入某公司从事产品销售工作,双方签订了为期 2 年的劳动合同,约定公司按照王某完成产品销售的指标业绩以及销售款按时到账的情况,按考核周期兑现每月工资;如果超额完成,王某还可以提取超额奖。王某由于刚开始从事产品销售工作,没有工作经验,半年时间当中销售业绩平平。于是,公司每个月只发给王某 800 元的工资。王某了解到,本市的最低工资标准为 1100 元。于是王某向公司提出要求,按照最低工资标准补足其工资差额。公司不予理会,王某申请了劳动仲裁,要求公司按照最低工资标准对其补足工资差额。公司认为,双方已经约定,按照王某完成产品销售指标、业绩以及销售款到账情况,计算王某的工资报酬。由于王某自己的业绩差,公司每月发给王某 800 元,已经是足额支付工资。公司不同意按照最低工资标准再支付其工资差额。仲裁委裁决支持了王某的仲裁请求。公司不服,起诉至法院。

结合本节内容,分析以下问题:

1. 如果劳动合同中工资报酬有约定,王某该怎样主张权利?

2. 王某要求公司按照最低工资标准补足其工资差额能否得到支持?

第四节　综合计算工时制与不定时工时制的比较

一、知识背景

非标准工作制指不同于标准工作制的其他工作时间制度,具体包括缩短工时制、不定时工时制、综合计算工时制等。综合计算工时制是指因为工作性质特殊,需连续作业或者受到季节、自然条件限制的企业部分职工,采用的以周、月、季、年等为周期,综合计算工作时间的一种工时制度。不定时工时制是指每一工作日没有固定的上下班时间限制的工作时间制度,是针对因生产特点、工作特殊需要或职责范围的关系,无法按标准工作时间衡量或是需要机动作业的职工所采用的一种工时制度。

(一)综合计算工时制

根据原劳动部《关于职工工作时间有关问题的复函》第 5 条、第 6 条、第 7 条的规定,综合工时制有以下特点:第一,一般以月、季、年为周期综合计算工作时间;第二,在综合计算周期内,某一具体日(或周)的实际工作时间可以超过 8 小时(或 40 小时),但综合计算周期内的总实际工作时间不能超过总法定标准工作时间;第三,整个综合计算周期内的实际工作时间总数不超过该周期的法定标准工作时间总数,只是该综合计算周期内的某一具体日(或周、或月、或季)超过法定标准工作时间,其超过部分不应视为延长工作时间;第四,企业对符合下列条件之一的职工,可实行综合计算工时工作制:(1)交通、铁路、邮电、水运、航空、渔业等行业中因工作性质特殊,需连续作业的职工;(2)地质及资源勘探、建筑、制盐、制糖、旅游等受季节和自然条件限制的行业的部分职工;(3)其他适合实行综合计算工时工作制的职工。

(二)不定时工时制

根据原劳动部《意见》第 67 条,《劳动部关于职工工作时间有关问题的复函》第 8 条以及劳动部《工资支付暂行规定》第 13 条规定,不定时工时制度有以下特点:第一,经批准实行不定时工作制的职工,不受《劳动法》第 41 条规定的日延长工作时间标准和月延长工作时间标准的限制;第二,实行不定时工作制的职工,用人单位应采取适当的休息方式,确保职工的休息休假权利和生产工作任务的完成;第三,实行不定时工作制,除法定节假日工作外,其他时间工作不算加班;第四,企业对符合下列条件之一的职工,可以实行不定时工作制:(1)企业中的高级管理人员、外勤人员、推销人员、部分值班人员和其他因工作无法按标准工作时间衡量的职工;(2)企业中的长途运输人员、出租汽车司机和铁路、港口、仓库的部分装卸人员以及因工作性质特殊,需机动作业的职工;(3)其他因生产特点、工作特殊需要或职责范围的关系,适合实行不定时工作制的职工。

二、典型案例①

(一)案情简介

粟某 2011 年 6 月入职 H 混凝土有限公司(以下简称 H 公司),双方于 2014 年 7 月 1 日签订期限自 2014 年 7 月 1 日至 2017 年 6 月 30 日的固定期限劳动合同。H 公司与粟某签订的劳动合同中约定,粟某的岗位实行综合计算工时制度,每日实行两班倒,每班 12 小时。粟某的岗位是 H 公司搅拌车司机。另查明,2010 年 1 月 13 日,南宁市劳动和社会保障局对 H 公司申请实行综合计算工时工作制予以行政许可。2011 年 7 月 21 日、2012 年 8 月 16 日、2013 年 8 月 9 日,广西壮族自治区人力资源和社会保障厅三次对 H 公司实行 1 年期的综合计算工时工作制予以行政许可。H 公司未提交时间更早的许可决定书。

粟某出勤情况:2011 年出勤 182 日;2012 年出勤 329 日;2013 年出勤 286 日;2014 年出勤 268.5 日;2015 年出勤 149.5 日。2011 年 6 月至 2015 年 7 月,粟某总共出勤 1215 日。

---

① (2016)桂 0105 民初 450 号。

粟某的工资情况：2011 年应发工资总额：13, 350. 3 元；2012 年应发工资总额：26, 250. 02 元；2013 年应发工资总额：35, 595. 71 元；2014 年应发工资总额：27, 127. 93 元；2015 年应发工资总额：12, 986. 19 元。

粟某的劳动争议仲裁请求：要求 H 公司支付 2011 年 6 月至 2015 年 7 月的延时加班工资 90, 000 元，休息日加班工资 143, 448 元，法定休假日加班工资 22, 758 元。南劳人仲裁字（2015）第 2162 号《仲裁裁决书》的裁决结果：H 公司向粟某支付 2011 年 6 月至 2015 年 7 月的延时加班工资人民币 50, 068. 8 元，支付 2015 年 6 月 20 日端午节加班工资 344. 8 元，对粟某的其他仲裁请求，不予支持。粟某对裁决不服向法院提起诉讼，请求 H 公司支付：2011 年 6 月至 2015 年 7 月的延时加班工资 90, 000 元，休息日加班工资 143, 448 元，法定休假日加班工资 22, 758 元。

（二）争议焦点

劳动者主张的工作日延长工作时间的加班工资是否成立？休息日加班工资和法定休假日加班工资是否成立？如何计算？

（三）一审法院审理及判决

说理：根据原劳动部《关于企业实行不定时工作制和综合计算工时工作制的审批办法》的规定，用人单位实行不定时工作制和综合计算工时工作制的，须经劳动行政部门批准。H 公司实行综合计算工时工作制，已经过南宁市、广西壮族自治区两级劳动行政部门行政许可，符合法律规定。粟某作为搅拌车司机实行以季度为周期的综合计算工时工作制，每年工作时间合计应不超过 2000 小时，超过部分为延长工作时间。

根据双方的合同约定和实际履行情况，粟某日常工作实行两班倒，每班 12 小时，但这并不意味粟某在 12 小时内每分每秒均在岗位上工作。通过听取双方当事人对劳动者实际提供劳动情况的陈述后，法院认为，劳动者实际上享有合理的间隙休息及就餐时间，应酌情认定粟某每班合理的休息时间为 2 小时，每班的正常工作时间为 10 小时。据此，2011 年 6 月至 2015 年 7 月，出勤日工作时长 = 法定工作时间 + 加点时间。根据《劳动法》第 44 条规定。H 公司在法定休假日安排粟某工作的，应当按照 300% 的标准，向粟某支付法定休假日的加班工资；其余时间，根据综合工时制的行政许可中的计算方法，在法定休假日之外延长粟某工作时间的，应当按照 150% 的标准，向粟某支付加班工资。据此，H 公司应向粟某支付 2011 年 6 月至 2015 年 7 月延长工作时间加班工资合理数额计 74, 799 元［（13, 350. 3 元 ÷ 1167 小时 × 653 小时 + 26, 250. 02 元 ÷ 2000 小时 × 1250 小时 + 35, 595. 71 元 ÷ 2000 小时 × 790 小时 + 27, 127. 93 元 ÷ 2000 小时 × 635 小时 + 12, 986. 19 元 ÷ 1167 小时 × 298 小时）× 150%］。2011 年 6 月至 2015 年 7 月，H 公司安排粟某在法定休假日工作总共 19 日，折合 190 小时，应向粟某支付法定休假日加班工资 8348. 66 元［（26, 250. 02 元 ÷ 2000 小时 × 40 小时 + 35, 595. 71 元 ÷ 2000 小时×70 小时+27,127.93 元÷2000 小时×50 小时+12,986.19 元÷1167 小时×30 小时)×300%]。

判决:被告H公司向原告粟某支付延长工作时间的加班工资74,799元;被告H公司向原告粟某支付法定休假日的加班工资6252.2元。

三、案例分析及法理拓展

(一)综合计算工时制与不定时工时制的异同

综合计算工时制与不定时工时制的相同点有以下几个方面:

第一,实行条件相同。综合计算工时工作制和不定时工作制都属于非标准工时制度,应当按照特殊工时制度进行审批,企业结合自身的实际情况,在符合规定条件的情况下,可以向劳动行政部门提出申请,经过批准后才可以实行非标准工时制。审批办法、审批机关和企业报批时应当提供的相关资料与实行不定时工作制相同,中央直属企业须经国务院行业主管部门和劳动行政部门的审核批准,地方企业应当根据当地相关规定,确认是否需要向当地人力资源和社会保障局提出申请,并获得批准。值得注意的是,在审批综合计算工时工作制过程中应要求企业做到以下两点:(1)企业实行综合计算工时工作制以及在实行综合计算工时工作制中采取何种工作方式,一定要与工会和劳动者协商;(2)对于第三级及其以上体力劳动强度的工作岗位,劳动者每日连续工作时间不得超过11小时,而且每周至少休息1天。

第二,休息休假的安排及法定节假日的劳动报酬的规定相同。综合计算工时制和不定时工作制都必须保证劳动者每周至少休息1天,不得以支付加班工资的形式来替代。用人单位未保证每周至少休息1天的,根据《劳动法》第90条,由劳动行政部门给予警告,责令改正,并可以处以罚款。

第三,年休假的规定相同。根据《职工带薪年休假条例》第2条的规定,实行综合计算工时制和不定时工时制的劳动者,连续工作1年以上的,依旧享受带薪年休假。企业年休假应当分段计算,2008年1月1日《职工带薪年休假条例》实施之前,员工休假是公司规章制度予以规定的,公司没有给予年休假的,不需支付年休假补偿金;2008年1月1日之后,则根据《职工带薪年休假条例》第5条的规定,用人单位经职工同意不安排年休假或者安排职工年休假天数少于应休年休假天数,应当在本年度内对职工应休未休年休假天数,按照其日工资收入的300%支付未休年休假工资报酬。对于法定节假日的劳动报酬。综合计算工时工作制和不定时工作制相同,均按不低于劳动者本人日或小时工资的300%支付劳动报酬。

综合计算工时制与不定时工时制规定的区别体现为以下几个方面:

第一,加班的规定不同。综合计算工时制在整个综合计算周期内的实际工作时间总数如果超过该周期的法定标准工作时间总数时，属延长工作时间，与法定标准时间比较后，多出的小时数以150%的比例来计算加班费，如果未超过该周期法定标准工作时间总数，即使在某日或某周超过了标准工作时间，也不以加班来看。而不定时工作制不受日延长工作时间和月延长工作时间标准的限制，除了法定节假日外，均不视为加班。理论界对此做法提出了质疑，认为目前法律只是规定不定时工作制不适用标准工时制和综合计算工时制有关加班费的计算，并不否定不定时工作制下劳动者对加班费的主张，不定时工作制下劳动者也应有权主张加班费。[①]

第二，补休的规定不同。根据原劳动部《关于印发〈工资支付暂行规定〉的通知》第13条的规定，实行综合计算工时制，法定休假日遇休息日的，工作日仍需安排补休，但不定时工时制不安排。不安排补休不代表没有休息日。但在保障职工身体健康并充分听取职工意见的基础上，针对不定时工时制的劳动者采用集中工作、集中休息、轮休调休、弹性工作时间等适当方式，确保职工的休息休假权利和生产、工作任务的完成。

综合而言，综合计算工时制和不定时计算工时制的本质区别在于两者适用范围不同，即工作特性不同，从而对劳动者是否要求按规律考勤有所不同，综合计算工时制适用于工作时间有可计量性的领域，而不定时工时制则适合具有灵活度强、不便考核、外勤频繁特点的工作岗位。两者加班制度和补休的区别都由此本质区别延伸而来，这样的规定既保证了灵活用工的需要，又尽最大可能维护了劳动者的劳动基础权利。

（二）综合计算工时制与不定时工时制的认定标准

对于不定时工时制和综合计算工时制的认定标准有以下几个方面：一是用人单位对特定岗位实行非标准工时制是否进行申报并获得了审批；二是用人单位与劳动者关于工作时间的具体约定；三是劳动者实际从事的职位特点。如果三个标准同时符合，即不存在非标准工时制的判断争议。然而实践中往往存在三个标准无法同时成就的情形，例如有审批无约定、有约定无审批、无审批无约定但工作性质符合非标准工时制的特点等，对这些情形如何认定工时制常常存在较大争议。

本书认为，行政审批是非标准工时制适用的必要前提，因此在无审批的情形下，即使双方劳动合同明确约定了非标准工时制，实际工作的性质也符合非标准工时制的特征，也不能认定非标准工时制；在有行政审批的情形下，如果存在综合计算工时制与非标准工时制的争议，则应重点考察岗位特征和工作性质，根据有利于劳动者的原则进行解释，因为此类争议往往集中于是否应支付加班工资的问题上，而不定时工时制不必支付加班费的原因是该工时制无法计算加班工资，因此只要实际工作岗位能够计算加班

① 班小辉、李坤刚：《完善不定时工作制的法律思考——以李某诉某物业管理服务中心案为视角》，载《法治论丛》2010年第4期。

时间,则无论二者的合同如何约定,都应该认定为综合计算工时制。

四、举一反三

2012 年 5 月,刘某与某公交公司签订了一份期限为 5 年的劳动合同。合同约定:刘某从事营运驾驶工作,实行的是综合计算工时制,以月为周期,综合计算工时。工作期间,公交公司向刘某按月发放工资。但是,刘某对于自己在 2013 年 1 月至 2014 年 5 月期间应得的工资存在疑问。刘某认为自己在法定节假日期间没有休息,并且长期存在加班的情况。公交公司不同意刘某的说法,认为刘某实行的就是综合计算工时制,不存在加班费。

刘某与公交公司交涉未果,向劳动仲裁委申请仲裁,仲裁委裁决驳回了刘某的仲裁请求。刘某不服,又向法院提起了诉讼。

结合本节内容,分析以下问题:

1. 刘某是否有权主张加班工资?

2. 如何判断刘某存在加班? 加班时长是多少?

3. 如果实行综合计算工时制存在加班工资,如何计算刘某的加班工资?

第四章　劳动争议处理

第一节　劳动争议处理的一般规则

一、知识背景

（一）劳动争议的概念和特点

从广义上理解，劳动争议是指劳动者或工会与用人单位或其团体之间关于劳动权利和劳动义务的争议。从狭义上理解，劳动争议仅指劳动者与用人单位之间关于劳动权利和劳动义务的争议，在劳动法的意义上，劳动争议取狭义上的理解。

劳动争议具有以下特点：第一，劳动争议的主体具有特定性。发生劳动争议的主体限于用人单位和与其有劳动关系的劳动者。劳动者之间在劳动过程中发生的争议，用人单位相互之间发生的争议，劳动者或用人单位与劳动行政部门在劳动行政管理中发生的争议等都不能认定为劳动争议。第二，劳动争议产生的基础具有特定性。劳动关系的存在，是劳动者与用人单位产生争议的基础；否则就不存在劳动争议。这里的劳动关系，既包括劳动合同关系，也包括事实劳动关系。第三，劳动争议的内容具有特定性和广泛性。劳动争议的内容是有关劳动权利和劳动义务方面的。劳动关系当事人之间不是为了实现劳动权利和劳动义务而发生的民事争议等其他争议，不属于劳动争议。劳动权利和劳动义务的具体内容广泛，包括工时、工资、劳动保护、职业培训、社会保险等各个方面。

（二）劳动争议的分类

1. 个体劳动争议和集体劳动争议

以劳动争议产生的基础为标准，劳动争议可以分为个体劳动争议和集体劳动争议：前者是指因个别劳动关系发生的争议，后者是指因集体劳动关系发生的争议。在个体劳动争议中又可以以主体人数为标准分为个体性争议和群体性争议。上述区分的意义在于争议处理程序的区别，集体劳动争议的处理程序更加复杂。

2. 权利争议和利益争议

以劳动争议的性质为标准，劳动争议可以分为权利争议和利益争议。权利争议又称实现既定权利的争议，还可称为履约争议，是指因实现劳动法、劳动合同或集体合同所规定的权利和义务而发生的争议。权利争议涉及对劳动法、劳动合同和集体合同的解释与适用，围绕着已经确定的权利发生，具有法律上的可诉性及可衡量性，属于法律争议。

利益争议又称确定权利的争议，还可称为缔约争议，是指因为确定或变更劳动条件而发生的争议。利益争议的目的是在合同中依法确定当事人的某种利益，使之上升为权利。如果订立劳动合同时存在争议就不可能成立劳动合同,订立、变更集体合同时存在争议可能使集体谈判陷入僵局或失败,故这种争议并非真正的劳动争议。利益争议通常发生在劳动合同、集体合同的签订与变更的谈判过程中,不具有法律上的可诉性及可衡量性,属于事实争议。

(三)劳动争议的受案范围

在我国现行立法中,劳动争议调解与仲裁程序中“劳动争议”的范围与诉讼程序中“劳动争议”的范围并不完全一致。根据《劳动争议调解仲裁法》第2条的规定,我国劳动争议的调解仲裁的受案范围包括:(1)因确认劳动关系发生的争议。劳动关系的存在是劳动者享有劳动法规定的各种权益和保护的前提。就是否存在劳动关系发生争议的,属于劳动争议的受案范围;(2)因订立、履行、变更、解除和终止劳动合同发生的争议;(3)因除名、辞退和辞职、离职发生的争议;(4)因工作时间、休息休假、社会保险、福利、培训及劳动保护发生的争议;(5)因劳动报酬、工伤医疗费、经济补偿或者赔偿金等发生的争议;(6)法律、法规规定的其他劳动争议。

劳动争议诉讼适用普通民事诉讼程序,但我国《民事诉讼法》并未特别规定“劳动争议”的受案范围。最高人民法院根据审理劳动争议案件的需要作出了一系列重要的司法解释,对一些复杂且存争议的劳动争议事项是否属于法院受案范围的问题作出了一些细化规定。具体内容如下:

(1)社会保险争议

社会保险争议作为一类特殊的劳动争议,是否属于劳动争议受案范围涉及一些复杂的问题。实践中,法院常常以此类案件不属于劳动争议或不属于法院管辖为由不予受理。

为了使社会保险争议在劳动争议受案范围上更好地衔接,《劳动法司法解释(一)》第1条规定,劳动者退休后,与尚未参加社会保险统筹的原用人单位因追索养老金、医疗费、工伤保险待遇和其他社会保险费而发生的纠纷属于劳动争议,当事人不服劳动争议仲裁委员会作出的裁决,依法向人民法院起诉的,人民法院应予受理。该司法解释将退休劳动者的社保争议作为法院受理的劳动争议加以规定,但是未明确在岗劳动者与用人单位之间的社保争议的受理问题。《劳动法司法解释(三)》第1条规定:“劳动者以用人单位未为其办理社会保险手续,且社会保险经办机构不能补办导致其无法享受社会保险待遇为由,要求用人单位赔偿损失而发生争议的,人民法院应予受理。”该规定将法院受理的社保争议限制在“损害赔偿争议”的范围内。由此可以看出,司法解释对于《劳动争议调解仲裁法》中所规定的“社保争议”的范围进行了限制。

(2)加付赔偿金争议

《劳动合同法》第85条规定:“用人单位有下列情形之一的,由劳动行政部门责令限期支付劳动报酬、加班费或者经济补偿；劳动报酬低于当地最低工资标准的，应当支付其差额部分；逾期不支付的，责令用人单位按应付金额百分之五十以上百分之一百以下的标准向劳动者加付赔偿金：(一)未按照劳动合同的约定或者国家规定及时足额支付劳动者劳报酬的；(二)低于当地最低工资标准支付劳动者工资的；(三)安排加班不支付加班费的；(四)解除或者终止劳动合同，未依照本法规定向劳动者支付经济补偿的。”《劳动法司法解释(三)》第3条规定：“劳动者依据劳动合同法第八十五条规定，向人民法院提起诉讼，要求用人单位支付加付赔偿金的，人民法院应予受理。”然而，加付赔偿金是否可以成为用人单位向劳动者承担的一项民事责任，由劳动者直接通过民事救济途径得以实现呢？实践中对此存在争议。

通常认为，劳动者必须就用人单位拖欠其劳动报酬、加班费或者经济补偿的违法行为先向劳动行政部门投诉，劳动行政部门在责令用人单位限期支付后，用人单位仍未支付的。如果未经过这一前提程序，劳动者直接主张加付赔偿金，法院将不予受理。

(3)其他特殊劳动争议

因企业自主进行改制引发的争议。《劳动法司法解释(三)》第2条规定：“因企业自主进行改制引发的争议，人民法院应当受理。”从而将这部分争议纳入司法轨道。由此可以看出政府及其相关部门主导的企业改制带来的职工下岗、整体拖欠职工工资等问题引发的争议仍不在法院受理范围之内。

退休人员再就业争议。《劳动合同法》第44条规定，劳动者开始依法享受基本养老保险待遇的，劳动合同终止。由此留下的悬念是，劳动者达到退休年龄，但尚未或不能享受养老保险待遇而再就业的，是否仍有劳动关系的存在空间。《劳动合同法实施条例》第21条规定：“劳动者达到法定退休年龄的，劳动合同终止。”该条似彻底否定了超龄劳动形成劳动关系的可能性。《劳动法司法解释(三)》第7条规定：“用人单位与其招用的已经依法享受养老保险待遇或领取退休金的人员发生用工争议，向人民法院提起诉讼的，人民法院应当按劳务关系处理。”该条首次正面明确了已享受养老待遇的人员再就业形成的是劳务关系。但仍未明确已经达到法定退休年龄却未享受养老保险待遇的人员再就业争议是否应按劳动关系处理。本书对此已作论述，在此不再赘述。

停薪留职、内退、下岗待岗及放长假人员再就业，因与新的用人单位发生争议的，人民法院应当按劳动关系处理。《劳动法司法解释(三)》第8条明确了此类关系属劳动关系，由此发生的争议属劳动争议的受案范围。该条在一定意义上承认了双重劳动关系。

(四)劳动争议处理的原则

劳动争议处理原则是劳动争议处理机构在处理劳动争议的过程中必须遵循的基本准则。我国《劳动法》第78条规定：“解决劳动争议，应当根据合法、公正、及时处理的原则，依法维护劳动争议当事人的合法权益。”《劳动争议调解仲裁法》第3条规定：“解决劳动争议,应当根据事实,遵循合法、公正、及时、着重调解的原则,依法保护当事人的合法权益。”具体来说,劳动争议案件的处理应当遵循以下几个原则:

1. 着重调解原则

调解是纠纷解决机构通过在争议当事人之间进行调停,使其就争议的解决自愿达成一致,有利于维护当事人之间关系的和谐。由于劳动争议的特殊性,调解作为一种多主体参加的平和的、非对抗性的解决纠纷方式,在解决劳动争议纠纷中有着其他机制无法替代的功能。

着重调解原则,是指在劳动争议处理过程中,着重以调解方式促使双方当事人达成协议,从而解决劳动争议。作为劳动争议处理的基本原则,着重调解原则包括两个方面的含义。第一,调解贯穿于劳动争议处理的全过程,目的是根本上解决劳资双方的矛盾,实现定分止争的目的。劳动争议属于人民内部矛盾,在劳动争议处理的任何一个程序中都强调调解,有利于从根本上化解矛盾。第二,调解程序是一个独立的劳动争议处理程序,是劳动争议解决的重要手段。劳动争议发生后,双方当事人可以向劳动争议调解组织申请调解,调解组织充分发挥自身的第三方优势和专业能力,协助当事人解决纠纷。

2. 合法原则

合法原则,是指劳动争议处理机构在争议处理过程中要依据劳动实体法律和劳动程序法律制度来解决争议。也就是说,调解、仲裁的程序、方法和内容都不得违反法律、不得损害国家、集体和他人的利益。合法原则包括程序合法和实体内容合法。在不同的劳动争议处理机制中,合法原则又有不同的要求,这主要表现在调解、仲裁与诉讼程序的区别。

3. 公正、及时原则

公正原则,是指在劳动争议的处理过程中应以事实为根据,以法律为准绳,忠于争议的客观事实真相,准确适用法律,公平公正、不偏不倚地处理当事人之间的劳动争议。在案件的审理过程中也应注意平等对待双方,给予其同等的表达意见和辩论的机会。

及时原则,是指劳动争议处理机构在处理争议案件时,要在法律和有关规定要求的时间范围内及时给予劳动争议当事人救济,尽快解决劳动争议。在劳动争议中,证据的保存具有较强的时效性,劳动者的利益也有得到保护的紧迫性,因此,及时原则成为劳动争议处理的一项基本原则。在劳动争议处理程序立法改革过程中,缩短纠纷处理的期间是及时原则的具体体现。只有及时保护了劳资双方,尤其是劳动者的合法权益,才能真正维护劳资双方的和谐稳定。

(五)劳动争议处理机制

劳动争议处理机制是由各种劳动争议处理机构和相互衔接的争议处理程序共同构成的解决劳动争议的制度体系。劳动争议处理机制的设计是否合理,各种程序协调、衔接是否顺畅,决定了劳动争议处理的效果。我国现行的劳动争议处理体制的基本框架大致可概括为“一调一裁二审”，对部分劳动争议案件实行有限制的“一裁终局”。

1. 协商和解

劳动争议发生后，劳动者和用人单位可以自行协商，也可以请工会或者第三方共同与用人单位协商，达成和解协议。《劳动法司法解释（三）》第10条规定：“劳动者与用人单位就解除或者终止劳动合同办理相关手续、支付工资报酬、加班费、经济补偿或者赔偿金等达成的协议，不违反法律、行政法规的强制性规定，且不存在欺诈、胁迫或者乘人之危情形的，应当认定有效。前款协议存在重大误解或者显失公平情形，当事人请求撤销的，人民法院应予支持。”该条明确肯定了就特定事项达成的和解协议的法律效力。

2. 劳动争议调解

劳动争议调解是劳动争议双方当事人在劳动争议调解组织的主持下，对争议事项进行协商处理，以期达成有约束力的调解协议的争议解决过程。法律规定，当事人不愿协商、协商不成或者达成和解协议后不履行的，可以向调解组织申请调解。调解与和解一样，都不是劳动争议处理的必经程序，劳动争议双方当事人可以选择适用该争议解决程序，正因为如此，调解的启动需要双方当事人同意，任何一方当事人无权单独启动调解。调解组织在调解的过程中应尊重事实和法律，采用说理劝解的方式化解争议。

3. 劳动争议仲裁

劳动争议仲裁是劳动争议仲裁机构对当事人请求解决的劳动争议，依法居中公断，进行调解、裁决的争议解决机制。法律规定，当事人不愿调解、调解不成或者达成调解协议后不履行的，可以向劳动人事争议仲裁委员会申请仲裁。劳动争议仲裁不同于一般的民商事仲裁，其本质上属于行政仲裁。劳动仲裁是劳动争议处理机制的核心，原则上是处理劳动争议的必经程序。经劳动仲裁的案件区分两种情况作不同处理：

（1）终局裁决。对于《劳动争议调解仲裁法》第47条规定的情形，仲裁裁决为终局裁决，裁决书自作出之日起发生法律效力。对于终局裁决，用人单位不得起诉，但劳动者仍可起诉，用人单位在法定情形下可申请法院撤销仲裁裁决。实行“一裁终局”的劳动争议案件主要包括：追索劳动报酬、工伤医疗费、经济补偿或者赔偿金，不超过当地月最低工资标准12个月金额的争议；因执行国家的劳动标准在工作时间、休息休假、社会保险等方面发生的争议。

（2）非终局裁决。《劳动争议调解仲裁法》第47条规定以外的情形为非终局裁决，非终局裁决作出之日起15日内，双方当事人均可起诉，在此期限内无人起诉的，仲裁裁决始生效。《劳动法司法解释（三）》第14条规定：“劳动人事争议仲裁委员会作出的同一仲裁裁决同时包含终局裁决事项和非终局裁决事项，当事人不服该仲裁裁决向人民法院提起诉讼的，应当按照非终局裁决处理。”

4.劳动争议诉讼

当事人对仲裁裁决不服的(除了部分劳动争议案件实行有条件的"一裁终局"外),可以依法向人民法院提起诉讼。我国的劳动争议诉讼适用民事诉讼程序,实行"两审终审"。

(六)劳动争议处理机构

劳动争议处理机构,指的是有权受理和处理劳动争议案件的组织机构。按照我国《劳动法》《劳动争议调解仲裁法》等法律法规的相关规定,我国劳动争议处理机构主要包括劳动争议调解组织、劳动争议仲裁委员会、人民法院。在实践中,劳动行政机关同样在劳动争议处理中发挥着重要作用。

1.劳动争议调解组织

劳动争议调解机构可以分为用人单位内的调解机构和用人单位外的调解机构。用人单位内的调解机构是指内设在用人单位(通常为企业)内部的调解机构,即企业劳动争议调解委员会。企业劳动争议调解委员会由职工代表和企业代表组成,其中职工代表由工会成员担任或者由全体职工推举产生,而企业代表由企业负责人指定。企业劳动争议调解委员会主任由工会成员或者双方推举的人员担任。

用人单位外的调解机构包括两类:(1)依法设立的基层人民调解组织。它是村民委员会和居民委员会下设的调解民间争议的群众性组织,在基层人民政府和基层人民法院指导下进行工作。(2)在乡镇、街道设立的具有劳动争议调解职能的组织。《劳动争议调解仲裁法》明确要求劳动争议调解组织的调解员应当由为人公道正派,联系群众,热心调解工作,并具有一定法律知识、政策水平和文化水平的成年公民担任。

2.劳动争议仲裁委员会

劳动争议仲裁委员会是处理劳动争议的仲裁机构。法律规定,我国劳动争议仲裁委员并不是按照行政区划层层设立,而是按照统筹规划、合理布局和适应实际需要的原则确定。但由于长期以来的惯性思维的影响,在实践中,我国劳动争议仲裁委员会的设立仍有较强行政区划特征。

劳动争议仲裁委员会由劳动行政主管部门代表、工会代表和企业方面代表组成。其职责包括管理专兼职仲裁员、重大案件仲裁以及对仲裁庭的实体及程序监督等职责。

3.人民法院

劳动争议处理中的诉讼程序不是必经程序,只有劳动争议当事人对劳动争议仲裁委员会作出的裁决不服的,在收到裁决书之日起15日内向人民法院提起诉讼的,诉讼程序才可能启动。我国法院并未设置专门的劳动法庭,劳动争议案件由民事审判庭负责审理,与一般民事案件审理程序相同,实行两审终审制。

二、典型案例

(一)案情简介①

昆山市F科技有限公司(以下简称F公司)设立于2002年3月14日,经营范围包括工业油封及密封件。因F公司未按照规定进行年度检验,2012年1月13日,苏州市昆山工商行政管理局吊销了F公司的营业执照。昆山市X密封件有限公司(以下简称X公司)设立于2007年6月21日,经营范围包括密封件及橡胶制品销售。F公司的法定代表人与X公司的法定代表人系夫妻关系。吴某与F公司的法定代表人属同一家族,具有亲戚关系。

吴某于2003年8月2日被招进F公司做临时工,2009年农历正月至五月吴某请假回家建房,后回公司上班,到2013年6月18日吴某与公司负责人发生争执后,负责人口头宣布吴某不要上班(F公司盖章)。同日,F公司向吴某出具书面资料一份,载明吴某代为招待亲朋付出的伙食费及购买东西费用,由吴某列出明细再结算,加班费列清单结算(F公司盖章及法定代表人签字)。

2014年4月14日,吴某向昆山市劳动人事争议仲裁委员会申请仲裁,要求F公司补缴2003年8月至2013年12月的社会保险等十一项仲裁请求。2014年5月9日,昆山市劳动人事争议仲裁委员会作出裁决:驳回吴某的仲裁请求。该仲裁裁决为非终局裁决,吴某不服仲裁裁决,向原审法院提起诉讼,请求F公司补缴2003年8月至2013年12月的社会保险、未签订劳动合同双倍工资等12项诉讼请求。

(二)争议焦点

1. F公司是否应为吴某补缴2003年8月至12月的社会保险?

2. 未签订劳动合同双倍工资请求能否得到支持?

(三)一审法院审理与裁判

说理:针对未签订劳动合同双倍工资。2014年4月14日,吴某向昆山市劳动人事争议仲裁委员会申请仲裁,其主张未涉及未签订劳动合同双倍工资,因该部分主张未经仲裁,本案不予理涉。

针对补缴社会保险费。法院认为不属人民法院受理民事案件的范围,原审法院不予理涉。

判决:驳回吴某诉讼请求。

(四)二审法院审理与裁判

说理:关于吴某主张的未签订书面劳动合同二倍工资差额问题。因吴某在劳动仲

---

① (2015)苏中民终字第05257号。

裁中未提出该项主张,现诉讼后再主张,违背了“劳动仲裁前置”规则,故本案中不予理涉。

关于吴某主张的补缴社会保险费用问题。因补缴社保不属于人民法院劳动争议受案范围,故法院对此不予理涉。

判决:驳回上诉,维持原判。

三、案例分析及法理拓展

(一)劳动争议仲裁前置的范围

劳动争议仲裁前置,是指劳动争议案件必须先经过仲裁程序处理后才能向人民法院提起诉讼。换言之,劳动争议仲裁是劳动争议当事人向人民法院提起诉讼的必经程序。根据《劳动争议调解仲裁法》第 5 条的规定,劳动争议的当事人对仲裁裁决不服的,除本法另有规定外,可以向人民法院提起诉讼。由此可见,一般情形下,劳动争议案件需先经仲裁才能进入诉讼程序,但“法律另有规定的除外”。此处所称的“法律另有规定”包括下列情形:第一,劳动者以用人单位的工资欠条为证据直接向人民法院起诉,且诉讼请求不涉及劳动关系其他争议的情形;第二,劳动者依据《劳动合同法》第 85 条规定向人民法院提起诉讼,要求用人单位支付加倍赔偿金的争议;第三,劳动者以用人单位未为其办理社会保险手续,且社会保险经办机构不能补办导致其无法享受社会保险待遇为由,要求用人单位赔偿损失而发生的争议;第四,劳动人事争议仲裁委员会逾期未作出受理决定或者仲裁裁决,当事人直接向法院提起诉讼的情形;第五,劳动者依据《劳动争议调解仲裁法》第 16 条规定申请支付令被法院裁定终结督促程序后,劳动者依据调解协议直接向人民法院提起诉讼的情形;第六,因企业自主进行改制引发的争议。上述争议例外情形中,除第四项为程序事由、第六项为特殊情形之外,其他情形的诉求内容基本为独立的民事请求事项,因此可以不经劳动争议仲裁直接提起民事诉讼。

就上述案例而言,吴某在仲裁期间并未提出要求未签订书面劳动合同二倍工资的仲裁请求,而是在向法院提起诉讼时才提出,未签订书面劳动合同二倍工资属于劳动争议范围,亦不属于“法律另有规定”的仲裁前置的排除情形,因此必须经过仲裁才能提起诉讼,法院以未经仲裁为由不予受理是正确的。

(二)劳动争议仲裁与诉讼中劳动争议范围的区别与衔接

《劳动争议调解仲裁法》主要针对劳动争议的调解和仲裁的受案范围作出规范,对劳动争议诉讼并未过多涉及。最高人民法院根据审理劳动争议案件的需要,陆续作出了一系列重要的司法解释,对一些复杂且存在争议的劳动争议事项是否属于法院受案范围的问题作了一系列细化规定,但这些规定原则上仅对劳动争议诉讼程序适用。

2017 年 11 月 8 日人力资源和社会保障部、最高人民法院联合发布《关于加强劳动人事争议仲裁与诉讼衔接机制建设的意见》,从明确加强裁审衔接机制建设的总体要求、统一裁审受理范围和法律适用标准、规范裁审程序衔接、完善裁审衔接工作机制、加强组织领导五个方面提出了意见。在裁审受理范围方面,特别提出"各地劳动人事争议仲裁委员会(以下简称仲裁委员会)和人民法院要按照《中华人民共和国劳动争议调解仲裁法》等法律规定,逐步统一社会保险争议、人事争议等争议的受理范围。仲裁委员会要改进完善劳动人事争议受理立案制度,依法做到有案必立,有条件的可探索实行立案登记制,切实发挥仲裁前置的功能作用"。虽然该意见在裁审受理范围衔接方面提出了相应的建议,但是仍然未能完整地解决实践中出现的各种问题。

实践中,诸如用工主体责任是否属于劳动争议仲裁案由、补缴社会保险费争议是否属于劳动争议受案范围等问题常常发生争议。对于补缴社会保险费争议是否应当属于劳动争议受案范围的问题,我国《劳动争议调解仲裁法》规定劳动者与用人单位因缴纳社会保险发生争议的属于仲裁的受案范围。而《劳动法司法解释(三)》规定劳动者以用人单位未为其办理社会保险手续,且社会保险经办机构不能补办导致其无法享受社会保险待遇为由,要求用人单位赔偿损失而发生争议的,人民法院应予受理。该解释对社会保险争议进行了限制,即由用人单位办理了社会保险手续,但因用人单位欠缴、拒缴社会保险费或者因缴费年限、缴费基数等发生的争议,应由社会保险管理部门处理,不应纳入人民法院受案范围。因此,在上述案例中,法院认为"补缴社保"争议不属于法院受案范围。

实践中,不同地区的劳动仲裁机构与法院对此持不同的观点和做法。本书认为,在该问题上,《劳动法司法解释(三)》将社保劳动争议限定为赔偿损失争议的做法对劳动争议仲裁受案范围具有较强的参考价值,因为社保争议涉及行政管理的范畴,无法统统纳入仲裁或诉讼中加以处理,而损害赔偿争议是劳动者与用人单位之间的与劳动关系有关的争议,并不涉及社保行政机关的管理,可以通过仲裁与诉讼加以解决。除此之外,在劳动争议仲裁实践中可以考虑将因当事人一方的损失而产生的争议纳入劳动争议仲裁受理范围,比如用人单位未按规定为劳动者缴纳社保费,劳动者自行缴纳后向用人单位追偿产生的争议等。①

四、举一反三

案例一:张某是某驾驶培训学校的工作人员,因在工作过程中与学校负责人发生争执,该学校认为张某顶撞领导遂将其开除,张某非常气愤,认为只有到法院才能帮自己讨回公道,一纸诉状将该学校告上法庭。

① 王文君:《劳动争议案件仲裁与诉讼衔接问题研究》,载《法律适用》2019 年第 13 期。

案例二:2011 年 12 月,王某入职顺口溜公司,约定合同期限为 2011 年 12 月至 2017 年 3 月,其在工作期间主动出具了放弃一切社会保险的声明,2015 年 9 月,王某又以公司没有为其购买保险为由提起劳动仲裁,要求与公司解除劳动合同。公司辩称,放弃社保是王某意思自治的体现,白纸黑字岂容推翻,不能支持王某的申请。劳动仲裁委员会裁决依法缴纳社会保险是《劳动法》规定的法定义务,王某放弃社保的声明是无效的,支持了王某的仲裁请求。

结合本节内容,分析以下问题:

1. 案例一中,张某采取的救济途径是否符合法律规定?

2. 案例二体现了劳动争议处理的何种原则?

第二节　劳动争议调解协议的效力

一、知识背景

(一)劳动争议调解协议效力的现行规定

在劳动争议调解制度中,调解协议的效力是决定调解能否发挥实效的关键。与仲裁和诉讼相比,劳动争议调解的不足主要就表现在权威性的缺乏。调解协议一般不得作为直接申请强制执行的依据,一旦遇到当事人反悔,如无任何制约机制,则已付出的努力将前功尽弃。因此,要使调解制度真正发挥分流劳动争议的功能,有必要以适当的方式加强调解协议的效力,树立其权威。在我国陆续颁布的一系列法律规范中,不断加强调解协议效力的轨迹清晰可见。

《劳动法司法解释(二)》第 17 条第 1 款规定:"当事人在劳动争议调解委员会主持下达成的具有劳动权利义务内容的调解协议,具有劳动合同的约束力,可以作为人民法院裁判的根据。"该条第 2 款规定:"当事人在劳动争议调解委员会主持下仅就劳动报酬争议达成调解协议,用人单位不履行调解协议确定的给付义务,劳动者直接向人民法院起诉的,人民法院可以按照普通民事纠纷受理。"《劳动法司法解释(三)》第 10 条规定:"劳动者与用人单位就解除或者终止劳动合同办理相关手续、支付工资报酬、加班费、经济补偿或者赔偿金等达成的协议,不违反法律、行政法规的强制性规定,且不存在欺诈、胁迫或者乘人之危情形的,应当认定有效。前款协议存在重大误解或者显失公平情形,当事人请求撤销的,人民法院应予支持。"《企业劳动争议协商调解规定》第 27 条规定,"生效的调解协议对双方当事人具有约束力,当事人应当履行"。第 28 条则规定,"一方当事人在约定的期限内不履行调解协议的,另一方当事人可以依法申请仲裁。仲裁委员会受理仲裁申请后，应当对调解协议进行审查，调解协议合法有效且不损害公共利益或者第三人合法利益的，在没有新证据出现的情况下，仲裁委员会可以依据调解协议作出仲裁裁决”。《劳动争议调解仲裁法》第14条第2款规定：“调解协议书由双方当事人签名或者盖章，经调解员签名并加盖调解组织印章后生效，对双方当事人具有约束力，当事人应当履行。”第16条规定，“因支付拖欠劳动报酬、工伤医疗费、经济补偿或者赔偿金事项达成调解协议，用人单位在协议约定期限内不履行的，劳动者可以持调解协议书依法向人民法院申请支付令”。

由以上规定可以看出，劳动争议调解协议具有劳动合同的约束力。一方面，当事人不履行调解协议，另一方当事人可依调解协议提起诉讼，请求对方履行达成的调解协议，也可就双方的实体争议重新提起仲裁。另一方面，劳动争议调解协议作为劳动合同可以在劳动争议仲裁和诉讼中起证据作用。

（二）劳动争议调解协议效力的固化

在实践中当事人若就实体争议重新提起仲裁或诉讼，则意味着劳动争议调解并没有实现拦截劳动争议案件进入仲裁或诉讼程序的目标。另外，支付性调解协议所具有的可申请支付令的约束力，其执行力显然强于一般劳动争议调解协议所具有的劳动合同的约束力，只要劳动者支付令申请成功，劳动争议调解协议即可强制执行，然而，这种可申请支付令的约束力却因程序条件的复杂性而难以落到实处。根据《民事诉讼法》第217条的规定，劳动者向法院申请支付令后，若用人单位向法院提出书面异议，法院就应当裁定终结督促程序，支付令则自行失效。这就意味着经历了调解过程的劳动者，在时间、精力和申请费用上的消耗所换来的只是期待的落空。[①] 尽管劳动者依法申请的支付令因用人单位提出书面异议而自行失效后，还可依据调解协议直接向法院提起诉讼，但支付事项所发生的争议仍然未能解决。

由此可见，现行规定虽对劳动争议调解协议效力作出了一系列相关规定，但没有获得足够的司法权威支持，调解协议双方当事人只要有一方当事人反悔，劳动争议就又不得不进入仲裁或诉讼程序。因此，劳动争议调解协议效力因其固有的自愿性和当事人单方的反悔权，加之违约责任缺失，就难以实现有效拦截劳动争议案件进入仲裁或诉讼程序的目标。实践中产生了劳动争议调解协议效力加固的探索，赋予劳动争议调解协议以强制执行的约束力。在现有法律框架内和实践操作中，劳动争议调解协议的效力加固主要有两种模式：一是向法院申请司法确认。《人民调解法》第33条规定，“经人民调解委员会调解达成调解协议后，双方当事人认为有必要的，可以自调解协议生效之日起三十日内共同向人民法院申请司法确认，人民法院应当及时对调解协议进行审查，

---

① 周望：《劳动争议调解协议的效力》，载《中国劳动》2008年第9期。

依法确认调解协议的效力。人民法院依法确认调解协议有效,一方当事人拒绝履行或者未全部履行的,对方当事人可以向人民法院申请强制执行"。《劳动法司法解释(四)》第4条也规定,"当事人在人民调解委员会主持下仅就给付义务达成的调解协议,双方认为有必要的,可以共同向人民调解委员会所在地的基层人民法院申请司法确认"。人民法院依法确认调解协议有效,一方当事人拒绝履行或者未全部履行的,对方当事人可以向人民法院申请强制执行。人民法院依法确认调解协议无效的,当事人可以通过人民调解方式变更原调解协议或者达成新的调解协议,也可以向人民法院提起诉讼。二是申请劳动人事争议仲裁委员会审查并以调解书置换调解协议。《企业劳动争议协商调解规定》第27条规定,"双方当事人可以自调解协议生效之日起15日内共同向仲裁委员会提出仲裁审查申请。仲裁委员会受理后,应当对调解协议进行审查,并根据《劳动人事争议仲裁办案规则》第五十四条规定,对程序和内容合法有效的调解协议,出具调解书"。而劳动争议调解协议书置换为劳动仲裁调解协议书之后,就产生了强制执行力,实现了效力固化的效果。

二、典型案例

(一)案情简介①

吴某自2003年4月10日开始到X公司上班,一共签订了3次固定期限劳动合同,2013年3月16日,吴某在工作过程中受伤,后于2013年6月18日经宁波市镇海区人力资源和社会保障局认定为工伤,但未申请进行劳动能力鉴定。2013年6月28日,经吴某、X公司申请,宁波市镇海区澥浦镇劳动争议调解委员会对吴某、X公司的纠纷进行调解,后达成澥劳调字(2013)第11号劳动争议调解协议书,具体内容如下:(1)X公司一次性支付吴某一次性工伤补助金、工伤医疗补助金、伤残就业补助金、误工费、医药费、解除劳动合同工龄补偿金等共计人民币35,000元,约定于2013年7月2日前支付。(2)本次争议调解结束,双方解除劳动关系。吴某自愿放弃其他权利,今后一切事宜与X公司无涉。(3)本次协议一式三份,一份留档,协议自双方签字后生效。吴某认可协议上的字是其签的,手印是其按的。X公司因调解当天没有带公章,故于2013年6月29日盖章。2013年6月29日,X公司将35,000元支付给吴某,吴某于同一天与家人一起搬出X公司。

2013年9月2日,吴某认为该协议违背其真实意愿,显失公允,向宁波市镇海区劳动人事争议仲裁委员会提出仲裁,宁波市镇海区劳动人事争议仲裁委员会立案受理了吴某与X公司劳动争议一案,吴某的劳动仲裁请求为:(1)请求裁定吴某与X公司于

① (2014)浙甬民一终字第343号。

2013年6月29日签订的调解协议无效;(2)请求裁定X公司继续履行与吴某之间的劳动合同,并与吴某签订无固定期限劳动合同。2013年10月28日,宁波市镇海区劳动人事争议仲裁委员会作出镇劳人仲案字(2013)第588号仲裁裁决,驳回申请人吴某的仲裁请求。吴某不服该裁决,起诉至法院。

(二)争议焦点

吴某与X公司达成的《调解协议》的法律效力如何?

(三)一审法院审理与裁判

说理:调解协议书由双方当事人签名或盖章,经调解员签名并加盖调解组织印章后生效,对双方当事人具有约束力,当事人应当履行。当事人在劳动争议调解委员会主持下达成的具有劳动权利义务内容的调解协议,具有劳动合同的约束力,可以作为人民法院裁判的根据。本案中吴某、X公司在宁波市镇海区澥浦镇劳动争议调解委员会的主持下达成调解协议,吴某周、X公司已经签字或盖章,调解员签名并加盖了调解组织的印章,该调解协议已经生效并具有约束力,且该协议不违反法律、行政法规的强制性规定,也不存在欺诈、胁迫或乘人之危的情形,又不存在重大误解或显失公平的情形,该调解协议的签订是双方真实的意思表示,调解协议有效,双方都应受其约束;同时,该协议已经履行完毕,故法院对吴某的诉讼请求不予支持。

关于吴某主张该协议的签订过程中X公司乘人之危、其受欺诈和胁迫,协议应撤销,法院认为,该调解协议签订时,吴某的妻子及其委托代理人陈某都在场参与协商,该协议的签订是双方互有让步、自愿协商的结果,该赔偿数额是参考工伤的赔偿标准、吴某的工作年限及之前X公司为吴某垫付的医疗费等因素计算出来的,应属合理。综合考虑本案的实际情况,并无证据证明双方当事人的权利义务明显不对等并超过合理的限度,故对吴某的主张,法院不予采纳。综上所述,吴某的境遇虽令人同情,但吴某作为完全民事行为能力人对自身合法权益应予以充分注意,在签订调解协议时应充分注意其签名确认对自身权利的影响,现吴某在调解组织的主持下与X公司达成调解协议后,又以X公司有欺诈、胁迫、显失公平等理由要求撤销协议,经查其理由并不充分,吴某亦未能充分证明其主张的相关事项,应承担不利法律后果,故法院对吴某的诉讼请求不予支持。

判决:驳回吴某的诉讼请求。

(四)二审法院审理与裁判

说理:调解达成协议的,应当制作调解协议书,调解协议书由双方当事人签名或者盖章,经调解员签名并加盖调解组织印章后生效,对双方当事人具有约束力,当事人应当履行。本案的上诉人吴某与被上诉人X公司于2013年6月28日在宁波市镇海区澥浦镇劳动争议调解委员会的调解下,已就双方之间的工伤赔偿、劳动关系解除的事宜进行调解,双方分别签名、盖章,调解员及调解组织也分别予以签名、盖章,并且,X 公司也已向吴某支付协议中约定的 35,000 元,该调解协议已经生效,对双方当事人均具有约束力,且该协议也已履行完毕。虽吴某认为 X 公司在调解过程中存在欺诈、胁迫的行为,且该协议显失公平。但在处理与 X 公司劳动争议的事项上,吴某委托了同乡具有民工维权经验的人员陈某,在调解过程中,其本人及妻子章某、另两位同乡刘某、仇某也都有到场,故法院认为,吴某对调解事宜采取了谨慎的态度,其应当了解调解的整个过程,况且其提供的证人证言等证据也不能证明 X 公司在调解过程中存在欺诈、胁迫的行为,因此,法院认为,吴某对调解内容已充分了解,在调解协议上的签名、捺印也是其真实意思表示,双方达成的调解协议具有法律效力。至于吴某认为后续治疗费还需较多、调解达成的金额与应赔偿数额相差巨大,调解显失公平的主张,法院认为,因调解协议中已明确 X 公司向吴某支付的 35,000 元包含一次性工伤补助金、工伤医疗补助金、伤残就业补助金、误工费、医疗费、解除劳动合同工龄补偿等,应当视为吴某在调解过程中已充分考虑了后续治疗的事宜,并且其现在也未提供证据证明是否需要后续治疗及相关费用的多少,因此,吴某并无证据证明调解协议存在显失公平的情形,故对于其主张法院不予采信。

判决:驳回上诉,维持原判。

三、案例分析及法理拓展

(一)劳动争议调解协议的无效和撤销

劳动争议调解作为劳动争议仲裁和诉讼前的自愿选择程序,是拦截劳动争议案件进入劳动争议仲裁和诉讼的“过滤网”。而调解协议的效力,即调解协议的履行,既是调解协议效力的核心要素,也是调解协议效力的法律后果,其关系着是否能够最终解决争议。根据现行规定,调解协议具有劳动合同的约束力。这种约束力,不仅表现为当事人应当履行调解协议,而且该调解协议可以作为法院裁判的根据和仲裁裁决的依据。

劳动争议调解协议效力虽然被定性为劳动合同效力,但调解协议效力与劳动合同效力并不完全相同。主要表现在:(1)认定无效的情形不同。依据《劳动法司法解释(三)》第 10 条的规定,劳动争议调解协议若不违反法律、行政法规的强制性规定,且不存在欺诈、胁迫或者乘人之危的情形的应当认定为有效,即使有用人单位免除自己的法定责任、排除劳动者权利的内容,只要不构成乘人之危的情形,也不影响其有效。而依据《劳动合同法》第 26 条第 1 款的规定,用人单位免除自己的法定责任、排除劳动者权利的劳动合同则为无效。(2)能否撤销不同。依据《劳动法司法解释(三)》第 10 条的规定,劳动争议调解协议若存在重大误解或者显失公平情形,则可撤销。而依据《劳动合同法》第 26 条的规定,只有无效劳动合同而没有可撤销劳动合同,即使是存在重大误解或者显失公平情形的劳动合同，也属于无效劳动合同而不属于可撤销劳动合同。

在上述案例中，调解协议是否具有劳动合同的约束力是本案的重点，一审、二审法院审理中，都是从调解协议的效力进行考察。我国立法关于劳动争议调解协议效力规定劳动者与用人单位就解除或者终止劳动合同办理相关手续、支付工资报酬、加班费、经济补偿或者赔偿金等达成的协议，不违反法律、行政法规的强制性规定，且不存在欺诈、胁迫或者乘人之危情形的，应当认定有效；若存在重大误解或者显失公平情形，当事人请求撤销的，人民法院应予支持。吴某与X公司已经签订了调解协议，X公司也已向吴某支付协议中约定的35,000元，该协议已履行完毕，具有法律约束力。吴某认为X公司在调解过程中存在欺诈、胁迫的行为，且该协议显失公平这一请求，法院查明调解的整个过程，并没有足够证据证明X公司在调解过程中存在欺诈、胁迫的行为，因此，双方达成的调解协议并不属于可撤销的情形，具有法律效力。

（二）固化劳动争议调解协议效力的实践探索及制度展望

调解协议效力的加固主要是通过一定程序，赋予调解协议以强制执行的约束力。在现有法律框架和实践操作中，调解协议效力的加固主要有两种模式，即司法确认和仲裁置换。司法确认模式，是指调解协议的效力经法院审查、确认，而取得强制执行的约束力。人民法院依法确认调解协议有效，对方当事人拒绝履行或者未全部履行的，当事人可以向人民法院申请强制执行。仲裁置换模式，即调解协议经劳动争议仲裁机构依法审查，置换为可依法申请强制执行事务仲裁调解书。

各地结合当地实践状况作出了仲裁置换的地方性指导意见。如广东省劳动争议仲裁委员会《关于加快劳动争议仲裁案件处理的若干意见》第5条第3款规定，"对各级劳动仲裁机构授权或指导设立的劳动争议调解组织主持双方当事人达成调解协议的案件，劳动争议调解组织或双方当事人可持已达成的调解协议，到有管辖权的劳动仲裁机构置换《劳动仲裁调解书》"；南京市劳动争议仲裁委员会《关于非诉调解协议置换劳动争议仲裁调解书的实施意见》规定，"非诉调解协议是……经当事人书面或口头申请劳动争议调解，在调解达成协议后，由双方当事人签字、盖章，经调解员签名并加盖调解组织印章后生效的书面文书。非诉调解协议对双方当事人具有约束力，当事人应当履行"。

由以上地方实践模式可以看出，在司法确认模式下，民间调解协议书被保留，再加上法院出具的确认决定书，共同产生强制执行效力；在仲裁置换模式下，则是由仲裁委员会出具的调解书直接取代原来的民事调解协议书。需要特别指出的是，根据《劳动法司法解释（四）》的文义解释，只有人民调解委员会主持下达成的调解协议才能获得司法确认而使效力加固，《劳动争议调解仲裁法》规定的三类调解组织中的另外两种组织所促成的调解协议，是否可申请司法确认却并无规定，实践中通常认为可以司法确认的调解协议仅限于人民调解委员会主持下的调解,但从本质上来看,其他主体作出的劳动争议调解无论在专业性还是权威性上都并没有差异,因此对此问题,立法有待完善。而在仲裁置换模式下,《企业劳动争议协商调解规定》的适用范围是限定于以企业为用人单位的情形,事业单位、社会团体等其他性质的用人单位与劳动者之间的调解协议可否通过仲裁置换的方式加固效力,虽在法理解释上应予肯定,但尚缺乏明确的规范依据。对此有学者提出,在民间调解多元化的格局下,各种形式的调解具有相同的法律地位,调解协议具有相同的效力,因此,在获得效力加固的机会方面应当等同,应通过统一规则并提高效力位阶的方式消除混乱。①

四、举一反三

案例一:刘某在一家修理厂工作,近段时间刘某经常加班,工资却不见涨,他觉得很憋屈,于是向修理厂索要加班工资,修理厂认为刘某作为员工,应当听从修理厂的安排,工资已经按月支付,不存在还要加班工资一说,双方产生了争议。争执不下后双方共同到劳动争议调解组织申请调解,经调解员的耐心劝导,修理厂认识到应当支付加班工资,遂与刘某达成了如下协议:修理厂可以支付加班工资,但刘某应当在修车时,劝说每一位维修车辆的顾客做车辆保养,修理厂按车辆保养消费5%作为刘某的加班工资。

案例二:张某与某市千斤顶铸造有限公司就解除劳动合同的争议达成了调解协议,后张某反悔了,提出其是在神志未康复,急需用钱的情形下,草率地在调解协议上签了字,不应当按照调解协议的内容计算经济补偿。

结合本节内容,分析以下问题:

1. 案例一中,刘某与修理厂的调解协议是否有效?

2. 案例二中,张某与千斤顶铸造有限公司达成的调解协议是否有效?如果张某想要反悔,可以通过何种方式救济?

第三节　劳动争议仲裁时效

一、知识背景

劳动争议仲裁时效是指劳动争议双方当事人在法定期限内不向劳动争议仲裁机构

① 王全兴、林欧:《劳动争议民间调解协议的效力及其加固》,载《上海师范大学学报》(哲学社会科学版)2012年第5期。

申请仲裁请求保护其权利，从而丧失劳动仲裁相关权利的制度。法律关于仲裁时效的规定，属于强制性法律规范，双方当事人不得通过协议排除对仲裁时效的适用，也不得协议缩短或延长仲裁时效的期间。

（一）劳动争议仲裁时效的期间

《劳动争议调解仲裁法》第 27 条第 1 款规定："劳动争议申请仲裁的时效期间为一年，仲裁时效期间从当事人知道或者应当知道其权利被侵害之日起计算。"仲裁时效期间的起算需要同时符合两个条件：客观事实的发生和主观认识。若当事人的权利事实上遭到侵害但当事人不知情，则不具有请求劳动争议仲裁机构保护其权利的基础；若当事人主观上认为自己的权利受到了侵害，而侵害的事实并未客观发生，也不能使仲裁时效期间开始计算。

（二）特别时效

申请劳动争议仲裁的一般时效为 1 年，但也存在例外。劳动关系存续期间因拖欠劳动报酬发生争议的，劳动者申请仲裁时效期间不受 1 年期间的限制，但是，劳动关系终止的，仍然适用一般时效。据此，适用特别时效必须符合两个条件：(1)在劳动关系存续期间，即劳动关系尚未解除或终止，若劳动关系已经终止，仍然适用一般时效。(2)特别时效仅适用于拖欠劳动报酬的争议，其他劳动争议都只能适用一般时效。

（三）劳动争议仲裁时效的中断和中止

仲裁时效的中断是指在仲裁时效期间进行过程中，因法定事实的发生致使已经经过的仲裁时效期间无效，待法定事由消除后，仲裁时效期间重新计算。仲裁时效中断的法定事由有三种情形：(1)当事人一方向对方当事人主张权利的；(2)当事人一方通过向有关部门投诉，向仲裁委员会申请仲裁，向人民法院起诉或者申请支付令等方式请求权利救济的；(3)对方当事人同意履行义务的。

仲裁时效的中止是指在仲裁时效期间内，因法定事由的发生致使当事人不能行使请求权，而暂时停止计算仲裁时效，待法定事由消除后，仲裁时效期间继续计算。仲裁时效中止的法定事由包括不可抗力、权利被侵害的无民事行为能力人或者限制民事行为能力人的法定代理人未确定及其他正当理由。

二、典型案例

（一）案情简介①

董某于 2003 年 4 月进入宁波市 J 物流有限公司（以下简称 J 公司），工作岗位是出纳，后来因为董某侵占公司钱款，公司在 2009 年 8 月 18 日提前与其解除劳动合同。同

① (2014)浙甬民一终字第 153 号。

年9月24日董某向宁波市鄞州区劳动争议仲裁委员会申请仲裁。提出签订无固定期限劳动合同、2003年4月至2009年8月的工资补偿、2003年4月至2009年8月休息日加班工资及国家法定节假日加班工资和少休产假2个月的工资、停工期间工资、停工期间的各项社保及精神补偿等六项请求。

2009年10月10日,董某因涉嫌职务侵占被刑事拘留。2009年11月20日仲裁委员会对董某的劳动争议案件开庭审理,但董某未到庭,仲裁庭按撤销仲裁处理。2010年2月8日宁波市鄞州区人民法院作出(2010)甬鄞刑初字第116号刑事判决,判决董某犯职务侵占罪,判处有期徒刑7年,并处没收财产10万元。2013年8月3日董某经浙江省杭州市中级人民法院裁定,予以假释。

2013年10月21日董某再次向宁波市鄞州区劳动人事争议仲裁委员会申请仲裁,重新提出前述六项请求。

宁波市鄞州区劳动人事争议仲裁委员会以该案已过仲裁时效为由决定不予受理。董某不服仲裁不予受理决定,于2013年10月31日诉至法院。

(二)争议焦点

1. 董某的申请是否已经超过劳动仲裁时效?

2. 董某被刑拘及服刑是否属于仲裁时效中止的事由?

(三)一审法院审理与裁判

说理:劳动争议申请仲裁的时效期间为1年。仲裁时效期间从当事人知道或者应当知道其权利被侵害之日起计算。前款规定的仲裁时效,因当事人一方向对方当事人主张权利,或者向有关部门请求权利救济,或者对方当事人同意履行义务而中断。从中断时起,仲裁时效期间重新计算。本案董某于2009年9月24日向仲裁委员会申请仲裁,后因董某未在2009年11月20日到庭应诉而按撤诉处理。董某主张上述权利的仲裁时效因其向有关部门请求权利救济而中断,仲裁时效期间重新计算。因此董某应当自2009年11月21日起1年内再次主张权利。董某主张因其被判刑不能主张民事权利,故仲裁时效应当中止。法院认为,仲裁时效中止是指当事人因不可抗力或者有其他正当理由,不能在法律仲裁时效期间申请仲裁的,从中止时效的原因消除之日起,仲裁时效期间继续计算。董某因犯职务侵占罪被判处有期徒刑并不影响其向J公司主张民事权利,不属于法律规定的仲裁时效中止情形。因此董某于2013年10月21日再次向宁波市鄞州区劳动人事争议仲裁委员会申请仲裁,已超出仲裁时效。

判决:驳回董某的诉讼请求。

(四)二审法院审理与裁判

说理:《劳动争议调解仲裁法》第27条第3款规定,“因不可抗力或者有其他正当理由,当事人不能在本条第一款规定的仲裁时效期间申请仲裁的,仲裁时效中止”。这里的“正当理由”与不可抗力一样，是足以导致当事人不能申请仲裁的事由，即客观不能。刑拘和服刑期间，当事人的人身自由受到限制，但其他未被剥夺的权利仍可行使。《监狱法》第7条规定，罪犯的人格不受侮辱，其人身安全、合法财产和辩护、申诉、控告、检举以及其他未被依法剥夺或者限制的权利不受侵犯。因此，董某在服刑期间仍可通过委托授权等方式进行其民事权利的主张，故服刑期间可能会增加董某主张民事权利的难度，但尚不属于客观不能主张民事权利。因此，刑拘和服刑的事实不属于导致仲裁时效中止的事由。同时针对董某在二审期间主张的当时家境困难请不起律师，二审法院认为即使存在经济困难，也可通过申请法律援助等方式主张权利，故家境困难也不属于导致仲裁申请时效中止的事由。因此董某不存在仲裁申请时效中止的情形，其2013年10月21日申请仲裁，已经超过仲裁时效。

判决：驳回上诉，维持原判。

三、案例分析及法理拓展

（一）劳动争议仲裁时效中止和中断事由的具体判断

根据《劳动争议调解仲裁法》的规定，劳动争议申请仲裁的时效期间为1年。仲裁时效期间从当事人知道或者应当知道其权利被侵害之日起计算。前款规定的仲裁时效，因当事人一方向对方当事人主张权利、向有关部门请求权利救济，或者对方当事人同意履行义务而中断。从中断时起，仲裁时效期间重新计算。

因法定事由的发生致使当事人不能行使请求权，则暂时停止计算仲裁时效，待法定事由消除后，仲裁时效期间继续计算。仲裁时效中止的法定事由包括不可抗力、权利被侵害的无民事行为能力人或者限制民事行为能力人的法定代理人未确定及其他正当理由。

上述案例中，法院通过审理董某向仲裁委员会申请仲裁，后因未到庭而按撤诉处理，属于仲裁时效中断的情形，仲裁时效期间重新计算。故此董某应当自2009年11月21日起1年内再次主张权利。但董某因犯职务侵占罪被判处有期徒刑并不影响其向J公司主张民事权利，并不属于法律规定的仲裁时效中止情形。法院对仲裁时效中止和中断的判断符合现行立法的规定。

（二）劳动争议仲裁时效的性质

劳动争议双方当事人在法定期限内不向劳动争议仲裁机构申请仲裁请求保护其权利，即丧失劳动仲裁相关权利。对于丧失的是何种权利，对其规定相对模糊，为此需要从劳动争议仲裁时效的相关性质去分析。理论界对劳动争议仲裁时效的性质界定有不同的观点：一是认为其属于除斥期间，争议当事人申请仲裁超过了该期间，劳动争议仲裁委员会就不会受理,也不会启动劳动争议仲裁程序,从程序上消灭了当事人申诉的权利。[①] 二是认为其属于诉讼时效,一旦超过了劳动争议的仲裁时效的时间限制,权利人的胜诉权就归于消灭,即丧失了请求劳动争议委员会保护其实体权利的可能性。[②] 三是认为其既非除斥期间,也非诉讼时效,而仅是劳动争议当事人向仲裁委员会提起仲裁的法定期限,即法律为当事人行使申诉权而设定的一个时间,是当事人向仲裁委员会提起仲裁的条件之一,超过该期限,当事人即不能行使申诉的权利,消灭其程序意义上的诉权。[③] 四是认为其虽然具有消灭时效的性质,但其本身并非诉讼时效,而是与诉讼时效并列的一种时效制度。[④]

就目前我国对于处理劳动争议的立法来看,劳动争议仲裁时效性质更接近于特殊的消灭时效。2009 年实施的《劳动人事争议仲裁办案规则》规定仲裁申请超过仲裁时效的,仲裁委员会不予受理,当事人丧失的是救济请求权。但在 2017 年修订的《劳动人事争议仲裁办案规则》删除了这一条款,仲裁时效期间不再作为受理仲裁申请的条件,即对于超过劳动仲裁时效仍向仲裁机构提出仲裁的,仲裁机构应予受理,但修订后的规则又并未对仲裁时效的效力作出进一步明确的规定,导致大部分仲裁实践中,仍然将其作为消灭时效来处理。

本书认为,从本质上来看,劳动争议仲裁时效作为消灭时效不符合时效制度的根本目的,从立法趋势来看,仲裁时效效力制度的变化也不再坚持消灭时效的性质。为了明确仲裁时效的效力,实现劳动者权利保护的目的,立法有必要进一步将仲裁时效的性质与诉讼时效的性质统一起来,将仲裁时效的效力定性为抗辩效力,即时效经过并不意味着实体权利本身的消灭,也不当然影响实体权利的保护,仅导致对方获得时效抗辩权。

(三)劳动争议仲裁时效与劳动争议诉讼时效的关系

如前所述,劳动争议仲裁时效是指劳动争议双方当事人在法定期限内不向劳动争议仲裁机构申请仲裁请求保护其权利,即丧失劳动仲裁相关权利的制度。诉讼时效是指对一定的财产权利不积极行使,则该权利的义务人产生拒绝履行义务的永久抗辩权的法律事实。劳动争议仲裁时效的基本原理与规则同诉讼时效一致,但劳动争议仲裁时效自身具有特殊性,主要体现在:

1.时效的期限不同

在期限上,我国诉讼时效有普通时效和特殊时效之分,普通诉讼时效期间为 3 年,而我国申请劳动仲裁的时效期间为 1 年,与诉讼时效相比期间相对较短。

---

① 杨茂:《劳动争议仲裁时效性质研究》,载《西南政法大学学报》2006 年第 6 期。

② 吴孝文:《关于劳动争议仲裁时效的几个问题》,载《中国劳动》2002 年第 12 期。

③ 刘斌:《劳动争议中的仲裁申请期限研究》,载《山东省农业管理干部学院学报》2005 年第 5 期。

④ 杨茂:《劳动争议仲裁时效性质研究》,载《西南政法大学学报》2006 年第 6 期。

2. 特殊时效期间的起算点不同

劳动仲裁时效期间的起算点与诉讼时效期间的起算点不尽相同。诉讼时效期间的起算一般是从知道或应当知道权利被侵害时开始起算,劳动仲裁时效期间的起算一般也是如此,但是因拖欠劳动报酬发生劳动争议的,劳动者申请仲裁的仲裁时效期间的起算从劳动关系终止之日起1年内提出。这种起算点能很好地保护劳动者对用人单位劳动报酬的请求权。

劳动争议仲裁时效与劳动争议诉讼时效相比较,二者的基本原理相同,但由于具体的法律规则有所区别,针对争议不同,所适用案件的类型存在差异,这就导致在我国现行司法实践中对于超过仲裁时效的案件,法院一般也会以超过仲裁时效为由驳回当事人的诉讼请求,如此一来,劳动仲裁时效直接缩短了诉讼时效的期间。由于仲裁时效与诉讼时效衔接不畅,导致在司法实践中劳动者因超过仲裁时效无法通过劳动仲裁获得救济,向法院提起诉讼时也同样无法获得救济,使劳动者的合法权益无法得到保护。

对劳动者合法权益的倾斜保护是劳动法的立法目的,劳动仲裁时效固然应当维护社会秩序的稳定,但也不应当成为妨碍甚至损害劳动者合法权益的桎梏,更不应当被用人单位滥用,成为规避用人单位法律责任的工具。对此,为了更好地实现裁审衔接,立法应在时效的期间和效力上统一仲裁时效与诉讼时效的规定。

四、举一反三

2008年4月10日,马某前往苏丹工作。2008年8月20日,工程公司作出了《解除马某劳动关系的决定》,并将该决定送达了马某,此后马某一直在苏丹逗留,2010年6月28日才回国。2010年8月23日,马某向南京白下区劳动仲裁委员会申请仲裁,向公司追索劳动报酬、经济补偿金。仲裁委员会认为马某的请求过了仲裁时效,决定不予受理。马某很不服气,他认为是由于公司不为他购买机票、不办理回国手续,不结算工资报酬,他才滞留国外,他只有筹足机票费用后才能回国,没有及时主张权利是有法定原因的,仲裁时效应当中止,从他回国后起算。于是,马某向当地人民法院起诉,要求法院判决公司向他支付劳动报酬和经济补偿金。

结合本节内容,回答以下问题:

1. 马某申请仲裁是否超过仲裁时效?

2. 公司不为马某购买机票、不办理回国手续是否造成仲裁时效中止?

第四节　劳动争议管辖

一、知识背景

(一)劳动争议仲裁管辖

劳动争议仲裁管辖,是指各级仲裁委员会或者同级仲裁委员会之间受理劳动争议案件的分工和权限。劳动争议仲裁规定的意义在于劳动争议发生后,当事人应当向哪一级和哪一个委员会申请仲裁。它为各级和各个仲裁委员会行使仲裁权界定空间范围。确定仲裁管辖,应当坚持既便于当事人行使申诉权、应诉权,又便于仲裁委员会行使仲裁权,并且原则性与灵活性相结合的原则。

1. 地域管辖

劳动争议仲裁的地域管辖指的是同级仲裁委员会之间依行政区域确定的仲裁管辖。地域管辖分为一般地域管辖和特殊地域管辖,《劳动争议调解仲裁法》第 21 条第 1 款规定了一般地域管辖的规则,即劳动争议仲裁委员会负责管辖本区域内发生的劳动争议。特殊地域管辖是指某种劳动争议案件依其特定标准由某地仲裁委员会管辖。《劳动争议调解仲裁法》第 21 条第 2 款规定,劳动争议由劳动合同履行地或者用人单位所在地的仲裁委员会管辖。双方当事人分别向劳动合同履行地和用人单位所在地的仲裁委员会申请仲裁的,由劳动合同履行地的仲裁委员会管辖。

2. 移送管辖

劳动争议仲裁的移送管辖指的是仲裁委员会将已受理的自己无权管辖的劳动争议案件,依法移送给有管辖权的仲裁委员会受理。《劳动人事争议仲裁办案规则》第 9 条规定,“仲裁委员会发现已受理案件不属于其管辖范围的,应当移送至有管辖权的仲裁委员会,并书面通知当事人。对上述移送案件,受移送的仲裁委员会应当依法受理”。

3. 指定管辖

劳动争议仲裁的指定管辖指的是劳动行政部门依法将因管辖权发生争议的劳动争议案件决定由某仲裁委员会管辖。《劳动人事争议仲裁办案规则》第 9 条规定,“受移送的仲裁委员会认为移送的案件按照规定不属于其管辖,或者仲裁委员会之间因管辖争议协商不成的,应当报请共同的上一级仲裁委员会主管部门指定管辖”。

(二)劳动争议诉讼管辖

1. 地域管辖

《民事诉讼法》第 23 条规定:“因合同纠纷提起的诉讼,由被告住所地或者合同履行地人民法院管辖。”《劳动法司法解释(一)》第 8 条规定:“劳动争议案件由用人单位所在地或者劳动合同履行地的基层人民法院管辖。劳动合同履行地不明确的,由用人单位所在地的基层人民法院管辖。”由此可见,劳动争议由用人单位所在地或劳动合同履行地的法院管辖。

《劳动争议调解仲裁法》第 49 条规定,“用人单位有证据证明本法第四十七条规定的仲裁裁决有下列情形之一,可以自收到仲裁裁决书之日起三十日内向劳动争议仲裁委员会所在地的中级人民法院申请撤销裁决:(一)适用法律、法规确有错误的;(二)劳动争议仲裁委员会无管辖权的;(三)违反法定程序的;(四)裁决所根据的证据是伪造的;(五)对方当事人隐瞒了足以影响公正裁决的证据的;(六)仲裁员在仲裁该案时有索贿受贿、徇私舞弊、枉法裁决行为的”。对于申请撤销仲裁裁决的劳动争议,由劳动争议仲裁委员会所在地的人民法院管辖。

2. 级别管辖

《民事诉讼法》第 17 条规定:“基层人民法院管辖第一审民事案件,但本法另有规定的除外。”《劳动法司法解释(三)》第 15 条规定:“劳动者依据调解仲裁法第四十八条规定向基层人民法院提起诉讼,用人单位依据调解仲裁法第四十九条规定向劳动人事争议仲裁委员会所在地的中级人民法院申请撤销仲裁裁决的,中级人民法院应不予受理;已经受理的,应当裁定驳回申请。被人民法院驳回起诉或者劳动者撤诉的,用人单位可以自收到裁定书之日起三十日内,向劳动人事争议仲裁委员会所在地的中级人民法院申请撤销仲裁裁决。”由此可见,除了申请撤销仲裁裁决由中级人民法院管辖外,其他劳动争议由基层法院管辖。

3. 共同管辖

《民事诉讼法》第 35 条规定:“两个以上人民法院都有管辖权的诉讼,原告可以向其中一个人民法院起诉;原告向两个以上有管辖权的人民法院起诉的,由最先立案的人民法院管辖。”《劳动法司法解释(一)》第 9 条第 2 款规定,“当事人双方就同一仲裁裁决分别向有管辖权的人民法院起诉的,后受理的人民法院应当将案件移送给先受理的人民法院”。由此可见,原告如果同时向两个有管辖权的法院提起诉讼,由先受理的法院管辖该案件。

4. 裁定管辖

裁定管辖,是指民事诉讼中法院通过裁定的方式确定案件的管辖权。具体而言包括:移送管辖、指定管辖和管辖权转移三种情形。

移送管辖。《民事诉讼法》第 36 条规定:“人民法院发现受理的案件不属于本院管辖的,应当移送有管辖权的人民法院,受移送的人民法院应当受理。受移送的人民法院认为受移送的案件依照规定不属于本院管辖的,应当报请上级人民法院指定管辖,不得再自行移送。”

指定管辖。《民事诉讼法》第 37 条规定:“有管辖权的人民法院由于特殊原因,不能行使管辖权的,由上级人民法院指定管辖。人民法院之间因管辖权发生争议,由争议双方协商解决;协商解决不了的,报请它们的共同上级人民法院指定管辖。”

管辖权转移。《民事诉讼法》第 38 条规定:“上级人民法院有权审理下级人民法院管辖的第一审民事案件;确有必要将本院管辖的第一审民事案件交下级人民法院审理的,应当报请其上级人民法院批准。下级人民法院对它所管辖的第一审民事案件,认为需要由上级人民法院审理的,可以报请上级人民法院审理。”

上述裁定管辖的情形同样适用于劳动争议的裁定管辖。

二、典型案例

(一)案情简介①

原告肖某与被告武冈市某建筑工程公司因工伤保险待遇发生纠纷,经武冈市劳动人事争议仲裁委员会裁决后,被告武冈市某建筑工程公司对裁决不服,于 2015 年 6 月 5 日向绥宁县人民法院起诉,绥宁县人民法院受理后,原告肖某提出管辖异议,绥宁县人民法院于 2015 年 7 月 6 日裁定驳回了肖某的管辖异议请求。2015 年 7 月 6 日,肖某向武冈市人民法院提起诉讼,武冈市人民法院于当日立案受理。该案后经某建筑工程公司于 2015 年 7 月 11 日以绥宁县人民法院受理立案在先提出管辖权异议,武冈市人民法院裁定移送绥宁县人民法院管辖。

(二)争议焦点

武冈市人民法院对本案是否具有管辖权?

(三)法院审理与裁判

说理:《劳动法司法解释(一)》第 8 条、第 9 条规定:劳动争议案件由用人单位所在地或者劳动合同履行地的基层人民法院管辖。劳动合同履行地不明确的,由用人单位所在地基层人民法院管辖。当事人双方不服劳动争议仲裁委员会作出的同一裁决,均向同一人民法院起诉的,先起诉的一方为原告,但对双方的诉讼请求,人民法院应当一并作出裁决。当事人双方就同一裁决分别向有管辖权的人民法院起诉的,后受理的人民法院应当将案件移送给先受理的人民法院。本案双方劳动合同履行地在绥宁,且绥宁县人民法院已先受理同案,故根据《劳动法司法解释(一)》第 8 条、第 9 条的规定,本案依法应由绥宁县人民法院审理。

裁定:本案移送绥宁县人民法院处理。

---

① (2015)武法民初字第 1225 号。

三、案例分析及法理拓展

（一）劳动争议仲裁地域管辖权的设置原则

《劳动争议调解仲裁法》第 21 条确立了合同履行地仲裁委员会的优先管辖权。该条规定，“双方当事人分别向劳动合同履行地和用人单位所在地的劳动争议仲裁委员会申请仲裁的，由劳动合同履行地的劳动争议仲裁委员会管辖”。劳动合同履行地一般是劳动者连续工作了一段时间的区域，较之用人单位所在地，劳动合同履行地显然与劳动者联系更为紧密，体现了劳动仲裁设置规则“方便劳动者仲裁原则”，实现了对劳动者的倾斜保护。

（二）劳动争议诉讼管辖权的设置原则

我国劳动争议诉讼适用民事诉讼的一般程序与规则，在管辖方面通常适用“原告就被告”一般原则，即《劳动法司法解释（一）》第 8 条规定的，“劳动争议案件由用人单位所在地或者劳动合同履行地的基层人民法院管辖”。在特殊情况下，即当原告是用人单位，且劳动者没有固定工作场所时，则适用该条后段“劳动合同履行地不明确的，由用人单位所在地的基层人民法院管辖”。由此可以看出劳动争议诉讼管辖与仲裁管辖的规则存在一定的差异性，用人单位所在地或劳动合同履行地的基层人民法院都可以作为劳动争议的管辖法院。且两者没有优先管辖权的规定。

（三）劳动争议仲裁管辖与诉讼管辖的冲突与衔接

在上述案例中，当事人双方就同一仲裁裁决分别向有管辖权的人民法院起诉，根据《劳动法司法解释（一）》的规定，该案应由用人单位所在地的人民法院管辖，即绥宁县人民法院管辖，而受理该案的劳动争议仲裁委员会为武冈市劳动人事争议仲裁委员会。因此，该起劳动争议仲裁地与劳动争议诉讼地不在同一个地区。

劳动仲裁与诉讼管辖地的不一致引发当事人产生管辖权异议，大量劳动争议案件经仲裁后，双方当事人为了便于自身诉讼，向有管辖权的不同法院提起诉讼，进而产生管辖权异议，造成劳动争议案件在经过实体审理之前，往往要先处理管辖权异议纠纷。这不仅导致案件得不到及时的解决，也对司法资源造成极大的浪费。仲裁管辖地与诉讼管辖地的不一致使法院与仲裁委员会也难以建立协助机制，对法院查清案件事实造成不便，同时也加大劳动者的诉讼负担，不利于对劳动者的司法保护。

如前所述，《劳动争议调解仲裁法》第 21 条规定了用人单位所在地与劳动合同履行地的仲裁委员会发生管辖冲突时，劳动合同履行地的仲裁委员会具有优先管辖权。这既有利于劳动争议当事人提起诉讼也有利于仲裁委员会查清案件事实，对于劳动争议诉讼管辖具有很好的借鉴意义。本书认为，劳动争议诉讼管辖规则可以以此为标准与劳动争议仲裁管辖规则实现衔接，即劳动争议诉讼管辖规则可以修改为：劳动争议案件由劳动合同履行地或用人单位所在地的人民法院管辖。劳动合同履行地不明确的,由用人单位所在地基层人民法院管辖。若当事人双方就劳动争议分别向劳动合同履行地或者用人单位所在地的人民法院提起诉讼的,由受理该案的劳动争议仲裁委员会所在地的法院管辖。这样,既可以减少当前劳动争议中因诉讼管辖与仲裁管辖不一致导致的大量管辖权异议,又有利于及时、有效地实现劳动者维权,保护劳动者合法权益。

四、举一反三

位于上海的某商贸公司与辛某签订劳动合同,工作地点在北京东城区,2014 年 12 月 17 日,双方发生劳动争议,辛某向北京市东城区的劳动人事争议仲裁委员会申请仲裁,该仲裁委作出仲裁裁决,商贸公司于 2015 年 7 月 6 日向上海市徐汇区人民法院起诉,法院于 7 月 9 日立案,辛某于 2015 年 7 月 9 日向北京市东城区人民法院提交诉状,东城区法院于 7 月 9 日立案。

结合本节内容,分析该案管辖法院应如何确定。

第五节　劳动争议举证责任

一、知识背景

举证责任,是指当法律要件事实在争议处理程序中处于真伪不明状态时,负有证实法律要件的当事人一方所承受的裁判者作出于其不利判断的危险。举证责任的分配直接关系争议当事人在争议处理过程中是否处于有利地位。

(一)劳动争议案件举证责任分配的原则与例外

现行立法关于劳动争议处理中举证责任分配的规定,是以“谁主张,谁举证”为原则,即《劳动争议调解仲裁法》第 6 条中所规定的,“发生劳动争议,当事人对自己提出的主张,有责任提供证据”,同时,针对劳动争议的特殊性,规定专属用人单位举证的若干种例外情形。

《劳动法司法解释(一)》第 13 条规定,“因用人单位作出的开除、除名、辞退、解除劳动合同、减少劳动报酬、计算劳动者工作年限等决定而发生的劳动争议,用人单位负举证责任”。该条属于特殊的劳动争议证明责任的规定。考虑到这些决定由用人单位作出,相应的证据只可能由用人单位掌握,劳动者无法提供与这些决定相关的证据,因此司法解释将这些争议的证明责任分配给了用人单位。《民事诉讼证据规定》第 6 条也直接沿用了此条规定。《劳动争议调解仲裁法》第 6 条则进一步将该举证责任倒置规则抽象化为“与争议事项有关的证据属于用人单位掌握管理的,用人单位应当提供;用人单位不提供的,应当承担不利后果”。《劳动人事争议仲裁办案规则》第 13 条亦规定,“与争议事项有关的证据属于用人单位掌握管理的,用人单位应当提供;用人单位不提供的,应当承担不利后果”。

《劳动法司法解释(三)》第 9 条规定,“劳动者主张加班费的,应当就加班事实的存在承担举证责任。但劳动者有证据证明用人单位掌握加班事实存在的证据,用人单位不提供的,由用人单位承担不利后果”。在主张加班费时,若劳动者有证据证明用人单位相关证据,则举证责任由用人单位承担。这些规定都是出于对劳动者举证能力较弱的体谅。

《工伤保险条例》第 19 条第 2 款规定,“职工或者其近亲属认为是工伤,用人单位不认为是工伤的,由用人单位承担举证责任”。工伤案件中,在劳动条件是由用人单位提供的情况下,由劳动者提供证据证明工伤是极为困难的。因而,在劳动者主张是工伤而用人单位主张不是工伤时,劳动者只需举证证明人身伤害是在法定应当认定为工伤的情形下发生即可,而不应当承担证明用人单位未尽到安全义务及其与本人人身伤害有因果关系的举证责任;用人单位则应当承担证明否定工伤的举证责任,如果不能举证证明劳动者人身伤害是由劳动安全条件以外的原因所致,就应当认定为工伤。

从以上我国的规则现状可以总结出劳动争议案件证明责任分配模式是:一般规则 + 特殊规则模式。一般规则是指以《民事诉讼法》为主的“谁主张,谁举证”证明责任规则;特殊规则是《劳动争议调解仲裁法》《劳动人事争议仲裁办案规则》《劳动法司法解释(一)》《劳动法司法解释(三)》等规定的特殊的争议举证责任倒置规则。此外,对于不适用一般规则,又没有特殊规则的争议,则由法官根据公平和诚信的原则,在劳动者和用人单位之间进行利益平衡。①

二、典型案例

(一)案例一②

1. 案情简介

原告朱某于 2001 年 3 月起在原邻水县 D 煤矿 650 平硐从事井下采煤工作,2004 年 3 月 25 日,因企业改制,将原邻水县 D 煤矿变更登记为邻水县 D 煤矿有限公司。原告朱某仍继续在变更后的邻水县 D 煤矿有限公司 650 平硐从事采煤工作,并参加了工伤保险。

---

① 上海市闵行区人民法院:《劳动争议案件中的举证责任分配》,载《人民司法》2005 年第 7 期。

② (2017)川 1623 民初 1323 号。

2015 年 3 月 13 日,邻水县煤炭局以邻煤发[2015]54 号文件发出通知,要求全县煤矿全部停产。被告邻水县 D 煤矿有限公司接到通知停产后,即安排原告朱某等工人回家等待,听候上班通知。原告朱某至今未接到上班的通知。现原告要求被告出具证明用于职业病检查,但遭到被告拒绝,原告、被告遂发生劳动争议纠纷。

2. 争议焦点

原被告之间劳动关系是否已解除?

3. 一审法院审理与裁判

法院审理查明:原告朱某于 2001 年 3 月起在原邻水县 D 煤矿 650 平硐从事井下采煤工作。有原、被告身份信息、工伤保险参保职工花名册等证据证明。

被告辩称被告单位从 2015 年 3 月 13 日起至今处于停产停业状态,从此时起,原告就未再为被告单位提供劳动,也没有受被告的管理。但是被告未举证证明其在 2015 年 3 月停产后已作出解除与原告朱某之间劳动关系的意思表示。因此,原告、被告之间的事实劳动关系至今未解除。

说理:用人单位自用工之日起即与劳动者建立劳动关系。劳动关系产生的基本法律事实是用工。只要用人单位存在用工行为,用人单位与劳动者之间的劳动关系即建立。劳动者如果与用人单位存在事实劳动关系的即享有劳动法律规定的权利。根据原劳动和社会保障部《通知》第 1 条:“用人单位招用劳动者未订立书面劳动合同,但同时具备下列情形的,劳动关系成立。(一)用人单位和劳动者符合法律、法规规定的主体资格;(二)用人单位依法制定的各项劳动规章制度适用于劳动者,劳动者受用人单位的劳动管理,从事用人单位安排的有报酬的劳动;(三)劳动者提供的劳动是用人单位业务的组成部分。”第 2 条:“用人单位未与劳动者签订劳动合同,认定双方存在劳动关系时可参照下列凭证:(一)工资支付凭证或记录(职工工资发放花名册)、缴纳各项社会保险费的记录;(二)用人单位向劳动者发放的“工作证”“服务证”等能够证明身份的证件;(三)劳动者填写的用人单位招工招聘“登记表”“报名表”等招用记录;(四)考勤记录;(五)其他劳动者的证言等。其中,(一)、(三)、(四)项的有关凭证由用人单位负举证责任。”结合庭审查明的事实和认定的证据(包括原、被告身份信息、工伤保险参保职工花名册),法院认为,原告朱某自 2001 年 3 月起即与原邻水县 D 煤矿建立事实劳动关系。

根据《劳动合同法》第 33 条“用人单位变更名称、法定代表人、主要负责人或者投资人等事项,不影响劳动合同的履行”的规定,原告朱某在企业改制后仍然在改制后的企业上班没离开工作岗位,属于事实劳动关系的延续。以上事实有原、被告身份信息、工伤保险参保职工花名册予以佐证。

在被告邻水县 D 煤矿有限公司按照邻水县煤炭局的要求停产后,虽然原告朱某没有回到工作岗位上班，但被告邻水县D煤矿有限公司没有解除与原告之间的事实劳动关系，也未举证证明其在2015年3月停产后作出解除与原告朱某之间劳动关系的意思表示。因此，原告、被告之间的事实劳动关系至今未解除。

判决：原告朱某自2001年3月起至今与被告邻水县D煤矿有限公司之间劳动关系成立。

4. 总结

劳动争议事实的举证责任一般是"谁主张，谁举证"，但有关证据由用人单位掌握管理的，用人单位应当提供。法律明确规定了用人单位应当对其作出的开除、除名、辞退、解除劳动合同、减少劳动报酬、计算劳动者工作年限等决定而发生的劳动争议负举证责任。

（二）案例二①

1. 案情简介

原告包某于2006年4月4日进入被告S公司工作，担任助销员。根据原告的求职登记卡显示，2006年4月4日至2007年3月31日，原告系由案外人A公司派遣进入被告处工作；2007年4月1日至2007年12月31日，原告的劳务派遣公司改为B公司；2008年1月1日至2010年1月29日，原告的劳务派遣公司又改为C公司。2010年2月，原告、被告签订劳动合同，约定：劳动合同期限为2010年2月1日至2013年3月31日；原告在市场执行部门的RTM业务代表岗位任职。2006年4月4日至2010年3月，原告实际在被告S公司的浦东办事处从事销售工作；2010年4月起，原告被安排至被告S公司的川沙办事处，仍从事销售工作。2012年8月起，原告的基本工资为2259元/月，此外另有金额不定的月度奖金。2013年3月25日起，原告因患病开始休病假，未再上班。2013年4月1日至2013年6月30日，被告支付原告工资6153.79元；2013年7月1日至2013年8月31日，被告S公司每月各支付原告工资2027元。

2013年9月2日，被告S公司向原告住址邮寄终止劳动合同的通知一份。2013年9月4日，该份邮件被退回。2013年9月12日，被告S公司再次向原告寄送终止劳动合同的通知，原告签收了该份通知。2013年9月3日，被告S公司为原告开具了上海市单位退工证明。2013年9月13日至2013年12月25日，原告仍继续休病假，并将对应期间的病假单邮寄给了被告。

2013年9月25日，原告包某提起仲裁申请，要求裁令被告S公司：（1）恢复劳动关系；（2）支付2013年9月3日至2013年9月30日疾病救济费1991.97元，按照1327.98元/月的标准支付2013年10月1日至恢复劳动关系之日的疾病救济费；（3）支付2013

---

① （2013）浦民一（民）初字第45116号；（2014）沪一中民三（民）终字第1258号。

年4月1日至2013年8月31日病假工资差额3420.88元。上海市浦东新区劳动人事争议仲裁委员会于2013年11月19日作出裁决,裁令被告S公司支付原告2013年4月1日至2013年8月31日病假工资差额1367.53元,对原告的其余请求未予支持。原告不服该裁决,遂诉至法院。

2.争议焦点

一审:原告在被告S公司处的工作年限应自何时起算?

二审:包某的工作年限是否连续计算?

3.一审法院审理及判决

法院审理查明:原告于2006年4月4日进入被告S公司工作,担任助销员。原告一直在被告S公司从事销售相关工作,其用人单位虽先后从A公司、B公司变更为C公司,后又自2010年2月1日起变更为被告S公司,但2006年4月4日至2010年3月,原告的工作场所并无变化。有原告提供的原告与C公司签订的劳动合同、原告与被告S公司签订的劳动合同等证据,被告提供的原告与H人力资源服务有限公司签订的劳动合同、求职登记卡等证据予以证明。

原告2013年4月1日至2013年8月31日的病假工资计算基数。原被告均未提出证据证明是否有明确约定,视为无明确约定。

说理:根据《劳动合同法实施条例》第10条之规定,劳动者非因本人原因从原用人单位被安排到新用人单位工作的,劳动者在原用人单位的工作年限合并计算为新用人单位的工作年限。《劳动法司法解释(四)》第5条则规定,劳动者仍在原工作场所、工作岗位工作,劳动合同主体由原用人单位变更为新用人单位的,应当认定属于"劳动者非因本人原因从原用人单位被安排到新用人单位工作"。原告于2006年4月4日起,一直在被告S公司从事销售相关工作,其用人单位虽先后从A公司、B公司变更为C公司,后又自2010年2月1日起变更为被告S公司,但2006年4月4日至2010年3月,原告的工作场所并无变化,故依照上述法律及司法解释之规定,法院确认,原告在被告S公司处的工作年限应自2006年4月4日起计算。

判决:被告S公司支付原告包某2013年9月3日至2013年9月24日的病假工资1084.32元;2013年9月25日至2013年12月24日的疾病救济费3840.31元;2013年4月1日至2013年8月31日的病假工资差额1367.53元。

4.二审法院审理及判决

法院审理查明:包某于2006年4月4日起,一直在S公司从事销售相关工作,其用人单位先后从A公司、B公司变更为C公司,2010年2月1日起变更为S公司,自2006年4月4日至2010年3月,包某的工作场所并无变化,且从事的工作内容也没有变化。有原告提供的原告与C公司签订的劳动合同、原告与被告签订的劳动合同等证据,被告提供的原告与H人力资源服务有限公司签订的劳动合同、求职登记卡等证据予以证明。

S公司主张用人单位主体的变更系包某本人原因造成，但S公司未提供充分证据予以证明。即S公司无法证明用人单位发生变动是由于包某自身的原因，故应认定包某属于"劳动者非因本人原因从原用人单位被安排到新用人单位工作"，工作年限应当连续计算。

说理：根据本案查明的事实，包某于2006年4月4日起，一直在S公司从事销售相关工作，其用人单位先后从A公司、B公司变更为C公司，2010年2月1日起变更为S公司，自2006年4月4日至2010年3月，包某的工作场所并无变化，且从事的工作内容也没有变化。S公司主张用人单位主体的变更系包某本人原因造成，但S公司未提供充分证据予以证明。从上述事实分析可以得知，包某的劳动合同主体虽然由A公司变为B公司，再变为C公司，但是包某的工作场所没有变化，包某一直在从事销售相关工作，S公司亦承认由于公司人员需要，S公司从2010年2月1日起与包某建立劳动关系的。根据《劳动法司法解释(四)》第5条第2款第1项之规定，可以认定本案的情形属于"劳动者非因本人原因从原用人单位被安排到新用人单位工作"。因此，依照《劳动合同法实施条例》第10条的规定，可以确认包某在S公司的工作年限应自2006年4月4日起计算。

依照包某在S公司的工作年限，计算包某可以享受的医疗期，原审法院认定双方劳动关系顺延至2013年12月24日医疗期届满终止，并无不当。现包某要求恢复劳动关系至判决生效之日的上诉请求，法院不予支持。

判决：驳回上诉，维持原判。

5. 总结

劳动者仍在原工作场所、工作岗位工作，劳动合同主体由原用人单位变更为新用人单位的，应当认定属于"劳动者非因本人原因从原用人单位被安排到新用人单位工作"，工作年限应当连续计算。劳动者用人单位发生变动，对于如何界定是否因劳动者本人原因，不应将举证责任简单地归于新用人单位，而应从该变动的原因着手，查清是哪一方主动引起了此次变动。劳务派遣公司亦不应成为工作年限连续计算的阻却因素。

(三)案例三①

1. 案情简介

原告刘某于2015年3月10日进入被告R公司工作，担任人事主管，主要负责人员招聘、培训及薪酬管理工作。2015年7月23日刘某离开R公司，并于同日以R公司未与其签订劳动合同，未依法给予其哺乳期内每天1小时的哺乳时间，且未足额支付其月

---

① (2015)江宁民初字第4477号。

度工资严重侵害其合法权益为由,向R公司寄送《关于与R公司解除劳动关系的通知函》,通知R公司自2015年7月24日起解除双方的劳动关系,并要求R公司给予补偿。

2. 争议焦点

被告是否应支付未签订劳动合同的双倍工资?

3. 一审法院审理及判决

法院审理查明:原告刘某称其于2015年3月10日进入被告R公司工作。R公司在其入职后直至2015年7月一直未与其签订劳动合同,同时恶意扣留其本人工资。刘某提交有应聘人员登记表、参保缴费证明,以证明其主张。R公司对上述证据的真实性均无异议,但对刘某主张的上述费用均不予认可。认为公司已足额发放刘某工资,不存在预留刘某的工资。R公司提交有劳动合同书原件1份、2015年3月至6月工资表及考勤表复印件各4份,证明其与刘某有签订书面劳动合同,并且足额发放了刘某的工资。刘某对劳动合同书的真实性有异议,其认为劳动合同书落款处"刘某"的签名是复印形成的而非其手写,并申请法院进行鉴定。法院依法委托南京师范大学司法鉴定中心进行鉴定。2015年12月30日,南京师范大学司法鉴定中心出具南师大司鉴中心(2015)文鉴字第642号司法鉴定意见书,鉴定意见为署期为"2015年3月10日"《南京市劳动合同书》落款处"刘某"二字是激光打印或复印形成,非手写形成。故法院认定R公司未与刘某签订劳动合同。

刘某作为R公司的人事主管,有义务主动向R公司要求订立书面劳动合同。但刘某并未提交证据证明其曾主动要求R公司与其签订劳动合同。因此应视为刘某故意不跟公司签订书面劳动合同。

说理:劳动者以及用人单位的合法权益受法律保护。建立劳动关系,应当订立书面劳动合同。已建立劳动关系,未同时订立劳动合同的,应当自用工之日起1个月内订立书面劳动合同。用人单位自用工之日起超过1个月不满1年未与劳动者订立书面劳动合同的,应当向劳动者每月支付二倍的工资。用人单位应当按照劳动合同约定和国家规定,按时足额支付劳动报酬。当事人对自己提出的诉讼请求所依据的事实或者反驳对方诉讼请求所依据的事实有责任提供证据加以证明。没有证据证明或者证据不足以证明当事人主张的,由负有举证责任的当事人承担不利后果。本案中,双方之间存在劳动关系,R公司提交的工资表足以确认R公司预留刘某2015年5月工资833元,R公司应当按照合同约定和国家规定按时足额支付。

关于刘某主张的双倍工资11,666元,本案中,R公司确实未与刘某签订劳动合同,但是,一般而言,劳动合同签订事项属于人力资源负责的事项,刘某作为R公司的人事主管,其工作职责范围应该包括代表单位依照法律法规处理与劳动者之间劳动合同履行方面的相关事宜,避免单位因违反法律法规被追究法律责任,也应当知晓订立书面劳动合同的相关规定及不订立书面劳动合同的法律后果，因此，刘某有义务主动向 R 公司要求订立书面劳动合同。但刘某并未提交证据证明其曾主动要求 R 公司与其签订劳动合同。故综合刘某的岗位职务因素等考量后，法院对刘某主张的未签订劳动合同的二倍工资的请求不予支持。

判决：(1)被告南京 R 公司于本判决发生法律效力之日起 10 日内支付原告刘某 2015 年 5 月工资 833 元；(2)驳回原告刘某的其他诉讼请求。

4. 总结

我国的劳动争议案件可以适用公平和诚实信用原则来分配证明责任，且这一原则的适用以法律、司法解释等没有具体规定为前提条件。用人单位未与人事主管订立书面劳动合同，人事主管诉请用人单位支付因未订立书面劳动合同的二倍工资赔偿，因订立书面劳动合同系人事主管的工作职责，人事主管有义务提示用人单位与其订立书面劳动合同，人事主管如不能举证证明其曾提示用人单位与其订立书面劳动合同，则不应支持其诉讼请求。

三、案例分析及法理拓展

（一）劳动争议诉讼举证责任规则存在的问题

根据前文“知识背景”部分对我国现有的劳动争议举证责任规则的分析，可以总结出我国当前劳动争议案件证明责任分配模式是“一般规则 + 特殊规则 + 法官自由裁量”模式。然而这种模式仍存在以下问题：

第一，一般规则不能满足劳动争议案件的特殊性。在普通民事主体之间，由于双方当事人平等协商、意思自治，且双方对于证据的获取、保存的能力也相对较为平等，依据“谁主张，谁举证”的一般规则完成各自的举证义务并非难事。但是劳动争议的特殊性体现在劳动关系本身兼具了平等性和隶属性两项特征。劳动关系的平等性体现在双方的法律地位平等，主要表现为自由协商、意思自治，特别是在劳动合同订立的阶段。但是劳动关系一旦确立，劳动者就必须遵守用人单位的规章制度，故在劳动合同的履行阶段，其隶属性就变得更为明显。此时，体现民法平等保护精神的证明责任分配一般规则其法理基础就存在疑问。①

第二，特殊规则规定较少、效力较弱且不成体系。而且随着社会经济的发展，新的劳动争议的类型层出不穷，特殊规则的作用始终有限。目前尚未出现专门的劳动争议案件举证责任的特殊规则体系，涉及劳动争议举证责任的规定散落在司法解释、通知、

① 北京市劳动和社会保障学会编：《用人单位劳动争议前沿问题与实践》，法律出版社 2010 年版，第 471 页。

规定之中,立法层级低且缺乏体系化规定。有的法律规范在具体案件的适用中甚至互相冲突,法官在无法判断是否适用举证责任倒置等特殊规则时,往往直接适用一般规则,加重了劳动者的举证责任。

(二)劳动争议诉讼举证责任规则的完善

本书认为,可以考虑将劳动争议依据其产生的不同阶段进行划分,针对劳动争议产生于劳动关系的不同发展阶段及发生劳动争议的不同原因,采用相对合理的举证责任分配方法。

对于劳动争议的类型,具体可以分为三种。第一种,劳动关系确立阶段的劳动争议。包括劳动关系确立争议、劳动合同订立的争议等。在这一阶段劳动者和用人单位的地位是平等的,此时用人单位尚未将劳动者纳入自己的管理之中,用人单位相对于劳动者并没有明显的优势地位。所以这个阶段举证责任分配的原则,可以采用"谁主张,谁举证"的方式。

第二种,劳动关系存续阶段的劳动争议。例如,工作时间、休息休假、社会保险、培训、福利、待遇、保护等方面的争议,还有医疗、工伤、经济补偿等方面的争议。这一阶段中,具有从属性的劳动关系已经确立,劳动者对于用人单位具有人身从属性和经济从属性。此时如果出现争议,劳动者往往处于弱势地位,很难提出能够完全证明自己主张的全部证据,而用人单位对于劳动关系存续期间产生的相关材料的制作、保存和隐匿都具有优势。因此考虑劳资双方实质上的不平等,这一阶段的举证责任分配可以将用人单位承担举证责任作为原则,"谁主张,谁举证"为例外,以实现对劳动者的倾斜保护。

第三种,劳动关系解除阶段的劳动争议。例如,劳动合同的终止、解除、变更等争议。这个阶段中双方劳动关系虽然已经终止,管理和被管理的关系已经不存在,但是争议的内容仍然属于在管理和被管理阶段中所发生的事实。以辞退为例,根据《劳动合同法》的有关规定,用人单位此时需承担的法律责任与其辞退的理由直接相关。而用人单位作出的决定通常是依据劳动关系存续期间发生的事实。在这类争议案件中,劳动者实际还是处于相对弱势的地位。因此对于这一阶段的劳动争议案件,作为用人单位就需要根据诉讼请求承担相应的举证责任,证明自己解除或者终止劳动关系的决定、经济补偿等;劳动者也需要提供相应的受到侵害的事实。例如,经济补偿中的纠纷,作为劳动者就需要提供与用人单位建立劳动关系之后相应的事实、工作年限期间相应的事实等。总之,在这个阶段当中举证责任的分配需要建立在诉讼请求依据事实的具体阶段基础上,由双方分别承担举证责任。

四、举一反三

蔡某在广东某公司担任保安一职,2013 年 3 月 12 日,公司以蔡某严重违反公司规章制度将他辞退,蔡某提出,入职以来,公司一直要求他长期超负荷加班,从来没有支付过休息日和法定节假日的加班费,于是请求劳动仲裁裁决公司支付加班费。

结合本节内容,分析本案举证责任应如何分配。

第六节　劳动争议一裁终局中的法律问题

一、知识背景

《劳动争议调解仲裁法》第 47 条对当事人不服终局裁决的情况分别规定了劳动者起诉和用人单位申请撤销终局裁决的制度。这种有条件、有限制的一裁终局制度,直接减少了用人单位一方的争议处理环节,意在抑制用人单位恶意拖延司法程序,提高劳动争议处理的效率。在优先突出效率的同时,限制适用终局裁决的案件范围和当事人、赋予用人单位申请撤销终局裁决的权利也兼顾了劳动争议当事人之间的公平。并且加强了劳动争议仲裁机构在劳动争议处理中的主导地位,充分发挥了仲裁制度的优势,提高了劳动争议的处理效率。

(一)劳动争议终局裁决的适用范围

《劳动争议调解仲裁法》第 47 条规定,追索劳动报酬、工伤医疗费、经济补偿或者赔偿金,不超过当地月最低工资标准 12 个月金额的争议;因执行国家的劳动标准在工作时间、休息休假、社会保险等方面发生的争议,仲裁裁决为终局裁决,裁决书自作出之日起发生法律效力。

由上述法条可知,终局裁决的适用范围仅限于:(1)追索劳动报酬、工伤医疗费、经济补偿或者赔偿金,不超过当地月最低工资标准 12 个月金额的争议;(2)因执行国家的劳动标准在工作时间、休息休假、社会保险等方面发生的争议。

(二)劳动争议终局裁决生效的时间

根据《劳动争议调解仲裁法》第 47 条的规定,终局裁决的仲裁裁决书自作出之日起发生法律效力。但是,该法第 48 条规定,劳动者对仲裁裁决不服的,可以在收到仲裁裁决之日起 15 日内向法院起诉。由此可见,劳动争议终局裁决的生效是一种有限制的生效,其主要针对的是对用人单位即时生效,如果用人单位有证据证明终局裁决有特定情形,只能选择自收到仲裁裁决书之日起 30 日内向劳动争议仲裁委员会所在地的中级人民法院申请撤销裁决。

(三)劳动争议终局裁决的司法监督

对于终局裁决,司法监督的形式有两种:(1)劳动者对仲裁裁决不服的,可以自收到仲裁裁决书之日起15日内向法院提起诉讼。(2)用人单位有证据证明仲裁裁决适用法律法规确有错误,仲裁委员会无管辖权、违反法定程序,据以裁决的证据是伪造的,对方当事人隐瞒了足以影响公正裁决的证据,仲裁员在仲裁该案时有索贿受贿、徇私舞弊、枉法裁决行为等情形时,可以自收到仲裁裁决书之日起30日内向仲裁委员会所在地的中级法院申请撤销裁决。法院经组成合议庭审查核实后应当裁定撤销。仲裁裁决被法院裁定撤销的,当事人可以自收到裁定书之日起15日内就该劳动争议事项向法院提起诉讼。

二、典型案例

(一)案情简介[①]

2014年4月28日,杨某以重庆某物业管理有限公司为被申请人,就劳动报酬、双倍工资差额、经济补偿金、赔偿金、失业保险待遇损失、年休假工资向重庆市九龙坡区劳动人事争议仲裁委员会申请仲裁,该委于2014年7月20日作出渝九劳人仲案字(2014)第716号仲裁裁决书,裁决重庆某物业管理有限公司支付杨某劳动报酬384元,未休年休假工资2120.46元。一审法院以仲裁裁决属于终局裁决为由驳回了公司的起诉,公司认为杨某申请裁决的金额超过了重庆市最低月工资12个月的金额,不符合一裁终局的情形,又提起上诉。

二审法院认为,涉案仲裁裁决的内容仅有支付劳动报酬和未休年休假工资两项,重庆市月最低工资标准12个月的金额为15,000元,涉及劳动报酬的裁决项金额没有超过这一标准,而未休年休假工资的裁决项属于因执行国家的劳动标准在工作时间、休息休假、社会保险等方面发生的争议,劳动仲裁委员会作出的裁决属于终局裁决,2015年2月,二审法院裁定驳回上诉。

(二)争议焦点

涉案劳动争议仲裁裁决书是否属于终局裁决?

(三)一审法院审理及裁判

说理:根据《劳动争议调解仲裁法》第47条的规定,追索劳动报酬、工伤医疗费、经济补偿或者赔偿金,不超过当地月最低工资标准12个月金额的争议仲裁裁决为终局裁决,裁决书自作出之日起发生法律效力。九龙坡区劳动人事争议仲裁委员会就杨某仲裁请求的劳动报酬和未休年休假工资每项的裁决金额均未超过重庆市月最低工资标准12个月金额15,000元,因此渝九劳人仲案字(2014)第716号仲裁裁决书应为终局裁决。

---

① (2015)渝五中法民终字第01368号。

裁定：驳回重庆某物业管理有限公司的起诉。

（四）二审法院审理及裁判

说理：本案中，重庆市九龙坡区劳动人事争议仲裁委员会未在涉案仲裁裁决中确定该裁决属于终局裁决或非终局裁决，故该仲裁裁决的类型应由人民法院依法进行审查确认。涉案仲裁裁决的裁决项仅有由上诉人向被上诉人支付劳动报酬和未休年休假工资两项内容，其中涉及劳动报酬的裁决项金额未超过重庆市月最低工资标准12个月金额15,000元，而未休年休假工资的裁决项属于因执行国家的劳动标准在工作时间、休息休假、社会保险等方面发生的争议，故重庆市九龙坡区劳动人事争议仲裁委员会作出的渝九劳人仲案字（2014）第716号《仲裁裁决书》属于终局裁决。

裁定：驳回上诉，维持原裁定。

三、案例分析及法理拓展

（一）劳动争议终局裁决"小额争议"相关问题

上述案例对"不超过当地月最低工资标准12个月的金额"这一条款的适用发生了争议。12个月的金额是针对申请金额还是裁决的金额？是按每一项的金额还是总计的金额计算？"当地"指的是被告所在地、劳动争议发生地还是仲裁委员会所在地？确定工资标准的时间是指争议发生时还是裁决作出时？关于这些疑问，现有规定对于其中部分有规定，但仍有部分问题规定并不明确。

1. 对终局裁决金额的理解。《劳动法司法解释（三）》规定，追索劳动报酬、工伤医疗费、经济补偿或者赔偿金，如果仲裁裁决涉及数项，每项确定的数额均不超过当地月最低工资标准12个月金额的，应当按照终局裁决处理。由此可以得出，终局裁决所称小额争议，是指仲裁裁决时所确定的每一项的金额不超过12个月的月最低工资标准的争议。

2. 对最低工资标准的参照地和参照时间的理解。在劳动争议终局裁决规则适用过程中，出现了对"当地月最低工资标准"中的"当地"是指劳动合同履行地、劳动合同签订地、用人单位所在地、仲裁机构所在地，还是法院所在地等不同的理解。另外，根据《最低工资规定》的要求，各地的最低工资标准每2年至少调整一次，所以判断的时间节点是"提出仲裁申请时"还是"作出仲裁裁决时"也有不同的理解。这些不同的组合，会导致同一个案件中可能有多个最低工资数额，究竟以哪个数额作为判断是否适用终局裁决的标准就成为困扰实务部门的问题，造成了法律适用的不统一。现行立法对此未作规定，不同地方都提出了不同的理解，例如北京市规定裁决作出时本市最低工资标准为最低工资标准。湖南省规定的当地月最低工资标准是指裁决作出时，用人单位所在设区的市或自治州人民政府公布的本地区最低工资标准。重庆市则规定裁决作出时仲裁委员会所在地的月工资标准。从现有法律对劳动者最低工资标准适用的规定来看,用人单位所在地与劳动合同履行地不一致的,适用劳动合同履行地的标准,特殊情况下还可以选择适用对劳动者更有利的标准。

(二)劳动争议终局裁决“标准争议”相关问题

《劳动争议调解仲裁法》规定对于执行国家的劳动标准在工作时间、休息休假、社会保险等方面发生争议的案件应当一裁终局,对于该类案件,我们通常称为“标准争议”。在用人单位违反国家劳动标准的案件中,劳动者除了直接要求执行国家劳动标准,如按法定工作时间工作之外,其请求往往转化为以用人单位违反国家劳动标准为理由主张加班工资、社会保险待遇等涉及金钱给付的内容。此时,争议事项到底适用小额争议的规定还是劳动标准争议的规定就成为困扰实务部门的问题。对此,理论界和实务界一直以来关注和探讨的就比较少,在当前大力扩大终局裁决适用范围的背景下,这个问题才明显地暴露出来。有些地方开始尝试对法律规定进行释明,但各地的理解也可谓见仁见智。目前绝大多数地方都认为涉及社会保险待遇特别是工伤保险待遇的事项属于劳动标准案件的范围,不需要受到金额限制而可以直接适用终局裁决。①

各地仲裁、司法部门出台的地方性规定,虽有助于直接解决法律依据空白的现实问题,但却容易破坏法律的统一性。这一问题的解决,最优也是最终的路径当然是提升立法层次,通过高位阶立法,作出统一、明确的规定。

四、举一反三

黑龙江某牛羊肉店与吕某发生劳动争议申请仲裁,仲裁委员会作出了齐龙劳人仲字(2014)第24号仲裁裁决书两份,一份标明为终局裁决,另一份标明为非终局裁决,牛羊肉店向中级人民法院申请撤销裁决书。

结合本节内容分析:对于仲裁委员会在同一时间、同一案号作出的终局和非终局两份裁决书,是否属于同一仲裁裁决?

---

① 参见孔令吉:《我国劳动争议终局裁决制度的反思与完善》,西南政法大学经济法学院2018年硕士学位论文,第13页。

第五章　社 会 保 障

第一节 社保缴纳义务

一、知识背景

社会保险法是社会保障法的核心内容，其以保险机制预防年老、疾病、失业、工伤、生育等导致收入中断的社会风险。社会保险，指国家为了预防和分担年老、失业、疾病以及死亡等社会风险，实现社会安全，而通过立法强制社会多数成员参加的具有所得重新分配功能的非营利性的社会安全制度。① 社会保险包括养老保险、疾病保险、失业保险、工伤保险、生育保险等项目。

(一)社会保险费缴纳主体

《社会保险法》第4条规定，"中华人民共和国境内的用人单位和个人依法缴纳社会保险费，有权查询缴费记录、个人权益记录，要求社会保险经办机构提供社会保险咨询等相关服务"。由此可知，社会保险费缴纳的主体包括用人单位与劳动者个人，但是具体保险险种的缴费主体存在区别。其中养老保险、医疗保险、失业保险的缴费主体为用人单位和职工，而工伤保险、生育保险的缴费主体为用人单位。

(二)用人单位的权利与义务

在社会保险关系中，用人单位主要是义务承担者，所享有的权利多是在履行社会保险的登记、费用缴纳过程中产生的程序性权利，如查询保费登记记录的权利、咨询的权利等。具体而言，用人单位的社保义务包括以下类型：

1. 缴费义务。《社会保险法》第60条、第63条规定，用人单位应当自行申报、按时足额缴纳社会保险费，非因不可抗力等法定事由不得缓缴、减免。用人单位未按时足额缴纳社会保险费的，由社会保险费征收机构责令其限期缴纳或者补足。雇主承担的缴费义务不仅包括缴纳保险费的义务，还包括因为违反缴纳保险费的规定产生的滞纳金和利息缴纳义务。

2. 登记义务。用人单位应当自成立之日起30日内凭营业执照、登记证书或者单位印章，向当地社会保险经办机构申请办理社会保险登记。而用人单位因种种原因导致登记事项发生变更或者用人单位依法终止的，应当自变更或者终止之日起30日内，到社会保险经办机构办理变更或者注销社会保险登记。且对于新招录的员工，用人单位应当自用工之日起30日内为其职工向社会保险经办机构申请办理社会保险登记。未

① 关怀、林嘉：《劳动与社会保障法》，法律出版社2016年版，第237页、第250～251页。

办理社会保险登记的,由社会保险经办机构核定其应当缴纳的社会保险费。

3. 协助义务。为了确定保险资格以及保险费数额,征缴主体应当对登记的有关信息进行审查,在特定的情况下对雇主的其他材料甚至进入雇主的生产场所进行审查,在审查时,雇主应该承担相应的协助义务。

4. 信息披露义务。用人单位履行相应的缴费义务的,应该按月将相关的缴纳社会保险费的明细情况告知被保险人。用人单位应履行的缴纳社会保险费的义务具有双重属性:一方面是基于社会保险法律规定,对国家承担的公法义务;另一方面则是基于劳动合同,对劳动者所承担的私法义务。因此,用人单位违反相应义务,不仅应承担公法责任,如缴纳滞纳金等,还要承担劳动合同责任,如劳动者可解除劳动合同,并请求支付经济补偿金。

(三)社保关系转移

1. 养老保险关系的转移。依据《社会保险法》第 19 条的规定,个人跨统筹地区就业的,其基本养老保险关系随本人转移,缴费年限累计计算。个人达到法定退休年龄时,基本养老金分段计算、统一支付。参保人员跨省流动就业转移基本养老保险关系时,1998 年 1 月 1 日之前的个人账户储蓄额按照个人缴费累计本息计算转移,1998 年 1 月 1 日之后的个人账户储蓄额按照记入个人账户的全部储蓄额计算转移。统筹基金则以本人 1998 年 1 月 1 日之后各年度实际缴费工资为基数,按 12% 的总和转移,参保缴费不足一年的,按实际缴费月数计算转移。

2. 医疗保险关系的转移,依据《社会保险法》第 32 条的规定,个人跨统筹地区就业的,其基本医疗保险关系随本人转移,缴费年限累计计算。人力资源和社会保障部、卫生部、财政部 2009 年制定了《流动就业人员基本医疗保障关系转移接续暂行办法》,对流动人员的医疗保险关系接续有较为细致的规定。

二、典型案例①

(一)基本案情

金某于 1999 年 10 月 27 日入职 K 公司,该公司后更名为 N 公司。2010 年年底至 2011 年年初,其橱柜事业部独立成立 L 公司,金某在 L 公司继续工作,N 公司继续为其缴纳社保至 2013 年 10 月 25 日,2013 年 10 月 27 日,N 公司人事部的工作人员电话告知其从下月起不再为其缴纳社保。在 2011 年 3 月前金某的工资由 N 公司发放,2011 年 4 月之后其工资是 L 公司发放。2013 年 10 月,N 公司要求金某与劳务派遣公司签订劳动合同,并要求其提交辞职书,却不给予任何补偿。金某不同意,N 公司即解除了双方之

---

① (2014)穗萝法民一初字第 224 号。

间的劳动关系。在职期间,金某从未休过年假,此外,N公司从2010年10月开始为金某办理社保,后双方发生争议。

金某于2014年3月4日向广州开发区萝岗区劳动人事争议仲裁委员会申请仲裁,请求:(1)确认金某与N公司自1999年10月27日至2013年10月31日存在劳动关系;(2)N公司支付1999年10月27日至2013年10月31日违法解除劳动关系的赔偿金56,425元;(3)N公司支付2012年、2013年的年休假工资14,689.70元。2014年5月12日,广州开发区萝岗区劳动人事争议仲裁委员会作出裁决:N公司向金某支付2013年未休带薪年休假工资844.06元,确认金某2011年3月至2013年9月与N公司存在事实劳动关系,驳回金某本案其他仲裁请求。金某和N公司均不服仲裁裁决,向法院提起诉讼。

法院另查明,金某在2010年10月至2013年10月有社保缴费记录,其中2010年10月至2011年2月的缴保单位为X公司,2011年3月至2013年10月的缴保单位为N公司。

(二)争议焦点

金某与N公司之间是否存在劳动关系及劳动关系存续期间如何计算?

(三)一审法院说理与裁判

说理:首先,从工商登记资料所反映的情况及当事人的陈述来看,法院可以认定K公司、N公司、X公司与第三人均互为关联企业。其次,N公司并非有相关代理资质的中介顾问机构,而其亦未能对第三人委托其为金某缴纳社保的原因,以及仅为温某及金某两人缴纳社保的原因作出合理解释,故法院对其关于受第三人委托为金某缴纳社会保险的主张不予采信。再次,金某提交的《人事档案表》上记载的内容可以显示出金某于1999年10月27日入职K实业公司的事实。最后,从现有证据相互间证明力及双方所陈述事实的合理性来看可以推导出如下的事实:一是金某在K公司处入职;二是X公司与金某签有劳动合同;三是第三人曾为金某发放工资;四是X公司和N公司为金某缴纳社保。上述关联企业在处理与金某的劳动关系时存在规避自己法定责任之嫌,致使金某劳动关系项下的合法权益长期无法得以确定,一旦发生纠纷则各企业之间相互推诿。综上所述,鉴于劳动者在劳动关系上相对弱势的地位,且上述关联公司在用工管理上的混乱导致金某工资发放、劳动合同签订、社保缴纳等问题的主体不一致,该过错应归于上述关联企业一方,现金某要求确认N公司与其存在劳动关系,并无不当。但考虑到N公司于2002年10月12日才成立,故法院确认金某与N公司在2002年10月12日至2013年10月31日存在劳动关系。

判决:

(1)确认金某在2002年10月12日至2013年10月31日与N公司存在劳动关系;

(2)N公司无须向金某支付2013年未休带薪年休假工资844.06元。

三、案例分析及法理拓展

(一)社保缴纳关系在认定劳动关系中的作用

在上述案例中,金某先后与X公司、L公司签订了劳动合同,且其就职于L公司,然而其工资与社保费用却是N公司所缴纳,因此,金某与N公司就具有了形式上的社保缴纳关系,那么能否据此证明二者之间就存在劳动关系呢?

实践中这种情形比较常见,尤其是关联公司之间会有社保缴纳主体不一致的情形,尽管不符合《社会保险法》的规定,但是出于维护劳动者的利益考量,这类情形的社保缴纳仍然是有效的。但是,认定劳动关系的要件是用工、主体标准和从属性标准,社保缴纳关系只能看作劳动关系认定的辅助证据,若劳动者以此主张与用人单位存在劳动关系,还需要其他的证据予以佐证,如存在劳动合同,或者劳动者确实为用人单位所雇用,在用人单位提供劳动。因此,用人单位与劳动者双方之间的社保缴纳关系,可以作为证明劳动关系的证据之一,但是不能作为证明劳动关系的充分条件。

(二)用人单位委托社保代理机构缴纳社保的效力

《社会保险法》第60条第1款规定:"用人单位应当自行申报、按时足额缴纳社会保险费,非因不可抗力等法定事由不得缓缴、减免。职工应当缴纳的社会保险费由用人单位代扣代缴,用人单位应当按月将缴纳社会保险费的明细情况告知本人。"由此可见,用人单位和劳动者之间社会保险关系的建立是基于法律的明确规定而非双方的合意性约定,用人单位缴纳社会保险是法定的强制性义务。

在该条中,如何理解"自行申报、按时足额缴纳"的含义在理论与实务上存在一些争议。实务中,用人单位委托社保代理机构缴纳社保和劳动者自行委托社保代理机构缴纳社保的情形较为常见,甚至在用人单位委托社保代理机构缴纳社保的业务中,还存在用人单位委托社保代理机构一并为劳动者发放工资、缴纳公积金的情形。一种观点认为,《社会保险法》第60条第1款的规定强调了用人单位亲自履行社保缴纳义务的目的,不能委托其他主体代为缴纳,因此委托缴纳社保并不具有合法性,进而会影响职工享受社会保险待遇。另一种观点认为,《社会保险法》第60条仅规定了用人单位和职工的社保缴纳义务,其中"自行申报"强调的是以用人单位的名义申报缴纳,"按时足额缴纳"则仅强调用人单位对社保机构的缴费义务,如果用人单位通过委托的形式缴纳社保,只要委托人是以用人单位的名义缴纳,最终实现了"按时足额缴纳"的目的,其立法目的即已实现,因此并不影响职工享受社会保险待遇。

实务中,用人单位委托社保代理机构缴纳社保费用十分常见,社保代理机构与委托方之间形成代理服务合同关系。该类合同在实务中不仅包括社保代理机构代委托方缴纳社保的约定，同时还包括委托方员工社保待遇办理的约定以及委托方逾期违约责任的约定等。虽然该类合同在合同法中并不存在相应的有名合同规定，但该类合同内容只要不违反法律法规的规定，均属于有效合同。

本书同意第二种观点，《社会保险法》第60条第1款的目的是实现"及时足额缴纳社保费"的目的，其调整的是社保机构与用人单位之间的社保征管关系，而用人单位委托社保代理机构代为缴纳社保费的合同，属于民事主体之间的委托代理合同关系，该合同对合同双方当事人形成约束力，但并不因此具有对抗第三人的效力，即代理人如果不履行代理义务，并不能免除用人单位对社保机构的缴费义务，同时，劳动者也不因为社保缴纳主体的不一致而影响自身享受社会保险待遇，社保监管部门亦不能因此否认劳动者得以享受社会保险待遇。

四、举一反三

何某是L人力资源公司（以下简称L公司）派遣至K物业公司工作的劳务派遣工。L公司委托H人力资源公司（以下简称H人力公司）为何某在广州参加工伤保险。2013年6月24日，何某在值班时突发心肌梗塞死亡，经广州市南沙区人力资源和社会保障局认定为工伤。2015年12月1日，何某的家属向社保中心申请工伤死亡待遇，但是，社保中心作出《告知书》，认为死者何某的用人单位是L公司，而该公司并未在广州为何某参加工伤保险、缴交工伤保险费，因此，不同意支付工伤保险待遇。家属不服，诉至法院。

结合本节内容，分析以下问题：

1. H人力公司为何某缴纳社保的行为是否有效？

2. 法院是否应支持何某家属的诉讼请求？

第二节　社会保险争议的解决途径

一、知识背景

《劳动争议调解仲裁法》第2条明确规定，社会保险争议属于劳动争议，应当根据该法的规定来处理。然而，是否所有的社会保险争议都属于《劳动争议调解仲裁法》第2条所指的属于劳动争议的社会保险争议呢？在实践中，常见的社会保险争议包括两类：第一类社会保险争议是劳动者与用人单位之间的争议；第二类社会保险争议是劳动者、用人单位与社保费管理机构之间发生的争议，这类争议主要体现为社保经办机构或社保费征缴机构不依法办理社会保险登记、核定社会保险费、支付社会保险待遇、办理社会保险转移接续手续或者侵害其他社保权益的行为而产生的争议。很明显,第二类争议发生在行政机关与行政相对人之间,属于行政纠纷,不能认作劳动争议,也会因争议的内容不同而具有不同的性质。

(一)社会保险争议的受案范围

社会保险争议作为一类特殊的劳动争议,是否属于劳动争议仲裁和诉讼的受案范围存在一些争议。当劳动者将社会保险争议提请仲裁或者诉至法院时,仲裁机构或法院常以此类案件属社会保险行政管理范畴为由不予受理。

立法对社保争议的受案范围的规定经历了一个变化的过程。1993 年公布的《企业劳动争议处理条例》第 2 条第 2 项规定,因社会保险发生争议,适用本法处理,同时第 6 条规定了当事人可以直接申请仲裁,不服仲裁后可向法院起诉。2001 年公布的《劳动法司法解释(一)》第 1 条第 3 项规定,劳动者退休后,与尚未参加社会保险统筹的原用人单位因追索养老金、医疗费、工伤保险待遇和其他社会保险费而发生的纠纷,人民法院应当受理。2007 年公布的《劳动争议调解仲裁法》第 2 条明确了社会保险争议属于劳动争议,但是否应把所有的社会保险争议不加区别地纳入劳动争议受案范围则值得商榷。2010 年《劳动法司法解释(三)》第 1 条、第 2 条和第 3 条对社会保险争议的受案范围作出了进一步的限定,相对于《劳动法司法解释(一)》的范围有所扩展,但仍留有疑问。

总体而言,社会保险争议的解决可以分为三个层次:(1)用人单位、劳动者与社保经办机关产生社会保险争议,本质上属于行政争议,应采取行政复议或者行政诉讼的途径加以解决;(2)劳动者与用人单位之间因缴纳社保费产生争议,因涉及行政管理问题,劳动者可向社保行政主管部门举报或者投诉;(3)劳动者与用人单位之间因社会保险赔偿费用产生争议,属于劳动争议意义上的社会保险争议,适用劳动争议处理程序。

二、典型案例

(一)案情简介①

S 纺织有限公司(以下简称 S 公司)签订协议,约定朱某不要求公司为其缴纳社会保险,而由公司每月向其发放社保补贴,自 2013 年 3 月至 2015 年 3 月,S 公司共向朱某发放了 5240 元的社保补贴。后二者之间因社会保险发生争议,向县劳动人事争议仲裁委员会申请仲裁,仲裁委员会于 2015 年 6 月 19 日作出裁决书,该裁决第 2 项为:S 公司自裁决书生效之日以社会保险经办机构核定标准为朱某补缴 2006 年 8 月至 2015 年 4

① (2015)鄂荆门中民一初字第 00014 号。

月社会保险费单位应承担部分。裁决为终局裁决,自作出之日起发生法律效力。

S公司不服沙洋县劳动人事争议仲裁委员会终局裁决的第二项,向法院提起诉讼,请求撤销县劳动人事争议仲裁委员会所作出的终局裁决。

(二)争议焦点

该案是否属于法院的受理范围?

(三)法院说理与裁定

说理:依据《劳动法司法解释(三)》第1条规定,劳动者以用人单位未为其办理社会保险手续,且社会保险经办机构不能补办导致其无法享受社会保险待遇为由,要求用人单位赔偿损失而发生争议的,人民法院应予受理。据此,对于用人单位没有为劳动者办理社会保险手续且社会保险经办机构不能办理补缴手续导致劳动者无法享受社会保险待遇,由此产生的赔偿损失纠纷,属于人民法院受理的社会保险争议案件范围。但本案,朱某在仲裁阶段的请求系要求S公司为其补缴社会保险费,双方因是否应补缴社会保险费及补缴数额产生争议,不属于上述司法解释规定的人民法院审理社会保险争议案件的受案范围,对朱某提出的补缴社会保险费的请求,人民法院无审查权限,对S公司要求撤销本案仲裁裁决的申请,法院予以驳回。

裁定:驳回S公司的撤销申请。

三、案例分析及法理拓展

如前所述,社会保险争议按照主体和争议内容的不同,可以分为不同类型,对于不同的争议类型,当事人可以寻求救济的渠道也不相同。

(一)社保行政机构与劳动关系主体的社保争议解决途径

《社会保险法》第83条规定,"用人单位或者个人认为社会保险费征收机构的行为侵害自己合法权益的,可以依法申请行政复议或者提起行政诉讼。用人单位或者个人对社会保险经办机构不依法办理社会保险登记、核定社会保险费、支付社会保险待遇、办理社会保险转移接续手续或者侵害其他社会保险权益的行为,可以依法申请行政复议或者提起行政诉讼"。同时,《劳动保障监察条例》第11条则将"用人单位参加各项社会保险和缴纳社会保险费的情况"纳入劳动保障监察机构监察的范围。原劳动和社会保障部《社会保险行政争议处理办法》第3条规定,"公民、法人或者其他组织认为经办机构的具体行政行为侵犯其合法权益,向经办机构或者劳动保障行政部门申请社会保险行政争议处理"。由此可见,对于社保机构与劳动关系主体之间的社保争议属于行政争议,通常通过行政复议或者行政诉讼的途径加以解决。

(二)用人单位与劳动者之间的"损害赔偿"社保争议解决途径

用人单位与劳动者之间的争议包括"损害赔偿"争议和其他争议。其中"损害赔偿”争议属于典型的劳动争议,因此适用一般的劳动争议处理机制加以解决。争议发生后,劳动者和用人单位可以自行协商和解,也可以请工会或者第三方共同与用人单位协商和解。当事人不愿协商、协商不成或者达成和解协议后不履行的,可以向调解组织申请调解。

无论和解还是调解,都不是劳动争议处理的必经程序。当事人不愿调解、调解不成或者达成调解协议后不履行的,可以向劳动人事争议仲裁委员会申请仲裁。劳动仲裁是劳动争议处理机制的核心,原则上是处理劳动争议的必经程序。劳动者不服仲裁裁决,用人单位不服对《劳动争议调解仲裁法》第 47 条规定以外情形所作的仲裁裁决,可以依法向法院起诉。

而对于“损害赔偿”社会保险争议之外的其他争议,如补缴争议等,因为涉及行政机关的内部行政管理,仲裁和诉讼无法直接作出具有执行力的裁判,只宜通过行政举报、投诉等方式加以解决。

四、举一反三

2016 年 3 月 7 日原告郭某入职被告某信息网络公司做销售专员,双方未签订书面劳动合同,被告也没有为原告缴纳社会保险,2016 年 9 月 5 日,原告向劳动争议仲裁委员会申请仲裁,仲裁委以该申请不在该委管辖范围之内为由,驳回了该申请,原告不服,诉至法院,其中一项诉请为,请求依法裁决被告向原告支付劳动关系存续期间应缴纳的社会保险费 4000 元。

结合本节内容,回答以下问题:

1. 法院是否应该受理郭某的诉讼?

2. 如果郭某与公司签订了劳动合同,但以公司未为其办理社会保险手续,且社会保险经办机构不能补办导致其无法享受社会保险待遇为由,要求公司赔偿损失为诉讼请求,向人民法院提起诉讼,人民法院是否应该受理此诉讼?

3. 如果郭某与公司签订了劳动合同,且公司已经为他去申请办理过社会保险,并且愿意及时足额缴纳社保费,但是社保经办机构认为郭某不符合办理社保的条件,不肯为其办理社保手续,在这种情况下,郭某该如何进行维权?

第三节　约定“不办理社保”的效力

一、知识背景

社会保险是国家通过立法强制实施的，通过一定方式筹集社会保险基金，在劳动者因生育、年老、患病、伤残死亡等原因造成劳动能力暂时或永久丧失以及失业时，从国家和社会获得物质帮助和补偿的一种社会保障制度。我国《劳动法》第72条规定，“用人单位和劳动者必须依法参加社会保险，缴纳社会保险费”。《社会保险法》也规定，职工应当参加各类社会保险，用人单位应当为职工办理社会保险，并缴纳社会保险费。这表明，用人单位与劳动者依法参加社会保险、缴纳社会保险费是一项法定义务。但在实践中，用人单位可能基于用工成本的考虑，或是劳动者可能基于各种原因不愿意缴纳社会保险，双方约定排除用人单位为劳动者缴纳社会保险的义务，在这种情况下，约定“用人单位不必为劳动者办理社保”的协议是否有效的争议经常发生。

社会保险属于劳动合同的法定必备条款，因此排除社保缴纳的协议同样可以看作是劳动合同的一部分。劳动合同无效，是指劳动合同由于缺少有效要件而全部或部分不具有法律效力。《劳动合同法》第26条规定，以下三种情况会导致劳动合同无效或者部分无效：(1)以欺诈、胁迫的手段或者乘人之危，使对方在违背真实意思的情况下订立或者变更劳动合同的；(2)用人单位免除自己的法定责任、排除劳动者权利的；(3)违反法律、行政法规强制性规定的。因此，在判断劳动合同中双方约定的“用人单位不必为劳动者办理社保”的条款是否会导致劳动合同无效的问题时，《劳动合同法》第26条是重要的参考依据。在这几种认定劳动合同无效的情形中，实践当中争议最大的情形是“违反法律、行政法规强制性规定的劳动合同无效”，因而社会保险缴纳的规定是否属于《劳动合同法》第26条中的“法律、行政法规的强制性规定”成为此类劳动争议的焦点问题。

二、典型案例

(一)案情简介①

周某于2014年1月进入T公司从事井下采矿工作。工作期间，双方签订了劳动合同，合同期限为2015年3月1日至2016年1月31日。2015年12月23日，周某与T公

---

① (2017)皖01民终4856号。

司签订《终止劳动合同协议书》,协议约定:即日起双方合同终止;在2014年度、2015年度合同期限内,根据双方约定,T公司在支付周某工资时,已将加班工资、年休假工资和社保补贴包含在已支付的工资中,T公司也无须支付其他经济补偿金。并载明“本协议自双方签字之日起生效,具有同等法律效力”。后周某向庐江县劳动人事争议仲裁委员会申请仲裁,请求与T公司解除劳动关系并要求T公司支付经济补偿、停工期间工资10,800元(4个月×4500元×60%)及相应社会保险费,庐江县劳动人事争议仲裁委员会于2016年6月30日作出庐劳人仲裁字(2016)第167号仲裁裁决书,裁决:一、周某与T公司的劳动关系于2015年12月23日解除;二、T公司于仲裁裁决生效之日起1个月内为周某缴纳2014年1月至2015年12月的社会保险费,具体缴费项目和标准由社会保险经办机构核定,由双方按比例承担;三、周某于仲裁裁决生效之日起1个月内返还T公司社保补贴费用8580元;四、驳回周某的其他仲裁请求。周某对该裁决不服,在法定期限内提起诉讼。

一审法院另查明,T公司为周某缴纳了自2015年1月至12月的工伤保险费。T公司自2015年1月起每月支付周某社保补贴:2015年1月、4月、5月、6月、7月、8月、9月、10月、11月、12月共10个月,每月金额为858元,合计8580元。

(二)争议焦点

周某与T公司约定“T公司已将社保补贴包含在已支付的工资中,无须再为周某缴纳社会保险,也无须支付其他经济补偿金”的协议是否有效?T公司是否需要向劳动者支付经济补偿金?

(三)一审法院审理及裁判

说理:周某在T公司工作期间,双方签订了劳动合同,故双方之间存在劳动关系。2015年12月23日,周某与T公司签订《终止劳动合同协议书》,双方在协议中约定:在2014年度、2015年度合同期限内,根据双方约定,T公司在支付周某工资时,已将加班工资、年休假工资和社保补贴包含在已支付的工资中,T公司也无须支付其他经济补偿金。并载明“本协议自双方签字之日起生效,具有同等法律效力”。根据《劳动合同法》第26条规定,“下列劳动合同无效或者部分无效:(一)以欺诈、胁迫的手段或者乘人之危,使对方在违背真实意思的情况下订立或者变更劳动合同的;(二)用人单位免除自己的法定责任、排除劳动者权利的;(三)违反法律、行政法规强制性规定的”。该协议内容中,约定不缴纳社会保险部分违反法律强制性规定,应当认定为无效。除约定不缴纳社会保险部分因违反法律强制性规定而无效外,其他内容不违反法律、行政法规的强制性规定,且不存在欺诈、胁迫或乘人之危的情形。依据《劳动法司法解释(三)》第10条第1款的规定,劳动者与用人单位就解除或者终止劳动合同办理相关手续、支付工资报酬、加班费、经济补偿或者赔偿金等达成的协议,不违反法律、行政法规强制性规定,且不存在欺诈、胁迫或者乘人之危情形的,应当认定有效。故法院认为,该协议中,除社会保险费之外的内容符合法律规定,周某现要求T公司支付解除劳动关系经济补偿的诉讼请求,法院不予支持。周某要求T公司支付停工期间工资10,800元(4个月×4500元×60%)的诉讼请求,无事实及法律依据,法院不予支持。

周某在T公司工作期间,T公司未为其缴纳各项社会保险。根据《劳动法》第72条的规定,缴纳社会保险是用人单位的法定义务。因此,T公司应为周某缴纳自2014年2月至2015年12月的社会保险,具体缴费项目和标准由社会保险经办机构核定,由双方按比例承担。T公司辩称其已发放社保补贴8580元,并提交有周某签名的保险补贴表予以证明,其要求周某返还社保补贴符合法律规定,法院予以支持。

判决:(1)T公司于判决生效之日起1个月内为周某缴纳2014年1月至2015年12月的社会保险费,具体缴费项目和标准由社会保险经办机构核定,由双方按比例承担;(2)周某于判决生效之日起1个月内返还T公司社保补贴费用8580元。

(四)二审审理及判决

说理:周某主张其进入T公司工作时间为2013年,为此二审前往温州市苍南县社会保险管理中心调取其工伤保险缴费记录。记录显示T公司自2013年4月起为周某购买工伤保险,故法院认定周某入职T公司时间为2013年4月。故T公司应当为周某补缴2013年4月至2015年12月的社会保险。周某主张因调取证据产生的交通费、伙食费、住宿费等,因缺乏法律依据,法院不予支持。

根据《劳动法司法解释(三)》第10条,在《终止劳动合同协议书》内容中,除约定不缴纳社会保险部分因违反法律强制性规定而无效外,其他内容不违反法律、行政法规的强制性规定,且不存在欺诈、胁迫或乘人之危的情形,应为合法有效。依据双方约定,在2014年度、2015年度合同期限内,T公司在支付周某工资时,已将加班工资、年休假工资和社保补贴包含在已支付的工资中,T公司无须支付其他经济补偿金,故周某要求支付经济补偿金的主张,法院不予支持。协议中关于不购买社会保险的约定违反法律强制规定,T公司应当为周某购买自周某入职到解除劳动合同期间的社会保险。T公司已提供证据证明其支付社保补贴合计8580元,且周某对其在社保补贴领取表中的签名予以认可,故一审法院判令周某返还社保补贴8580元并无不当,法院予以维持。周某要求T公司支付停工期间工资10,800元(4500元×4个月×60%)的主张,无事实和法律依据,法院不予支持。

判决:(1)维持安徽省庐江县人民法院(2016)皖0124民初3507号民事判决第一项、第三项,即周某与T公司于2015年12月23日解除劳动关系;周某于本判决生效之日起1个月内返还T公司社保补贴费用8580元;(2)变更安徽省庐江县人民法院(2016)皖0124民初3507号民事判决第二项为T公司于本判决生效之日起1个月内为周某缴纳2013年4月至2015年12月的社会保险费,具体缴费项目和标准由社会保险经办机构核定,由双方按比例承担。

三、案例分析及法理拓展

(一)约定"用人单位不必为劳动者办理社保"的协议的效力

在周某与T公司的案件中,原被告围绕"用人单位与劳动者约定不缴纳社会保险,该条款是否有效"展开了争论。T公司认为周某与其以书面形式约定"通业公司将社保补贴计入工资、不缴纳社会保险,周某愿承担一切责任及后果"的条款是双方真实意思的表达,应认定该条款有效。一审、二审法院都认为,依据《劳动合同法》第26条的规定,该条款的内容违反《社会保险法》的强制性规定,应当认定为无效。

虽然上述案例关于社保缴纳的约定规定在《终止劳动合同协议书》中,但在实践中,直接在劳动合同中免除用人单位社保办理与社保费缴纳义务的情形也十分常见,二者在法理上完全一致。关于社会保险缴纳的规定是否属于《劳动合同法》第26条中的"法律、行政法规的强制性规定"一直存在争议。《劳动法》第72条规定,"用人单位和劳动者必须依法参加社会保险,缴纳社会保险费"。《社会保险法》第4条规定,"中华人民共和国境内的用人单位和个人依法缴纳社会保险费"。从法律条文的文义上来解释,可以理解为依法缴纳社会保险是劳动法规定的用人单位与劳动者的法定义务。所以,这应当属于一个强制性规定。但是在理论上,强制性规定又可以分为管理性强制性规定和效力性强制性规定,只有违反效力性强制性规定,才会导致合同无效的后果。因此"用人单位和劳动者必须依法参加社会保险,缴纳社会保险费"是否属于效力性强制性规定,直接影响该约定的效力。

最高人民法院于2009年发布的《关于当前形势下审理民商事合同纠纷案件若干问题的指导意见》第16条指出,"如果强制性规范规制的是合同行为本身即只要该合同行为发生即绝对地损害国家利益或者社会公共利益的,人民法院应当认定合同无效。如果强制性规定规制的是当事人的'市场准入'资格而非某种类型的合同行为,或者规制的是某种合同的履行行为而非某类合同行为,人民法院对于此类合同效力的认定,应当慎重把握,必要时应当征求相关立法部门的意见或者请示上级人民法院"。换言之,最高人民法院认为对于效力性强制性规定的认定,应当以违反行为是否违反该法律行为所保护之公共利益为判断依据。因此,在劳动法中,基本上我们可以将直接影响国家、社会和劳动者权利的强制性规定归属于效力性强制性规定。办理社保的规定,是国家为了保障劳动者的基本权利而对劳资双方提出的义务性要求,如果可以通过约定排除缴纳社保的义务,当劳动者遇到年老、失业、患病、工伤、生育等特殊情形时,就难以保证劳动者的生存权。正因如此,办理社保的规定应当属于影响合同效力的效力性强制性规定。因此,约定“用人单位不必为劳动者办理社保”的劳动合同条款当属无效。但该条款无效并不影响其他条款的效力。根据我国《合同法》第56条规定:“无效的合同或者被撤销的合同自始没有法律约束力。合同部分无效,不影响其他部分效力的,其他部分仍然有效。”劳资双方在合同中约定“用人单位不必为劳动者办理社保”的劳动合同条款不影响劳动合同其他条款的效力,劳动合同其他条款仍然有效。

(二)用人单位未依法缴纳社会保险的法律风险

社会保险是国家立法加以确认的强制性规定,不缴纳社会保险的约定不仅导致该约定无效,也不利于劳动者合法利益的保护和劳动风险的防范。用人单位未依法缴纳社会保险应承担以下后果:(1)依据《社会保险法》第86条的规定:“用人单位未按时足额缴纳社会保险费的,由社会保险费征收机构责令限期缴纳或者补足,并自欠缴之日起,按日加收万分之五的滞纳金;逾期仍不缴纳的,由有关行政部门处欠缴数额一倍以上三倍以下的罚款。”这表示用人单位未及时缴纳社会保险需承担一定的行政责任。(2)对于没有发生医疗、工伤等社保相关费用的劳动者而言,用人单位应该按照其给劳动者的实发工资足额为其补缴社会保险,补缴的数额按照员工的实发工资数额确定。即使劳动者已经超过法定退休年龄无法为其补缴养老保险费,或劳动者通过其他机构或以其他形式缴纳了社会保险,用人单位也应支付已缴纳社保中单位应承担的部分。并且,如果劳动者通过其他途径缴纳社保基数低于用人单位应为其缴纳的基数或已经接受过用人单位的不足额社保补贴,导致劳动者损失,差额部分劳动者亦可要求用人单位支付。(3)如果劳动者已经产生了医疗、工伤等社保风险,则由于该风险产生的费用应由用人单位全部承担。

(三)“不办理社保”约定的效力争议的性质

在理论界,各界对“社会保险争议是否属于劳动争议”问题一直没有统一的观点。虽然《劳动争议调解仲裁法》明确规定社会保险争议是劳动仲裁的受案范围,但对什么是社会保险争议,实践中却有不同的理解。这样就直接导致了法律适用的困惑。《劳动争议调解仲裁法》第2条规定,因工作时间、休息休假、社会保险、福利、培训以及劳动保护发生的争议适用本法。如果对社会保险争议作字面解释的话,那么劳动争议包括所有的社会保险争议;如果对社会保险争议作限制解释的话,并不是所有的有关社会保险的争议都是社会保险争议。

“用人单位不必为劳动者办理社保”协议效力争议是否属于劳动争议呢?当劳资双方因此发生争议时是否能提交仲裁机构或者人民法院处理?本书认为,在这种情形下,应当认定这种争议为劳动争议。约定“用人单位不必为劳动者办理社保”的劳动合同是否有效的争议是发生在劳动者与用人单位之间,并且争议焦点也落在该合同条款是否有效上。而双方对劳动合同的无效或者部分无效有争议,应当由劳动争议仲裁机构或者人民法院确认合同是否有效。所以，约定“用人单位不必为劳动者办理社保”的劳动合同是否有效的争议属于劳动争议。

另外，劳动争议仲裁机构或人民法院如何裁判此类纠纷也是值得探究的问题。在上述案例中，一审、二审法院对约定“用人单位不必为劳动者办理社保”的劳动合同是否有效的争议属于劳动争议这一点予以认可，受理该案并进行了审理。但二审法院做出的“用人单位为周某补缴社会保险费”的判决引起了一些人的反对。有些人认为法院直接判决用人单位为劳动者补缴社会保险费不合理，因为社保补缴的问题属于行政管理的范畴，有部分社会保险是无法补缴的，同时，补缴社保还存在一个是否可执行的问题。鉴于现实情况的多样性，如果用人单位未依法为劳动者缴纳社会保险，用人单位应当按照应缴纳社会保险费的标准，对劳动者进行赔偿。即对于能补缴的部分，用人单位应为劳动者补缴；不能补缴的部分，用人单位则应按照相应法律法规规定的计算标准，对劳动者进行赔偿。故上述案例中，用人单位在为周某补缴能补缴部分的社保后，对不能补缴的部分，还应支付相应的赔偿。

四、举一反三

结合本节内容，分析以下问题：

1. 劳资双方约定用人单位无须为劳动者缴纳社会保险，由劳动者在用人单位领取保险补助自行办理，劳动者离职后能否以用人单位未缴纳社保为由请求用人单位支付经济补偿金？

2. 劳资双方约定用人单位无须为劳动者缴纳社会保险后，劳动者是否能同时主张解除双方劳动合同、用人单位为其补缴社会保险及支付经济补偿金？

第四节　工伤认定

一、知识背景

为保障工伤职工或其亲属获得及时、有效的救济，分散用人单位的工伤风险，促进工伤预防和职业康复，工伤保险制度应运而生。工伤认定是工伤保险制度中一个重要环节，也是决定受伤职工或者其近亲属是否可以享受工伤保险待遇的关键因素。工伤认定是指工伤认定机构按照法定的程序，依据一定的标准对职工遭受事故伤害或者患病是否属于工伤进行确认的行为。

(一)工伤认定的基本因素

工伤的认定,通常考虑以下几个基本因素:(1)时间因素。工伤一般只限于工作时间之内所发生的伤害。工作时间是指劳动者为履行工作义务,在法定限度内为用人单位从事工作或者生产的时间。工作时间不仅包括作业时间,还包括准备工作时间、收尾工作时间等。(2)空间因素。工伤一般只限于工作场所即生产、工作区域之内所发生的伤害。工作场所并不仅指操作车间、办公区域等职工直接从事工作、生产的场所,还应当包括单位的公共通道、厕所等场所。(3)职业因素。工伤认定的核心因素是工作原因,即因工作原因受到事故伤害才属于工伤。只要伤亡是因执行职务而发生的,即使发生在工作时间或工作区域之外,也属于工伤。(4)主观过错因素。除了法律法规明确规定的职工本人故意造成的伤害不应属于工伤外,职工本人有过失或无过错的主观心理状态下的伤害,只要符合因工伤亡的其他条件,都应属于工伤。(5)立法政策因素。基于政策考虑,立法上明确规定了一些虽在工伤的一般情形之外但视同工伤的特殊情况。我国法律规定,在抢险救灾等维护国家利益、公共利益活动中受到伤害的,应视同工伤。《社会保险法》第36条规定:"职工因工作原因受到事故伤害或者患职业病,且经工伤认定的,享受工伤保险待遇;其中,经劳动能力鉴定丧失劳动能力的,享受伤残待遇。工伤认定和劳动能力鉴定应当简捷、方便。"这里实际上将工作原因作为工伤认定的核心要素。

(二)工伤范围的具体规定

工伤范围是工伤认定的前提,一般由法律直接规定。各国及地区的工伤保险法律以及国际劳工公约对工伤范围的规定主要采取以下几种立法模式:概括式立法模式、列举式立法模式、混合式立法模式。我国《工伤保险条例》对工伤范围采取列举式立法模式,通过肯定性列举和否定性列举相结合的方式,明确了我国《工伤保险条例》拟规范的工伤范围。

1. 典型工伤情形

我国《工伤保险条例》第14条列举了几类典型工伤的情形,分别为:

(1)在工作时间和工作场所内,因工作原因受到事故伤害的。此处,工作时间、工作场所(工作地点)、工作原因是工伤认定的三个基本要素,其中,工作原因是核心要素。

(2)工作时间前后在工作场所内,从事与工作有关的预备性或者收尾性工作受到事故伤害的。职工从事工作是一个连续性的过程,根据工作性质的不同,在工作前后的一段合理时间内,往往需要从事诸如搬运、清洗、准备、整理、维修、堆放或收拾工具和工作服等预备性或收尾性工作,这时职工虽然还没有进行实际工作,但是这些工作为职工实际工作的顺利进行提供了条件,与工作存在直接联系,因此,职工在工作场所内从事这些预备性或收尾性工作受到事故伤害的应当认定为工伤,这也符合最大限度保护劳动者的国际惯例。

(3)在工作时间和工作场所内,因履行工作职责受到暴力等意外伤害的。因履行工作职责受到暴力等意外伤害是指受到暴力等意外伤害与履行工作职责之间具有因果关系。这一规定包含了两类情形:第一,在工作时间和工作场所内,职工因履行工作职责而与第三人发生冲突,受到第三人暴力侵害的情形;第二,在工作时间和工作场所内,职工因履行工作职责受到其他意外伤害的情形,如地震、火灾、洪水、雪灾、雷击、车间房屋倒塌等导致的意外伤害等。

(4)患职业病的。职业病是指企业、事业单位和个体经济组织等用人单位的劳动者在职业活动中,因接触粉尘、放射性物质和其他有毒、有害物质等因素而引起的疾病。我国根据职业病的致病因素对职业病进行分类,并定期更新职业病目录。我国目前适用2013年印发的《职业病分类和目录》,只要没有证据否定职业病危害因素与病人临床表现之间的必然联系,就应当诊断为职业病。

(5)因工外出期间,由于工作原因受到伤害或者发生事故下落不明的。"因工外出",是指职工受用人单位指派或者根据工作性质要求在工作场所以外从事与本职工作有关的活动,如受单位指派出差洽谈业务、开会学习等。"因工外出期间"的认定,应当考虑职工外出是否属于用人单位指派的因工作外出,遭受的事故伤害是否因工作原因所致。根据最高人民法院行政审判庭《关于职工外出学习休息期间受到他人伤害应否认定为工伤问题的答复》(〔2007〕行他字第9号),职工受单位指派外出学习期间,在学习单位安排的休息场所休息时受到他人伤害的,应当认定为工伤。但是,在适用时需注意以下三个问题:第一,上述答复所确定的原则,适用于所有因工外出期间受到伤害的案件。第二,因工外出期间在与工作无关活动中受到他人或意外伤害、突发疾病死亡的,不应认定为工伤。第三,职工因工长期外出,休息期间在单位为其安排的长期住所中受到伤害的,不应认定为工伤。上述答复中对因工外出的"工作原因"作了扩张解释。因此,其适用范围亦应作较为严格的限定。单位派其职工长期外出工作(如在各地的办事处等工作),并为其解决了长期住所问题,其在单位安排的住所于休息期间受到伤害或突发疾病死亡的,不属于"因工作时间、工作场所、工作原因"受到伤害,故不宜认定为工伤。

(6)在上下班途中,受到非本人主要责任的交通事故或者城市轨道交通、客运轮渡、火车事故伤害的。"上下班途中"既包括职工正常工作的上下班途中,也包括职工加班加点的上下班途中。该条规定在实践中争议较大,后文将专节讨论,在此不赘述。

(7)法律、行政法规规定应当认定为工伤的其他情形。这是一条兜底性规定,主要是考虑随着社会的发展,劳动者的职业风险在不断变化,劳动者的工伤情形也不断翻新,为了弥补列举式立法模式不能穷尽的不足,使工伤范围的规定更科学、更合理,通过法律、行政法规的规定将随着社会的发展应当认定为工伤的情形纳入工伤范围。

2. 视同工伤的情形

在某些情形下，职工受到伤害与其工作不存在直接或间接的关系，但法律出于整体利益的考虑，将这些情形也纳入了工伤范围，视同工伤。这些视同工伤的情形包括：

（1）在工作时间和工作岗位，突发疾病死亡或者在48小时之内经抢救无效死亡的。职工在工作时间内在工作岗位上突发疾病，可能是自身的身体机能导致的，也可能是工作过度劳累、紧张导致的，突发的疾病是否与工作有关很难判断。在这种情况下，为了平衡用人单位和职工双方的利益，立法将职工突发疾病死亡或者在48小时之内经抢救无效死亡的情形规定为视同工伤情形。

（2）在抢险救灾等维护国家利益、公共利益活动中受到伤害的。无论是否在工作时间和工作场所内，职工在抢险救灾等维护国家利益、公共利益的活动中受到伤害的，虽然这些活动与工作不存在直接或间接的关系，但是视同工伤。这主要是因为：一方面，职工是基于社会公德为了国家利益或社会公共利益受到伤害的，法律通过补偿职工来肯定这种行为，最终国家和社会的整体利益得到维护；另一方面，职工在抢险救灾等活动中受到伤害的，按照传统侵权行为法无法获得救济，为了国家利益或社会公共利益致个人利益受损的，法律依据社会公平和正义原则，将这种情形规定为视同工伤情形。

（3）职工原在军队服役，因战、因公负伤致残，已取得革命伤残军人证，到用人单位后旧伤复发的。军人属于优抚的对象，军人在服役期间因战、因公负伤致残且已经取得革命伤残军人证的，依法享受军人抚恤优待待遇。为了保持政策上的连续性，法律规定伤残军人复员转业到用人单位后旧伤复发的，视同工伤，能够享受除一次性伤残补助金以外的工伤保险待遇。应当强调，职工复发的旧伤必须是其原服役期间因战、因公导致的伤残并且必须取得了革命伤残军人证。如果确是因战、因工负伤致残但没有取得革命伤残军人证的，或者是因病负伤致残的，则不得视同工伤。

3. 不得认定为工伤或者视同工伤的情形

在某些情形下，职工受到伤害是由于自身的故意或者是实施了法律禁止的行为导致的。虽然工伤保险法采无过失补偿原则，但是这些行为本身为法律和社会道德所不容，应当受到法律的否定性评价。

（1）因故意犯罪受到伤害的。犯罪是指危害社会，依照我国《刑法》应当受刑罚处罚的行为。犯罪可分为故意犯罪和过失犯罪两大类。由于故意犯罪的主观恶性较重，所以，因故意犯罪而受伤的，不得认定为工伤，但过失犯罪的主观恶性较轻，不能因此否定受伤职工的工伤保险权益。

（2）因醉酒或者吸毒受到伤害的。因醉酒或者吸毒受到伤害，主要是指职工本人受酒精或者毒品的作用，行为失去控制而导致本人受到伤害。“醉酒或者吸毒”的认定，应当以公安机关交通管理部门、医疗机构等有关单位依法出具的检测结论、诊断证明等材料或者人民法院的生效裁决为依据。无法获得上述证据的,可以结合相关证据认定。

(3)自残或者自杀的。“自残或自杀”是指职工在自由意志的支配下伤害自己的身体或者结束自己的生命的行为。一般而言,职工自残或自杀而导致的伤亡是其故意造成的,与工作之间不存在因果关系,后果应当自己承担,否则,如果职工自残或自杀能享受工伤保险待遇,则容易引发道德风险。

二、典型案例

(一)基本案情①

孙某(原告)系Z公司员工,2003年6月10日上午受Z公司负责人指派去北京机场接人。其从Z公司(第三人)所在地天津市南开区某产业园区国际商业中心(以下简称商业中心)八楼下楼,欲到商业中心院内停放的红旗轿车处去开车,当行至一楼门口台阶处时,孙某脚下一滑,从四层台阶处摔倒在地面上,造成四肢不能活动。经医院诊断为颈髓过伸位损伤合并颈部神经根牵拉伤、上唇挫裂伤、左手臂擦伤、左腿皮擦伤。同时,Z公司实行末位淘汰制,孙某事发前已被淘汰,不属于本公司职工。但因其之前从事该公司的销售工作,还有收回剩余货款的义务,所以才偶尔回公司办理剩余业务。孙某向园区劳动局(被告)提出工伤认定申请,园区劳动局于2004年3月5日作出〔2004〕0001号《工伤认定决定书》,认为根据受伤职工本人的工伤申请和医疗诊断证明书,结合有关调查材料,依据《工伤保险条例》第14条第5项的工伤认定标准,没有证据表明孙某的摔伤事故系由工作原因造成,决定不认定孙某摔伤事故为工伤事故。孙某不服园区劳动局的认定,向天津市第一中级人民法院提起行政诉讼。

(二)争议焦点

1. 孙某摔伤地点是否属于“工作场所”?

2. 孙某是否“因工作原因”摔伤?

3. 孙某工作中不够谨慎的过失是否影响工伤认定?

(三)一审法院说理与判决

说理:首先,就孙某摔伤地点是否为工作场所的问题,根据《工伤保险条例》第14条第1项的规定,职工在工作时间和工作场所内,因工作原因受到事故伤害,应当认定为工伤。该规定中的“工作场所”,是指与职工工作职责相关的场所,在有多个工作场所的情形下,还应包括职工来往于多个工作场所之间的合理区域。本案中,位于商业中心八楼的Z公司办公室,是孙某的工作场所,而其完成去机场接人的工作任务需驾驶的汽车

① (2005)津高行终0034号。

停车处，是孙某的另一处工作场所。汽车停在商业中心一楼的门外，孙某要完成开车任务，必须从商业中心八楼下到一楼门外停车处，故从商业中心八楼到停车处是孙某来往于两个工作场所之间的合理区域，也应当认定为孙某的工作场所。园区劳动局认为孙某摔伤地点不属于其工作场所，系将完成工作任务的合理路线排除在工作场所之外，既不符合立法本意，也有悖于生活常识。

其次，就孙某是否"因工作原因"摔伤的问题，根据《工伤保险条例》第14条第1项规定的"因工作原因"，指职工受伤与其从事本职工作之间存在关联关系，即职工受伤与其从事本职工作存在一定关联。孙某为完成开车接人的工作任务，必须从商业中心八楼的Z公司办公室下到一楼进入汽车驾驶室，该行为与其工作任务密切相关，是孙某为完成工作任务客观上必须进行的行为，不属于超出其工作职责范围的其他不相关的个人行为。因此，孙某在一楼门口台阶处摔伤，系为完成工作任务所致。园区劳动局主张孙某在下楼过程中摔伤，与其开车任务没有直接的因果关系，不符合"因工作原因"致伤，缺乏事实根据。另外，孙某接受本单位领导指派的开车接人任务后，从Z公司所在商业中心八楼下到一楼，在前往院内汽车停放处的途中摔倒，孙某当时尚未离开公司所在院内，不属于"因公外出"的情形，而是属于在工作时间和工作场所内。

最后，就孙某工作中不够谨慎的过失是否影响工伤认定的问题，根据《工伤保险条例》第16条规定了排除工伤认定的三种法定情形，即因故意犯罪、醉酒或者吸毒、自残或者自杀的，不得认定为工伤或者视同工伤。职工从事工作中存在过失，不属于上述排除工伤认定的法定情形，不能阻却职工受伤与其从事本职工作之间的因果关系。工伤事故中，受伤职工有时具有疏忽大意、精力不集中等过失行为，工伤保险正是分担事故风险、提供劳动保障的重要制度。如果将职工个人主观上的过失作为认定工伤的排除条件，违反工伤保险"无过失补偿"的基本原则，不符合《工伤保险条例》保障劳动者合法权益的立法目的。据此，即使孙某工作中在行走时确实有失谨慎，也不影响其摔伤系"因工作原因"的认定结论。园区劳动局以导致孙某摔伤的原因不是雨、雪天气使台阶地滑，而是因为孙某自己精力不集中导致为由，主张孙某不属于"因工作原因"摔伤而不予认定工伤，缺乏法律依据。

判决：(1)园区劳动局所作的〔2004〕0001号《工伤认定决定书》适用法律错误，应予撤销。(2)限园区劳动局在本判决生效后60日内重新作出具体行政行为。

(四)二审法院说理与判决

说理：关于是否属"工作场所"，Z公司所在商业中心八楼的经营场所是孙某的工作场所，孙某因接受开车接人的工作任务，Z公司的汽车是孙某的又一工作场所。孙某要开的汽车停放在商业中心一楼院内，要完成开车的工作任务，从商业中心八楼下到一楼并通过一楼门口台阶，是孙某必经的空间。因该空间与孙某两个工作场所紧密相连的特殊性,一审法院将此空间范围认定为孙某的工作场所,符合立法本意。关于是否因“工作原因”,园区劳动局认为孙某不是因为从事开车的任务导致其在台阶摔伤,其摔伤的直接原因是其精力不集中的个人原因,并据此认为孙某不符合《工伤保险条例》规定的“因工作原因”致伤的法定工伤条件,但《工伤保险条例》并未将工作任务与职工伤害结果之间的因果关系规定为认定工伤的法定条件,亦未将个人主观过错作为认定工伤的排除条件,故园区劳动局认为孙某摔伤不属于“因工作原因”的依据不足,其请求撤销原审判决的上诉请求,不应予以支持。孙某为完成开车任务而发生摔伤事故,符合《工伤保险条例》“因工作原因”的工伤条件。原审法院认定园区劳动局适用法律错误,判决撤销被诉的〔2004〕0001 号《工伤认定决定书》,认定事实清楚,适用法律正确,审判程序合法,应予维持。

判决:驳回上诉,维持原判。

三、案件分析及法理拓展

(一)工伤认定中的无过错责任原则

无过错责任原则是指不以行为人的过错为要件,只要其行为或所管理的人或控制的物致他人民事权益损害,除非有法定的免责事由,行为人均要承担赔偿责任。该原则的主要特点是在考虑责任承担的时候,排除了行为人的主观意识状态,只需要分析损害结果和免责事由即可。该原则的构成要件包括:(1)行为;(2)损害事实;(3)损害与行为之间具有因果关系;(4)不存在法定的免责事由。此时实行举证责任倒置,受害人只需要证明上述责任构成要件即可获得法律的支持,无须举证加害人主观上具有过错。

工伤保险中的无过错责任原则是指劳动者在劳动过程中因工伤事故导致伤残、患职业病甚至死亡时,无论谁对事故的发生具有可归责的主观过错,均不影响劳动者获赔的权利,用人单位和社会保险机构不能以劳动者自身具有过错为由而拒付工伤赔偿金以及拒绝履行相应的后续工伤保险待遇。当前,无过错责任原则被认为是工伤保险中的首要基本原则。不论工伤事故的责任由谁承担,也不论劳动者主观上是否有过错,工伤劳动者均会获得相应的工伤赔偿。工伤认定后,分别由用人单位和社会保险机构按照《工伤保险条例》的规定予以赔偿。工伤赔偿不追究劳动者的过失而给予赔偿,但对于劳动者本身的过失也并不是不处罚,用人单位可以根据本单位的规章制度予以处罚。

无过错责任并不是绝对责任,而是相对责任。在适用无过错责任原则的情况下,侵权人可以主张法定的不承担责任或者减轻责任的事由。法律根据行为的危险程度,对适用无过错责任原则的不同侵权类型规定了不同的免责或者减轻责任的事由。《工伤保险条例》第 16 条规定,“职工符合本条例第十四条、第十五条的规定,但是有下列情形之一的,不得认定为工伤或者视同工伤:(一)故意犯罪的;(二)醉酒或者吸毒的;(三)自残或者自杀的”。在上述三种情况下,劳动者的过错或者故意导致其丧失索取工伤赔偿的资格。

(二)工伤认定中对工作时间和工作地点的判断

工作时间和工作地点是工伤认定的基本要素。这里的“工作时间”应当作扩大解释,不仅包括劳动者实际的工作时间,也包括劳动者某些与工作有关的非实际工作时间,如劳动者每日不得超过8小时、每周不得超过40小时的标准工时;用人单位延长劳动者的工作时间;工作前后必要的准备和整理时间;因用人单位的原因造成的等待工作任务的时间;受用人单位指派参加与工作有直接联系的职业培训、教育时间;女职工的哺乳时间,未成年工定期进行健康检查的时间;劳动者依法参加社会活动的时间,如依法出席工会等组织的会议、依法担任陪审员等时间;等等。“工作地点”,是指职工从事职业活动的场所,不限于职工日常固定的工作场所及其附属建筑,如厂房、车间、单位食堂、单位澡堂、单位洗手间等,还包括受用人单位指派去从事工作的其他场所。

(三)工作原因在工伤认定中的地位及具体把握

工作原因是工伤认定的基本要素之一,也是核心要素。工作原因是指职工所受事故伤害与从事本职工作之间存在因果关系,即职工系因从事本职工作而受伤。我国理论界对工作原因的界定主要有以下几种,目前劳动法教科书基本采取法定主义,认为工作原因限于《工伤保险条例》中规定的情形,只能采取经验主义罗列的方式,具体化工作原因的情形。也有学者认为工作原因是工作与造成的伤害之间存在的因果关系。还有学者认为,工作原因是实质履行工作职责的事由,即工作原因是为了履行本职工作而受伤。我国理论界对工作原因的定义主流上采取法条解释或文义解释,虽然学者们的表述不尽相同,但大体上可以归为“工作事由+因果关系”。由于我国工作原因的种类是由法律直接规定,其范围往往较为固定。

职工在用人单位组织或者安排的集体活动中受到事故伤害的,应当视为因工作原因。“事故伤害”,是指职工在工作过程中发生的人身伤害或者急性中毒等事故。职工受到事故伤害不仅指身体组织器官的缺损、身体机能的失调,而且包括精神上的障碍,如由于目击工厂火灾的惨状而受惊吓导致的精神障碍等。事故伤害与工作之间存在因果关系是认定工伤的关键,否则,即使职工在工作时间和工作场所内受到事故伤害,仍不可认定为工伤。那么,如何判断职工受到事故伤害是由工作引起的呢?一般而言,如果由于工作原因而使职工处于一种危险的境地,或者由于工作原因增加了职工发生事故的风险,那么可以认为事故伤害是由工作原因导致的。

四、举一反三

乔某是四川某酒店总经理助理,主要工作职责是负责酒店日常事务管理。2014年4月3日下午18时许,乔某和酒店总经理在该酒店宴请客户。餐后乔某到酒店客房休息。次日早上,同事发现乔某在房间死亡。司法鉴定结果认为:乔某属于酒后食物逆流至气管及支气管,导致窒息死亡。乔某的家属悲痛之余,向人社局提起工伤认定申请。人社局经审查,认为陪酒不是正常的工作范围,不能认定为工伤,认定乔某死亡不符合《工伤保险条例》的规定,认定为非因工死亡。

结合本节内容,分析以下问题:

1. 乔某的死亡是否发生在上班时间、工作场所内、上班过程中?

2. 如何看待乔某饮酒与其工作之间的联系?

第五节　工伤认定中"上下班途中"的理解

一、知识背景

我国《工伤保险条例》第 14 条列举了应当认定为工伤的情形,其中第 6 项规定,在上下班途中,受到非本人主要责任的交通事故或者城市轨道交通、客运轮渡、火车事故伤害的,应当认定为工伤。在实践中,由于现实生活情况复杂多样,正确理解"上下班途中"对于解决工伤认定纠纷的意义不言而喻,因此本节重点探讨应如何理解第 6 项规定的"上下班途中"。

(一)"上下班途中"的含义

"上下班途中"是指职工在合理时间内为上下班而往返于居住地和工作单位之间的合理路径。根据该含义可以得知,认定"上下班途中"有三个重要因素,即合理目的、合理时间、合理路径。由于现行规定并没有对该三个要素进行明确具体的界定,企业也无权为职工确定固定时间、必经路线。随着生活水平的提高,人们对于上班时间、交通路线以及交通运输工具有了更大的选择空间,因此只要劳动者根据自身情况为了上下班,在合理的时间内选择往返于单位与住处之间的合理的路线即可,但是实践中对这两个要素的理解主观性较大,不同的裁判者会得出不同的判决结果,因此有必要对这两个要素加以明确。

(二)关于"合理时间"要素的界定

实践中,合理时间被理解为具有两层含义,第一层含义是指用人单位规定的或者劳动合同约定的考勤时间点前后一段合理的时间段。第二层含义是指职工为了上下班而往返于单位和住处的合理时间段。但是在工伤认定关系中,上下班时间强调的并非劳动合同内容意义上的时间段,而是劳动者在实际工作前后的在途状态,至于认定合理时间的幅度有多大,法律并未作出明确的规定,是否为合理时间,须根据用人单位至职工住处路程远近、交通工具的种类、路况、天气、偶发性事件等因素来做出客观、全面的判断。

(三)关于“合理路线”要素的界定

由于现实生活情况复杂多样,职工上下班的路线不可能每天都是固定不变的,《最高人民法院关于审理工伤保险行政案件若干问题的规定》第6条对人民法院应予认定为“上下班途中”的合理路线进行了列举,具体包括:在合理时间内往返于工作地与住所地、经常居住地、单位宿舍的合理路线的上下班途中;在合理时间内往返于工作地与配偶、父母、子女居住地的合理路线的上下班途中;从事属于日常工作生活所需要的活动,且在合理时间和合理路线的上下班途中;在合理时间内其他合理路线的上下班途中。最后一项“其他合理路线”需要结合用人单位至职工住处路程远近、交通工具的种类、路况、天气、偶发性事件来予以理解。

(四)关于“合理目的”要素的理解

“合理目的”不仅是作为工伤认定的基本要素,同时也是对“合理时间”“合理路线”进行准确理解的参考。在实务中,“绕道”在合理时间、合理路线的认定上容易产生争议,因此,“绕道”是否对于上下班而言具有合理目的则成为考量其是否符合工伤认定要素的重要依据。一般而言,“绕道”是否为劳动者上下班之后的日常生活所必要或者自身无法避免,应认为是认定“合理目的”的核心。如因车辆故障、交通堵塞等特殊原因而不可避免的绕道、劳动者下班后因去菜市场买菜、上下班途中接送孩子上下学等情形都应认为具有“合理目的”,但如果职工下班以后与朋友去娱乐场所消费、去朋友家聚会等,则通常不认为具有合理的目的,不应认定为上下班途中。

(五)关于“非本人主要责任”的理解

根据《工伤保险条例》的规定,上下班途中“非本人主要责任”的交通事故伤害才能认定为工伤,对上下班途中本人承担主要责任或者全部责任的交通事故,如无证驾驶、酒驾等故意违法行为造成本人伤亡的,不纳入工伤的范围。对于“非本人主要责任”的认定,应当以有关机关出具的法律文书或者人民法院的生效裁决为依据,但如果交管部门无法认定该交通事故的责任,条例并未将此种情形排除工伤范围之外,因此工伤认定机构不能以有权机关未出具事故责任认定文书为由排除职工应享有的权利。

二、典型案例

(一)案例一[①]

1. 案情简介

2013年3月,原审第三人亲属蒋某在K家具厂上班,从事油漆工作,双方未签订书

① 江西省高级人民法院(2019)赣行申98号。

面合同。2014年7月6日上午,蒋某在K家具厂上班,上午11时左右离厂,蒋某驾驶赣州临时××××Q"超标车"在唐江镇西坑村路口路段与赣B×××××轻型普通货车发生碰撞,导致蒋某受伤,后送医院抢救无效死亡。原审第三人于2015年4月24日向南康区人社局申请工伤认定,南康区人社局经调查取证、下发举证通知并经讨论后于2015年8月30日作出不予认定工伤决定,原审第三人不服该决定,申请了行政复议,复议机关赣州市南康区人民政府作出行政复议决定,撤销了南康区人社局作出的不予认定工伤决定,并要求南康区人社局重新作出处理决定。K家具厂对行政复议决定不服,向赣州市中级人民法院提起行政诉讼,赣州市中级人民法院判决驳回了K家具厂的诉讼请求。后南康区人社局重新进行了调查、下发举证通知、讨论后作出蒋某伤害死亡认定为工伤的决定。K家具厂不服,向该院提起行政诉讼,请求撤销南康区人社局作出的工伤认定决定。庭审中当事人对南康区人社局作出工伤认定所适用的程序均无意见。

2. 争议焦点

事故是否符合"上下班途中"的工伤认定条件?

3. 一审法院审理与裁判

说理:蒋某是在上午11时左右下班,属于在合理的下班时间;蒋某下班后发生交通事故时车辆上有菜及其他物品,可以证实蒋某系购买了生活用品,其路线虽与正常回家路线有点偏离,但属于K家具厂所在地去最近的市场即太窝圩上的必经线路,因此虽有偏离但其因从事生活所需活动,故该路线属于合理的路线。

判决:驳回K家具厂的诉讼请求。案件受理费50元,由K家具厂负担。

4. 二审法院审理与裁判

说理:其一,本案中,根据证人刘某、袁某及上诉人经营者严某笔录,家具厂上班时间较为随意,视工作进程而定,上诉人未举证证明蒋某当日应完成工作的情况,结合上诉人调查笔录,可以认定事故当日蒋某结束工作后提前离厂准备回家吃饭,属于下班合理时间。其二,蒋某在回家途中购买冰棒用于解暑,属于解决日常生理需要,符合从事属于日常工作生活所需要的活动。其三,蒋某去菜市场的路线虽与其正常回家路线存在部分偏差,但属于工作地点去最近市场的必经线路,虽有偏离但属于解决日常生活需要的合理范围,故该路线属于其下班的合理路线。

判决:驳回上诉,维持原判。二审案件受理费50元,由K家具厂承担。

5. 再审法院审理与裁判

说理:蒋某系K家具厂职工,事故当日2014年7月6日上午11时许结束工作后离开K家具厂准备回家吃饭,属于下班合理时间。蒋某离厂后到太窝圩菜场买菜,因天气炎热,在返回途中购买冰棒用于解暑,上述活动均为解决日常生理需要,系从事属于日常工作生活所需要的活动。虽然蒋某去菜市场的路线与其正常回家路线存在部分偏差，但属于工作地点去最近市场的必经线路，虽有偏离但属于解决日常生活需要的合理范围，故该路线属于其下班的合理路线。

裁定：驳回再审申请人K家具厂的再审申请。

(二)案例二

1. 案情简介①

原告陈某记之子陈某前系第三人山东某肥业有限公司员工。2016年8月26日下午17:00左右，陈某下班后，因与同事姚某、王某等相约去吃饭，到达南京路餐馆就餐，大约19:20就餐完毕后离开。当晚20:00许，陈某驾驶两轮电动车行驶至长江路与福州路交叉口处时，与盛某驾驶的机动车相撞，造成陈某受伤后经抢救无效死亡。该事故经交警部门处理认定，盛某承担此事故的同等责任，陈某负事故的同等责任。2016年9月27日，原告陈某记向被告菏泽市人力资源和社会保障局提交工伤认定申请书和相关材料。被告菏泽市人力资源和社会保障局受理后，经过调查，于2016年11月18日作出《不予认定工伤决定书》，并送达给原告陈某记。原告陈某记不服，向菏泽经济开发区人民法院提起诉讼。

2. 争议焦点

该交通事故是否发生在陈某下班途中？

3. 法院审理与裁判

说理：陈某在17时许已结束工作，其在餐馆就餐是因为已和同事相约聚餐。因此，陈某当日选择到餐馆就餐系个人原因，已中断或改变下班回家的目的，且不具备为解决日常生活和身体需要的必要性，不属于最高人民法院《关于审理工伤保险行政案件若干问题的规定》第6条规定的认定为“上下班途中”的情形，不应认定是“下班途中”。综上所述，被告作出的《不予认定工伤决定书》并无不当。原告要求撤销被告作出的《不予认定工伤决定书》，要求被告重新作出工伤认定的意见不能成立，法院不予支持。

判决：驳回原告陈某记的诉讼请求。

(三)案例三

1. 案情简介②

王某在S食品公司任保安一职。2015年7月28日，王某上中班，中班的工作时间为15时至23时。当天晚上约22时10分左右，王某在未征得S食品公司同意的情况下从S食品公司保安岗处离开。2015年7月28日晚22时25分，王某骑自行车途经东莞市东城区庵元新路银岭工业区路段时，与一辆小型客车发生碰撞导致其身体多处受伤。

---

① (2017)鲁1791行初2号。

② (2016)粤19行终131号。

经交警部门认定,王某在此次交通事故中负次要责任。后王某被送往东莞光华医院治疗,2015 年 8 月 1 日经抢救无效死亡,死亡原因为“多器官功能衰竭”。2015 年 8 月 19 日,罗某等三人向东莞社保局申请工伤认定。东莞社保局于 2015 年 10 月 16 日作出《不予认定工伤决定书》,理由为王某于 2015 年 7 月 28 日的正常上班时间到 23 时,王某未经单位同意于当晚 22 时 25 分左右骑自行车离开单位,不属于上下班时间。即王某在本次事故中导致的死亡不符合“在上下班途中,受到非本人主要责任的交通事故或者城市轨道交通、客运轮渡、火车事故伤害的”情形。罗某等三人对此不予认定工伤决定不服,向原审法院提出行政诉讼。

2. 争议焦点

王某的死亡是否属于在上下班途中,受到非本人主要责任的交通事故或者城市轨道交通、客运轮渡、火车事故伤害的情形?

3. 一审法院审理与裁判

说理:S 食品公司保安的工作时间为:早班是 7 时至 15 时,中班是 15 时至 23 时,晚班是 23 时至次日 7 时。2015 年 7 月 28 日,王某事发当天是在 S 食品公司上中班,其正常上班时间是到 23 时,而其在当晚 22 时 25 分左右被发现在 S 食品公司附近的马路上骑自行车而发生交通事故,在无证据证明其有经过单位同意或有与同事办理正常交接班的情况下而提前下班,因此,王某属于擅自离岗发生交通事故受到的伤害,并不符合下班途中应当予以认定工伤或者视同工伤的情形。

判决:驳回罗某等三人的全部诉讼请求。

4. 二审法院审理与裁判

说理:上下班途中除考量职工是否在上下班之合理路途中外,还需参照上下班合理时间因素综合判断,只有在上下班途中遭遇的交通事故才可能被认定为工伤。职工擅自离岗系对单位利益的损害,若将其视同为正常下班,并让单位承担该有害行为所带来的风险,显然对单位缺乏公平。故,职工正常的上下班或者经过单位许可的上下班,且上下班的时间与工作时间紧密相连,才符合上下班途中的时间要求。本案中,S 食品公司的保安上中班时间为 15 时至 23 时,在没有证据证明王某与同事已完成正常交接班或已征得 S 食品公司同意的情况下而提早下班,王某前述提早下班应属擅自离岗行为,该行为不属于职工正常的上下班范畴,不符合上下班途中的时间要求,因此东莞社保局将案涉事故伤害不予认定为工伤并无不当。

判决:驳回上诉,维持原判。

5. 再审法院审理与裁判①

说理：本案中，申请人并未向法院提交新的证据，其提起再审的主要理由是对原审法院认定王某存在擅自离岗提前下班的事实不服以及认为即便提前下班属实也应当视同工伤。对此，王某系在S食品公司任保安一职。该公司规定的门卫保安上下班时间为早班7时至15时，中班15时至23时，晚班23时至次日7时。王某案发当日正上中班，规定的下班时间是当日23时，而发生交通事故的时间是当日22时25分，故王某提前下班时间至少超过35分钟。王某作为保安人员在工作时间擅自提前离岗超过半小时以上，已超出了《广东省工伤保险条例》第9条第6项规定的正常、合理的"下班"时间。被申请人不予认定工伤，一审、二审法院未支持申请人的诉讼请求，均无不当。申请人的再审申请不足以推翻原生效判决。

裁定：驳回罗某等三人的再审申请。

（四）案例四

1. 案情简介②

菅某于2016年3月被H公司招用，安排其在某大厦从事保安工作，双方签订劳动合同。2016年5月12日晚上10时50分左右，菅某提前下班回家途中，行至临河区建设路与五原街路口处时发生交通事故受伤，菅某在此次事故中无责任。事故发生后，菅某于2017年5月12日向临河区人社局提出工伤认定申请。经调查取证，临河区人社局认为菅某受伤日下班时间为晚上11时30分，而菅某晚上10时40分左右下班，属于提前离岗，违反了规章制度，不属于《关于审理工伤保险行政案件若干问题的规定》第6条第1款规定的合理的下班时间，不予认定工伤。菅某不服上述不予认定工伤结论，向法院提起行政诉讼，请求撤销临河区人社局作出的《不予认定工伤决定书》，重新作出工伤认定。

2. 争议焦点

菅某受伤是否属于在上下班途中，受到非本人主要责任的交通事故或者城市轨道交通、客运轮渡、火车事故伤害的情形？

3. 一审法院审理与裁判

说理：根据《工伤保险条例》第14条："职工有下列情形之一的，应当认定为工伤……（六）在上下班途中，受到非本人主要责任的交通事故或者城市轨道交通、客运轮渡、火车事故伤害的"的规定，首先，从《工伤保险条例》的立法目的看，建立工伤保险制度，是为了保障因工作遭受事故伤害或者患病职工获得医疗救治和经济补偿，维护受伤

① （2016）粤行申1339号。

② （2018）内08行终34号。

职工的合法权益,而不是限制其享受合法权益。其次,《工伤保险条例》及相关规定没有将“上下班途中”限定为“正常上下班途中”,对此概念应从《工伤保险条例》的立法目的出发,作出有利于受伤职工的解释。职工提前下班回家与正常下班回家均属于“上下班途中”,职工提前下班的行为违反的是单位内部规章制度,与享受工伤保险待遇是不同的法律关系,不能因为违反本单位规章制度而丧失工伤保险待遇。菅某下班途中发生交通事故,且在此次交通事故中无责任,应当予以认定工伤。综上所述,临河区人社局作出的《不予认定工伤决定书》(临人社不工认〔2017〕06 号)属于认定事实错误,适用法律错误。

判决:(1)撤销临河区人社局作出的临人社不工认〔2017〕06 号不予认定工伤决定。(2)责令临河区人社局在判决生效之日起 60 日内重新作出行政行为。

4. 二审法院审理与裁判

说理:《工伤保险条例》第 14 条规定:“职工有下列情形之一的,应当认定为工伤……(六)在上下班途中,受到非本人主要责任的交通事故或者城市轨道交通、客运轮渡、火车事故伤害的”,该条规定了职工在上下班途中受到事故伤害应当认定工伤。工伤保险制度是为保障职工因工受意外伤害后能够获得及时的经济补偿而设立的,不能因劳动者违反劳动纪律而影响劳动者的工伤认定。菅某提前下班擅自离岗,只是违反了用人单位的用工纪律,其性质仍然属于下班,不属于《工伤保险条例》第 16 条规定的不构成工伤的情形。菅某提前下班回家途中所受事故伤害应当认定为工伤。临河区人社局作出的不予认定工伤决定适用法律错误。一审认定事实清楚,适用法律正确。上诉人的上诉理由不能成立。

判决:驳回上诉,维持原判。

三、案例分析及法理拓展

(一)“上下班途中”的认定

如前所述,“上下班途中”是指职工为了上下班在合理时间内往返于住处和工作单位之间的合理路径。认定“上下班途中”要注意三个要素,即合理时间、合理路径、合理目的。其中最重要的要素是合理目的,其往往能够决定职工的上下班途中的时间以及路线是否合理。根据最高人民法院《关于审理工伤保险行政案件若干问题的规定》第 6 条对“上下班途中”作出了较宽的解释,只要劳动者是以上下班为目的在合理的时间内往返于单位和上述住所或者居住地的合理路线,都应当认定为“上下班途中”。案例一中,蒋某结束工作后提前离厂准备回家吃饭,符合以下班为目的要素。蒋某在下班途中因从事了生活所需的活动而发生非本人承担主要责任的交通事故,虽然其去菜市场的路线与回家的路线有偏离但也是从工作地点去最近菜市场的必经路线,属于解决日常生活需要的合理范围,蒋某也就符合从事属于日常工作所需要的活动,且符合在合理时间和合理路线的上下班途中的规定,故本案属于在上下班途中发生交通事故的情形。案例二中,陈某结束工作后,与同事相约在餐馆聚餐,下班后实施了个人活动,已中断或改变下班回家的目的,不是从事属于日常工作生活所需要的活动,也就不能认定其属于在合理时间和合理路线的上下班途中,本案也就不属于在上下班途中发生交通事故的情形。因此职工下班后从事的其他活动是否是为了满足日常工作生活所需要的活动,是界定上下班途中的重要因素。

(二)"提前上下班"是否影响"合理时间"的认定

"合理时间"通常能够被理解为有两层含义:一是用人单位规定的或者劳动合同约定的考勤时间点前后一段合理的时间段;二是职工上下班往返于住处和单位所需要的时间。在工伤认定中,争议较大的是如果职工违反劳动纪律提前下班,在回家途中发生非因本人的主要责任的交通事故,这种情况是否符合"合理时间"要素。一种观点认为,在认定工伤时,发生交通事故须结合时间和空间两个维度来考量,不仅要考虑路线是否合理,还要考虑下班时间是否合理,基于人们朴素的认识,如果职工不提前下班就可能不会发生交通事故,提前下班不属于合理上下班时间,不应认定为其在上下班途中,职工擅自提前下班损害了用人单位的利益,将擅自提前下班的可能会导致的风险推给用人单位或者社会保险基金,有失公平。在案例三中,法院认为上下班途中的时间是指职工正常的上下班或者经过单位许可的上下班,且上下班的时间与工作时间紧密相连。职工擅自提前下班本就损害了单位的合法利益,如果将其认定为是正常下班,并让单位承担该有害行为所带来的风险,于单位显然不公,因此王某擅自提前下班受到非因本人主要责任的交通事故伤害没有被认定为工伤。

另一种观点认为,基于《工伤保险条例》为保障职工的合法权益之立法目的以及工伤认定中的无过错责任原则,职工违反劳动纪律的过错,不属于《工伤保险条例》第16条规定的"不得认定为工伤或者视同工伤"的情形。职工没有达到故意违法的程度,这种违反劳动纪律的情形不足以影响工伤的认定,此种观点实际上认为虽然职工存在违反劳动纪律提前下班的情形,但是职工从单位回家的途中发生非因本人主要责任的交通事故是客观事实,仍应当视为在合理时间、合理路线的上下班途中。在案例四中,法院认为《工伤保险条例》的立法目的是保障职工因工受意外伤害后能够获得及时的经济补偿,而不是限制受伤职工的权益,职工提前下班回家与正常下班回家均属于"上下班途中",职工提前下班的行为仅是违反了劳动纪律,与享受工伤保险待遇是不同的法律关系,不能因为违反单位规章制度而使职工失去工伤保险待遇。因此菅某提前下班受到非因本人主要责任的交通事故的伤害被认定为工伤。可见,法院在此种情形下更偏向于保护受伤职工,对于在合理时间的上下班途中采取较为宽松的认定标准。

本书认为,上下班时间是用人单位与劳动者劳动合同约定的法定必备条款,工作时间条款设定的目的一方面是为了保障劳动者正常的休息时间,另一方面是为了维护用人单位的合理用工利益。为了实现立法目的,法律通过加班制度和用人单位的劳动合同解除权对违反约定的行为加以规制,如果劳动者提前上班,则产生该增加的工作时间是否应视为加班的问题,而提前下班,则产生该行为是否违反用人单位规章制度的疑问。在工伤认定关系中,上下班时间强调的并非劳动合同内容意义上的时间段,而是劳动者在实际工作前后的在途状态,该规则所保护的法益与劳动合同法定必备条款所保护的法益截然不同,对于该法益的维护,应强调劳动者是否“在途中”,而不是“对工作时间的严格遵守”。因此,即使劳动者违反了合同约定的工作时间,只要其是在上班或者下班途中发生意外,都不应影响其工伤的认定。对于其违反工作时间上下班的行为,应通过劳动法的其他规则加以处理。

四、举一反三

李某和华某二人同为某县食品工厂的职工,二人在县城都有一处固定住所。2015年3月10日17时许,李某和王某一同打卡下班,在工厂门口分开后,李某开车去女朋友家里给女朋友过生日。华某开车去县幼儿园接女儿回家,17时9分左右李某在去女朋友家途中发生交通事故,李某的左腿骨折。17时15分左右华某在接女儿的途中发生交通事故,华某右手臂和右腿骨折,经有关部门确认两起交通事故中李某和华某都负次要责任,事后李某和华某向人社局提起工伤认定。

结合本节内容,分析以下问题:

1. 李某所受到的交通事故是否符合《工伤保险条例》中规定的“上下班途中”?为什么?

2. 华某所受到的交通事故是否符合《工伤保险条例》中规定的“上下班途中”?为什么?

3. 如果华某因女儿在幼儿园受伤未经单位批准提前20分钟下班去接女儿的途中发生非本人主要责任的交通事故,那么是否能够认定为工伤?

第六节 “48小时之内经抢救无效死亡”的理解

一、知识背景

我国《工伤保险条例》第15条列举了几类应当视同工伤的情形,其中第一项规定,在工作时间和工作岗位,突发疾病死亡或者在48小时之内经抢救无效死亡的。在适用该条款时应当结合工作时间、工作岗位、突发疾病、48小时、死亡结果要素以及个案具体情况全面理解与判断。该条款规定的工作时间不仅包括职工正常工作时间,还包括加班时间、从事与工作有关的预备性或者收尾性工作所涉及的时间。工作岗位包括职工本职工作岗位、单位安排临时任务的岗位。此处的"突发疾病"应包括各类疾病,48小时以医疗机构的初次诊断时间作为突发疾病的起算时间,职工必须是在工作时间和工作岗位突发疾病死亡或者突发疾病后送医抢救无效并在48小时内死亡。若职工没有出现死亡结果不能视为工伤。由于该条所规定的情形与"工作原因"没有直接关系,因此不符合应当认定工伤的立法逻辑,但是考虑到劳动者死亡发生在工作岗位上,基于人道主义立法的原则,《工伤保险条例》将与工作无关的疾病导致的死亡结果视同工伤。

人力资源和社会保障部法规司关于如何理解《工伤保险条例》第15条第1项的复函指出,在认定工伤时,不仅要充分保护劳动者的权益,还要兼顾和用人单位、社会保险基金之间的利益平衡,对该条款的理解不能无限制无原则的扩大,各地实践中对视同工亡及工伤认定,调查取证要求高,性质判定争议大,各地对条例的理解适用分歧也比较大。若不从严掌握,还将造成更多的适用偏差。因此该复函建议对《工伤保险条例》第15条第1项视同工亡的理解和适用,应当严格按照工作时间、工作岗位、突发疾病、径直送医抢救等四要件并重,具有同时性、连贯性来掌握,具体情形主要包括:(1)职工在工作时间和工作岗位突发疾病当场死亡;(2)职工在工作时间和工作岗位突发疾病,且情况紧急,直接送医院或者医疗机构当场抢救并在48小时内死亡等。至于其他情形,如虽在工作时间、工作岗位发病或者自感不适,但未送医院抢救而是回家休息,48小时内死亡的,不应视同工伤。

二、典型案例

(一)案例一

1. 案情简介①

张某生前是某铁路局S工务段职工,从事汽车司机工作。2014年4月27日,因在单位值班时身体不适,于18时30分左右向办公室主任请假,到家后吃了止疼药感觉好些,就上床休息,次日早晨6时左右,其妻代某做完早饭后,发觉丈夫还没起床,经医护人员检查后,告知张某已经死亡。2014年5月29日,代某就张某死亡一事,向省人社厅提起工伤认定申请。省人社厅受理后,于2014年8月8日作出被诉不予认定工伤决定书,并送达给代某。代某不服,向省人民政府申请行政复议。省人民政府于2014年11

---

① (2017)最高法行申3687号。

月 24 日作出行政复议决定，维持了省人社厅作出的不予认定工伤决定书，代某因此诉至法院。

2. 争议焦点

本案是否符合《工伤保险条例》第 15 条第 1 款第 1 项规定的视同工伤情形？

3. 一审法院审理与裁判

说理：本案张某是在工作时间和工作岗位身体不适，并未在工作时间和工作岗位突发疾病死亡，也未在工作时间和工作岗位突发疾病被送医疗机构经 48 小时抢救无效死亡。张某在工作时间和工作岗位身体不适请假回家休息，后被发现死亡，虽然其从身体不适请假回到家中休息至其被发现死亡在 48 小时之内，但并不符合《工伤保险条例》第 15 条第 1 项规定的情形之一。故省人社厅作出不予认定工伤决定认定事实清楚，适用法律法规正确，程序合法，依法应予维持，代某的诉讼请求和理由不能成立。

判决：维持省人社厅作出的不予认定工伤决定。

4. 二审法院审理与判决

说理：《工伤保险条例》第 15 条第 1 款第 1 项规定，职工在工作时间和工作岗位，突发疾病死亡或者在 48 小时之内经抢救无效死亡的，视同工伤。该条款主要是针对职工在工作时间工作岗位上，突发疾病死亡，或者是突发疾病、病情危重、不能坚持工作，需要紧急到医院进行抢救的情况而设定的，其中发病、抢救、死亡为一连续完整的不间断的过程，发病与抢救、抢救与死亡之间有紧密的先后顺序和逻辑联系。本案中，张某在工作时间和工作岗位上感觉身体不适，请假后回家休息，次日早晨被发现死亡。上述情形不属于在工作时间工作岗位上突发疾病死亡，也不属于在工作时间工作岗位上突发疾病直接送医经抢救无效死亡。因此张某死亡的情形不符合《工伤保险条例》第 15 条第 1 款第 1 项的规定，省人社厅作出的不予认定工伤决定理据充分，应予支持。

判决：驳回上诉，维持一审判决。

5. 再审法院审理与裁判

说理：《工伤保险条例》第 15 条第 1 款第 1 项规定主要是针对在工作时间、工作岗位上突发疾病，不能坚持工作，需要紧急到医院进行抢救的情况而设定的。如果是在回家之后再到医院救治或突发疾病死亡的，就不属于这一条规定的适用范围。

本案中，张某在工作时间和工作岗位感到身体不适，请假回家后卧床休息，至次日被家人发现、经抢救无效死亡，并不属于《工伤保险条例》规定的视同工伤情形，省人社厅作出不予认定工伤决定于法有据。一审、二审法院认定事实清楚，适用法律法规并无不当。

裁定：驳回再审申请人代某的再审申请。

(二)案例二

1. 案情简介①

熊某与W餐厅存在劳动关系,主要在厨房工作,2014年5月1日上午正常上班,当天下午2时左右熊某被发现死亡,公安机关证明系其他非正常死亡。同年7月22日熊某家属向市人社局提出工伤认定申请。市人社局于2014年10月8日作出洪人社工伤认字〔2014〕第092号工伤认定决定书(以下简称092号工伤认定),认定熊某2014年5月1日上午10时左右在工作期间、工作岗位突感身体不适,遂向餐馆厨师长请假回宿舍休息后于当天下午2时左右被发现死亡,符合《工伤保险条例》第15条第1项之规定,视同因工死亡。W餐厅不服该工伤认定,2014年12月8日向市人民政府申请行政复议。市人民政府于2015年3月12日作出220号复议决定书,认为092号工伤认定事实不清,证据不足,决定予以撤销。闵某等原告未得到参与行政复议程序的通知,同月31日签收220号复议决定书。后原告闵某、熊某洪诉至法院,请求撤销被告的复议决定书。经过审理,该院认为被告没有通知明显具有利害关系的原告作为第三人参与行政复议程序,对利害关系人没有履行事先告知、听取其陈述和申辩、事后提供救济途径等义务,违反了程序正当的基本原则,最终撤销被告市人民政府于2015年3月12日作出的洪府复字〔2014〕220号行政复议决定书,责令重新复议。后市人民政府于2016年5月24日重新作出洪府复字〔2014〕220号行政复议决定书,仍撤销了市人社局作出的092号工伤认定。

2. 争议焦点

熊某死亡是否属于《工伤保险条例》第15条第1项规定的情形。

3. 一审法院审理与裁判

说理:正常在岗上班的劳动者就应当理解为属于“工作时间”和“工作岗位”的范畴,本案中,死者熊某应当被理解为在工作时间和工作岗位为宜。关于死者熊某的死因,公安机关已排除刑事原因的死亡,从常理的角度来推断以及目前没有相反的证据证明死者非突发疾病死亡,应认定死者的死因为突发疾病死亡。另外,根据《工伤保险条例》第19条第1款的规定,市人社局具有在工伤认定过程中的进行调查取证并作出工伤认定的权力,本案中,市人社局在调查取证过程中,面对不同证人的不同陈述并根据相关情况综合评判后认定死者熊某系工亡并无不当。

判决:(1)撤销被告市人民政府于2016年5月24日作出的洪府复字〔2014〕220号行政复议决定书;(2)驳回原告的其他诉讼请求。

---

① 江西省中级人民法院(2016)赣01行初61号。

4. 二审法院审理及判决①

说理:关于熊某死亡地点是否属于"工作岗位"问题。职工为完成其本职工作或特定工作所涉及的必要相关区域可以认定为"工作岗位"。熊某死亡的地点为 W 餐厅提供的职工宿舍,该宿舍作为员工工作休息场所,可以视为熊某工作岗位的合理延伸。因此,熊某在上班时间请假回单位宿舍休息,市急救中心出具证明证实事发当日,救护车到现场急救,病人已现场死亡,公安机关亦证明系其他非正常死亡,符合《工伤保险条例》中关于视同工伤的规定。

判决:驳回上诉,维持原判。

5. 再审法院审理与裁判②

说理:《工伤保险条例》第 15 条规定,"职工有下列情形之一的,视同工伤:(一)在工作时间和工作岗位,突发疾病死亡或者在 48 小时之内经抢救无效死亡的"。根据此项规定,无论是经抢救无效死亡,还是未经抢救死亡,视为工伤的关键都在于,必须是在"工作时间和工作岗位"上突发疾病死亡。通常理解,"工作时间和工作岗位"应当是指单位规定的上班时间和上班地点。根据原审法院查明的事实,熊某在上班时间请假回单位宿舍休息,在宿舍死亡,该宿舍作为员工工作休息场所,可以视为熊某工作岗位的合理延伸。市急救中心出具证明证实事发当日,救护车到现场急救,病人已现场死亡,公安机关亦证明系其他非正常死亡,故原审法院认为熊某的死亡符合《工伤保险条例》中关于视同工伤的规定,上述认定并无不当。据此,一审法院判决撤销了市政府作出的涉案洪府复字〔2014〕220 号行政复议决定,二审法院判决驳回上诉、维持原判,有力地维护了劳动者的合法权益,于法有据,并无不妥。

裁定:驳回再审申请人 W 餐厅的再审申请。

(三)案例三

1. 案情简介③

原告吴某波之父吴某生前系第三人聘用的农民工,被派遣至案外人 Y 实业发展有限公司发包、某工程有限公司湖北分公司承包的 M 项目务工,从事打杂及和灰等工作。2011 年 12 月 2 日上午 8 时许,吴某因身体不适请假外出治疗,13 时许返回工地的职工临时宿舍睡觉,18 时许,工友喊其起床吃饭,发现吴某已停止呼吸,随即将其送至区人民医院进行抢救,后抢救无效死亡,死亡原因为猝死。2014 年 10 月 16 日,原告向被告市人社局提起工伤认定申请,被告于 2015 年 2 月 25 日作出不予认定工伤决定,决定不

---

① (2018)赣行终 179 号。

② (2018)最高法行申 10600 号。

③ 武汉市中级人民法院(2016)鄂01 行终 395 号。

予认定工伤。原告不服，向被告省人社厅申请行政复议，被告省人社厅于2015年7月21日作出了行政复议决定，决定维持被告市人社局作出的不予认定工伤决定。

2. 争议焦点

吴某死亡是否在工作时间、工作岗位。

3. 一审法院审理与裁判

说理：根据《工伤保险条例》第20条“劳动保障行政部门应当自受理工伤认定申请之日起60日内作出工伤认定的决定，并书面通知申请工伤认定的职工或者其直系亲属和该职工所在单位”之规定，被告市人社局于2014年10月16日受理工伤认定申请，于2015年2月25日作出《不予认定工伤决定书》，超过法定的60日期间，存在程序瑕疵，但不影响实体合法性，法院予以指正。

关于被告市人社局作出的行政行为认定的事实和证据问题。根据《工伤保险条例》第15条第1项的规定，“职工有下列情形之一的，视同工伤：（一）在工作时间和工作岗位，突发疾病死亡或者在48小时之内经抢救无效死亡的”。本案吴某死亡是否在工作时间、工作岗位是各方当事人的争议焦点。（1）关于吴某的死亡时间。从公安机关的两份《询问笔录》、Y实业发展有限公司的《情况报告》、区信访局的《接访纪要》及市中级人民法院的再审民事判决书来看，2011年12月2日上午8时许吴某因身体不适请假外出治疗，中午13时许回到工地的职工临时宿舍睡觉休息，傍晚18时许在宿舍内被发现停止呼吸。从整个过程来看，吴某死亡的时间是在请假治疗后的休息过程中，仍属于请假期间，而不是在工作期间。原告在庭审中不认可吴某请假外出治疗及中午回到工地宿舍一事，但未提交相反证据，故法院对其异议不予支持。（2）关于吴某的死亡地点。吴某看病后于职工临时宿舍内休息直至死亡，死亡地点位于宿舍内的睡床上，在此期间内该宿舍为吴某休息的场所，而非工作生产的场所。因此，吴某并非死在工作岗位上。原告主张吴某从事打杂工作因而其休息的宿舍即为其工作场所，与事实不符，法院不予支持。吴某请假外出治疗，回到工地的职工临时宿舍休息睡眠期间死亡，不符合《工伤保险条例》第15条规定的视同工伤的情形。被告市人社局作出的《不予认定工伤决定书》和被告省人社厅作出的《行政复议决定书》证据确凿，适用法律、法规正确，《不予认定工伤决定书》虽存在程序瑕疵，但不影响其合法性。原告请求撤销上述行政行为的理由不成立。

判决：驳回原告吴某波的诉讼请求。

4. 二审法院审理与裁判

说理：关于上诉人提出市人社局作出不予认定工伤决定认定事实不清，适用法律错误的问题。经查，2011年12月2日上午8时许，吴某因身体不适请假外出治疗，中午13时许回到工地的职工临时宿舍休息，傍晚18时许在宿舍内被发现停止呼吸，送至医院抢救,被确认死亡,初步诊断为猝死。上述事实有证人李某、黄某的证言,书证Y实业发展有限公司的《情况报告》、区信访局的《接访纪要》等证据证实,且有市中级人民法院的再审民事判决书等生效判决在案佐证。吴某并不属于在工作时间和工作岗位,突发疾病死亡或者在48小时之内经抢救无效死亡的情形,根据《工伤保险条例》第15条第1项规定,市人社局作出不予认定工伤决定,认定事实清楚,适用法律正确。上诉人的上述主张,与事实不符,于法无据,法院不予支持。原审判决认定事实清楚,证据确凿,适用法律、法规,审判程序合法。上诉人的上诉请求缺乏事实和法律依据,法院不予支持。

判决:驳回上诉,维持原判。

三、案例分析及法理拓展

(一)视同工伤中“职工突发疾病未径直就医而死亡”情形之理解

对于职工在工作时间、岗位上突发疾病并没有及时送医救治,而是返回家中或者职工宿舍休息,最后于家中或职工宿舍里死亡的情形,人社部关于如何理解《工伤保险条例》第15条第1项的复函虽然给出了较具可操作性的解释,在很大程度上能够指导行政及司法实践。例如案例一中,代某虽然是在单位值班感到不适,但是其并没有直接去医院诊治,而是请假回家后吃药休息,其于回家后12小时左右经医院人员确认死亡,因此不满足“视同工伤”的要件。法院认为突发疾病,应强调疾病的紧迫性与救治的连贯性,紧迫性是指疾病的发生会使职工不能再继续坚持工作,且不救治就可能会马上死亡;连贯性是指自在工作时间、工作岗位发病时起至死亡时这一时间段需径直就医。该种理解符合立法精神,即视同工伤的规定已经是对职工的扩大保护,如若再对该条规定进行扩大解释,实际上又扩大了工伤认定的范围,不利于职工权益、企业权益、社会保险基金三者之间相互平衡。

(二)“视同工伤”案例中是否仍需对“工作时间”“工作地点”作延伸理解?

在认定工伤时,不能僵化地理解“工作时间”“工作地点”“工作原因”等因素,在特殊情况下,可以根据实际情况,将时间、地点作相应的扩张解释。正因如此,实践中在认定“视同工伤”的情形时,也产生了是否应对“工作地点”作扩张理解的不同意见。上述案例二与案例三恰好体现了这种理解上的分歧。在案例三中,法院采用了严格的视同工伤的标准,认为吴某死亡的时间是在请假治疗后的休息过程中,仍属于请假期间,而不是在工作期间。吴某看病后于职工临时宿舍内休息直至死亡,死亡地点位于宿舍内的睡床上,在此期间内该宿舍为吴某休息的场所,而非工作生产的场所。此种理解符合“视同工伤”必须同时满足工作时间、工作岗位、突发疾病以及死亡或径直送医院抢救无效在48小时内死亡。但是在案例二中,法院认为熊某在上班时间身体不适,请假回宿舍休息,实际上是将请假期间解释为“工作时间”的合理延伸,将单位宿舍解释为职工工作岗位的合理延伸，认定劳动者的死亡符合在工作时间和工作岗位，突发疾病死亡或者在48小时之内经抢救无效死亡的情形。

本书认为，在《工伤保险条例》第14条认定工伤规则的适用过程中，之所以将“工作时间”“工作地点”作相应的延伸理解，根本原因是这些事故或者伤害仍然与工作相关，即具有“工作原因”因素，从某种意义上说，“工作原因”成为对“工作时间”“工作地点”的补强因素。但是在“视同工伤”的三种情形中，立法之所以只规定“视同”而不是直接认定为工伤，是因为这几种情形已经与工作没有联系，也就是说，这些伤害是不具备“工作原因”因素的，将这些伤害视同工伤，只是基于单位的社会责任和人道主义的需求而作出的特殊规定，这些规定本身就是对劳动者的情形保护，因而这些特殊规定不应再进一步进行扩张解释，在实践中，应严格按照规范的时间、地点的文义进行适用。从此种理解上看，案例三相对于案例二而言，更符合“视同工伤”的应有之义。

四、举一反三

案例一：陈某是某贸易公司的职工，2017年7月14日，陈某在上班时感到身体不适，但是未在意，14日18时陈某下班回到家中吃完晚饭后家人发现其大汗淋漓、脸色发白，便拨打“120”将其送至医院，经抢救无效陈某于14日21时死亡。

案例二：李某是某高中的数学老师，2017年10月17日18时，李某带着三个班级的数学考卷下班回家，准备在家中评完三个班级的考卷，其评完考卷后已是凌晨3时便上床休息了，后来家人于早上7时叫李某起床吃早餐，发现李某已经停止呼吸，经医生确认后李某死亡原因为猝死。

结合本节内容，分析以下问题：

1. 案例一中，陈某的死亡是否属于视同工伤的情形？
2. 案例二中，李某的死亡能否被认定为工伤？

第七节　工伤保险责任与侵权责任的竞合

一、知识背景

工伤保险责任是劳动者发生工伤事故时，工伤保险机构和用人单位按照《工伤保险条例》应当承担的法律后果。工伤事故通常因侵权的行为而产生，因而也属于侵权行为后果，侵权人应该对侵权行为承担相应的责任，因此在理论上就产生了工伤保险责任与侵权责任竞合的问题。

(一)工伤保险责任

工伤保险是工业社会为应对危害劳动者生命和健康的工业伤害和职业病而建立的积极的社会保障制度。工业革命以来,随着大机器的运用和生产力的提高,人类社会获得了空前的发展,但人类在获得利益的同时,工伤事故和职业病都危及着劳动者的生命和健康,给劳动者带来身心的痛苦和生活的困难。

在社会保险出现以前,职业伤害主要由雇主赔偿。最初,雇主赔偿适用的是过错责任,即以雇主有过错为前提,雇员须证明雇主有过错,法院才会判令雇主对雇员的生产过程中所受伤害承担赔偿责任。由于受害人要证明雇主有过错有相当大的困难,容易造成不公平的结果,因此,无过错责任原则开始在职业伤害领域普遍适用,即发生工伤事故后,不管雇主是否有过错,都须对受伤害雇员或死亡雇员的家属承担赔偿责任。但无过错责任适用于工伤领域仍存在缺陷:一方面,如果雇主因欠债、破产,失去责任能力,劳动者就失去了获得赔偿的可能;另一方面,对企业来说如果多次发生工伤事故,或者某工伤事故导致多人受伤,巨大的工伤赔偿可能会导致企业运作上出现困难,影响企业自身的发展。而通过建立工伤保险,设立工伤保险基金,充分发挥社会保险的功能,既可以使遭受工伤事故的劳动者获得必要的医疗救助和经济补偿,也能够有效地分散企业的风险,尽可能地减少企业在市场运作中可能出现的不测,保证企业生产经营正常运行。

根据我国《工伤保险条例》的规定,工伤事故受害人有权按照《工伤保险条例》享受工伤保险待遇,领取工伤保险补偿金;如果雇主(用人单位)应当参加工伤保险而没有参加,则由雇主按照《工伤保险条例》规定的标准对遭受工伤事故的受害人给予相应的赔偿。

(二)侵权责任

我国《侵权责任法》第1条规定:“为保护民事主体的合法权益,明确侵权责任,预防并制裁侵权行为,促进社会和谐稳定,制定本法。”第2条规定,“侵害民事权益,应当依照本法承担侵权责任”。

侵权责任一般情况下具有下列特征:一是侵权民事责任是民事主体因违反法定义务而应承担的法律后果。二是侵权责任是以侵权行为的实施为前提,即侵权人应当对其实施的侵权行为承担相应的法律后果。三是侵权责任的方式主要是财产责任,同时不限于财产责任,还有其他的如停止侵害、排除妨碍、消除影响等。四是侵权责任具有明显的国家强制性,侵权责任违反的是国家强制力所保障的合法权益,违反的是国家所规定的责任。法律规定侵权责任目的在于保护公民、法人及其他组织的合法民事权利,恢复被侵权行为所破坏的财产关系,制裁、惩戒侵权行为,体现了国家强制制裁不法行为,保障法定义务得以履行、保障债权人的绝对权利得以实现。五是侵权责任的各方主体之间具有平等性，不具有管理与被管理行为，各方当事人的地位是平等的，属于平等的民事主体。

(三)世界各国对两种责任竞合问题的处理模式

目前，世界各国在结合各国国情及其基本制度等条件的基础上，对工伤保险责任与侵权责任竞合的问题分别采取了四种不同的适用模式进行处理，具体包括选择模式、替代模式、兼得模式以及补充模式。

1. 选择模式

在选择模式下，工伤事故发生之后，工伤职工不能同时享有两种救济权利，只能在两者之间选择一种救济方式，劳动者或者向工伤保险责任主体主张，工伤保险赔偿，或者要求侵权人承担侵权损害赔偿责任。英国曾采用这种模式，但现在已不再继续采用该模式。

2. 替代模式

替代模式，也叫免除模式。该模式是指以工伤保险补偿完全取代民事损害赔偿，即工伤职工无权享有民事侵权赔偿。如果适用这种模式，那么在发生工伤事故时，工伤职工只能依据法定程序享受工伤社会保险获得补偿，而不能依据侵权责任法提起侵权损害赔偿。但通常替代模式仅仅适用于雇主与侵权人合二为一的情形，对于雇主与侵权人发生分离的情形，替代模式不再适用。德国、法国、挪威等国现行方法仍是替代模式。

3. 兼得模式

兼得模式也叫相加模式，指在工伤事故发生后，工伤职工可同时接受侵权损害赔偿与工伤赔偿这两种救济方式，且不会发生互相排斥，工伤受损职工可以获得双重利益。英国已由早先的选择模式直接过渡到今天的兼得模式，保证了对劳动者利益的充分保护。

4. 补充模式

补充模式系指工伤职工有权同时主张工伤保险补偿和民事侵权赔偿，但其最终享有的赔偿金额或补偿金额之和，不能超过其实际遭受的损害。补充模式又可进一步分为侵权损害赔偿补充和工伤赔偿补充两种模式，前者是指当侵权损害赔偿与工伤赔偿竞合时，由工伤保险先予赔偿，在赔偿不足时，再由侵权损害进行补充。而后者则相反，首先由侵权人对被侵权人进行赔偿，不足部分由工伤保险赔偿进行补充。目前，日本采用的是典型的补充模式。

二、典型案例

(一)案例一

1. 案情简介①

2013 年 10 月 27 日 14 时许,李某驾驶无牌二轮摩托车在成都高新西区天全路青年公寓 6 号院门前右转弯时,与某单位职工莫某驾驶的二轮电动车接触,造成莫某受伤。成都公安局交通管理局第六分局认定李某承担此次事故全部责任。2013 年 10 月 27 日莫某住院治疗,于 2013 年 11 月 10 日出院。住院合计 14 天。出院诊断为:(1)右腓骨下段斜形骨折;(2)右后踝骨折。出院医嘱:(1)休息 5 个月。(2)加强右踝关节功能锻炼。(3)周五下午门诊随访,如有不适及时就诊。术后复查右踝关节 X 片;3 个月后视骨折愈合情况决定负重时间。(4)术后一年半复查右踝关节若骨折愈合,可行内固定物取出手术,费用约 6000 元。事故发生后,莫某向行政部门提起了工伤认定,但未主张工伤损害赔偿。随后,莫某向法院提起诉讼,请求判决李某承担侵权责任并赔偿相应损失。

2. 争议焦点

李某应按照工伤损害赔偿标准进行赔偿还是人身损害赔偿标准进行赔偿?

3. 一审法院审判与说理

说理:一审法院认为,公民的生命健康权受法律保护,行为人非法侵害他人生命健康权利并造成损害的,应当承担赔偿责任。本案中,李某驾驶无牌二轮摩托车右转弯时与莫某驾驶的二轮电动车接触,造成莫某受伤,交警部门认定李某负事故全部责任,李某应对莫某在此次事故中所造成的损失承担全部责任。李某认为交警部门出具的责任认定书是警察在没有查明事实的情况下作出的认定,但李某并未出示任何证据予以证明,故李某应对莫某的损失承担全部责任。据此,依照《侵权责任法》第 6 条、第 16 条,最高人民法院《关于审理人身损害赔偿案件适用法律若干问题的解释》第 19 条、第 20 条、第 21 条、第 22 条、第 23 条,《民事诉讼法》第 64 条,《最高人民法院关于民事诉讼证据的若干规定》第 2 条第 2 款之规定,李某负事故全部责任。

判决:李某于判决生效之日起 10 日内赔偿莫某因交通事故产生的医疗费、误工费、护理费、住院伙食补助费、后续治疗费、交通费合计 22,617.8 元。

宣判后,原审被告李某不服向二审法院上诉称,原审法院认定事实不清,本案不是单纯的交通事故,而是因该交通事故引发的工伤事故,本案应按照工伤标准赔偿莫某的相关损失,故诉请二审法院撤销原判,并依法改判。

---

① (2014)成民终字第 3543 号。

4. 二审法院说理与判决

说理:关于李某提出本案应按照工伤标准计算莫某赔偿金的问题,莫某就本次交通事故向劳动行政部门申请了工伤认定,但在工伤与第三人侵权竞合的情况下,莫某有选择的权利,其在本案中选择了向交通事故的侵权人李某主张人身损害赔偿,本案莫某并未向其用人单位主张工伤保险待遇,故其赔偿标准应按照人身损害赔偿标准计算。

判决:驳回上诉,维持原判。

(二)案例二

1. 案情简介①

2012 年 5 月 3 日 2 时 15 分许,宁某无证酒后驾车与 A 公司的蒋某驾驶手推人力保洁车的右侧手把发生碰撞,造成蒋某受伤及两车损坏的交通事故。事后蒋某被送医院抢救无效于当日死亡。该事故经市公安局交通局处理后,认定宁某负此次事故的全部责任,蒋某不负事故的责任。死者家属于 2013 年 3 月 18 日就该机动车交通事故责任纠纷向法院提起诉讼,请求宁某赔偿死者家属丧葬费、死亡赔偿金、被扶养人生活费、精神损害赔偿金等各项损失合计 711,262.52 元。2013 年 6 月 13 日,原审法院作出(2013)东一法民三初字第 540 号民事判决书,判决:宁某向死者家属赔偿 246,242.21 元。死者家属对该判决不服,向市中级人民法院提起上诉;2013 年 12 月 6 日,市中级人民法院作出终审民事判决书,其中判决维持宁某向死者家属赔偿 246,242.21 元的判项。

2012 年 10 月 22 日,市社会保障局认定蒋某所受事故伤害属于工伤。死者家属向仲裁庭申请劳动仲裁,请求裁决 A 公司支付死者家属:(1)丧葬补助金;(2)供养亲属抚恤金;(3)一次性工亡补助金;(4)医疗费;(5)交通费;(6)住宿费;(7)家属处理蒋某死亡事务的误工费。2013 年 12 月 31 日,该仲裁庭作出裁定:A 公司支付死者家属一次性工亡补助金 436,200 元、供养亲属抚恤金 11,133.6 元。A 公司不服该仲裁裁决,向法院提起诉讼。

2. 争议焦点

在蒋某所受事故伤害获得侵权责任人的赔偿后,其家属有没有资格再享有 A 公司支付一次性工亡补助金和供养亲属抚恤金工伤保险的赔偿?

3. 一审法院说理与判决

说理:蒋某所受事故伤害是由第三人宁某侵权所致,死者家属已就第三人侵权纠纷提起了相应的诉讼,法院亦已认定第三人宁某承担相应的侵权赔偿责任;同时,蒋某所受事故伤害亦已被认定属于工伤,A 公司未为蒋某参加工伤保险,依法应按《工伤保险条例》规定的工伤保险待遇项目和标准,向蒋某的近亲属即死者家属支付相应的工伤保

① (2013)东中法民一终字第 1687 号。

险待遇,A 公司所承担的工伤保险责任应扣除第三人宁某承担侵权赔偿责任中的医疗费、辅助器具费和丧葬费;故一次性工亡补助金、供养亲属抚恤金并不在扣除之列,对 A 公司关于一次性工亡补助金、供养亲属抚恤金属于重复赔偿的主张,法院不予以采纳。根据《广东省工伤保险条例》第 37 条规定,职工因工死亡,其近亲属可获得供养亲属抚恤金和一次性工亡补助金的工伤保险待遇。结合蒋某工亡时上年度全国城镇居民人均可支配收入为 21, 810 元,因此,A 公司应向死者家属支付一次性工亡补助金 436, 200 元(21, 810 元 20 倍)。供养亲属抚恤金按照职工本人工资的一定比例,发给由因工死亡职工生前提供主要生活来源、无劳动能力的亲属;标准为配偶每月 40% ,其他亲属每人每月 30% ,孤寡老人或者孤儿每人每月在上述标准的基础上增加 10% 。

判决:A 公司应向死者家属支付一次性工亡补助金及供养亲属抚恤金。

一审宣判后,A 公司不服,向二审法院提起上诉称:撤销原审判决,改判 A 公司无须向死者家属支付一次性工亡补助金 436, 200 元及供养亲属抚恤金 11, 133. 6 元。

4. 二审法院审理与判决

说理:蒋某因工死亡,A 公司未为其购买工伤保险,根据《广东省工伤保险条例》第 37 条、第 57 条的规定,A 公司应当向其近亲属支付一次性工亡补助金和供养亲属抚恤金。蒋某的死亡系第三人侵权所致,第三人已承担侵权赔偿责任,A 公司所承担的工伤保险责任仅应扣除医疗费、辅助器具费和丧葬费。A 公司以死者家属已获得交通事故赔偿为由,主张其无须支付一次性工亡补助金和供养亲属抚恤金,于法无据,不予支持。

判决:驳回上诉,维持原判。

三、案例分析及法理拓展

(一)用人单位侵权责任与工伤保险责任竞合的处理

在实践中,如果用人单位对工伤事故的发生存在过错,根据《侵权责任法》第 6 条的规定,用人单位应当承担侵权责任。与此同时,无论用人单位是否有过错,劳动者均有权向其主张工伤损害赔偿,因此,在用人单位与侵权人合二为一时,则产生了用人单位的侵权损害赔偿责任与工伤保险责任竞合的问题。

理论上说,工伤职工与用人单位的工伤保险赔偿关系与侵权损害赔偿关系是基于两个截然不同的法律关系而产生的。获得工伤保险补偿后,工伤职工理应还可依据《侵权责任法》和最高人民法院《关于审理人身损害赔偿案件适用法律若干问题的解释》的规定,再向用人单位主张侵权损害赔偿。《职业病防治法》第 58 条规定:“职业病病人除依法享有工伤社会保险外,依照有关民事法律,尚有获得赔偿的权利的,有权向用人单位提出赔偿要求。”《安全生产法》第 53 条规定:“因生产安全事故受到损害的从业人员,除依法享有工伤保险外,依照有关民事法律尚有获得赔偿的权利的,有权向本单位提出赔偿要求。”由此可见，目前我国在职业病和生产安全领域，工伤职工除依法享有工伤保险外，还能享有民事侵权赔偿请求权。这些规定体现了兼得模式的特征。

然而，从另一个角度来看，职业病与安全生产领域属于用工行为的两个较特殊的领域，是否应将这种思路拓展到其他领域，本书认为应谨慎把握。工伤保险制度设置的目的是降低用人单位的用工风险，如果两种责任发生竞合时，工伤保险赔偿不能替代侵权损害赔偿，则工伤保险制度对于用人单位就没有实际的价值。因此，在侵权人为用人单位时，在没有明确规定的情况下，应采用替代说来处理两种责任的竞合关系，方能彰显工伤保险制度的价值，同时也能激励用人单位积极参与社会保险。最高人民法院《关于审理人身损害赔偿案件适用法律若干问题的解释》第 12 条第 1 款规定的“依法应当参加工伤保险统筹的用人单位的劳动者，因工伤事故遭受人身损害，劳动者或者其近亲属向人民法院起诉请求用人单位承担民事赔偿责任的，告知其按《工伤保险条例》的规定处理”，从某种意义上体现了选择模式的思路。

(二)第三人的侵权责任与工伤保险责任竞合的处理

如果工伤事故是因用人单位以外第三人侵权导致，则该第三人应按《侵权责任法》第 6 条的规定承担侵权责任。同时，用人单位虽对事故的发生不存在过错，但受害人与用人单位之间存在劳动关系，受害人可根据《工伤保险条例》向用人单位主张工伤保险赔偿。

然而，两种赔偿是否能够同时兼得，现行立法没有明确的规定。《社会保险法》第 42 条规定：“由于第三人的原因造成工伤，第三人不支付工伤医疗费用或者无法确定第三人的，由工伤保险基金先行支付。工伤保险基金先行支付后，有权向第三人追偿。”有人主张这一规定体现了选择模式的特征，然而仔细分析不难发现，该条仅规定了“工伤医疗费用”的承担应由侵权人承担，工伤保险基金只有先行支付的义务。但是很显然，工伤保险责任的范围远远超出了“医疗费用”的范围，这就意味着，工伤保险的其他项目是否能够兼得，在这条中并未作出规定。

除此之外，最高人民法院《关于审理人身损害赔偿案件适用法律若干问题的解释》第 12 条第 2 款规定：“因用人单位以外的第三人侵权造成劳动者人身损害，赔偿权利人请求第三人承担民事赔偿责任的，人民法院应予支持。”该规定明确了侵权人应承担侵权责任，但并未规定工伤保险责任的内容，因此也无法从该条解释竞合处理的规则。

最高人民法院《关于审理工伤保险行政案件若干问题的规定》第 8 条第 1 款规定：“职工因第三人的原因受到伤害，社会保险行政部门以职工或者其近亲属已经对第三人提起民事诉讼或者获得民事赔偿为由，作出不予受理工伤认定申请或者不予认定工伤决定的，人民法院不予支持。”该条仅规定了“工伤受理和认定”的问题，未规定工伤赔偿的问题。

该解释第8条第2款规定:“职工因第三人的原因受到伤害,社会保险行政部门已经作出工伤认定,职工或者其近亲属未对第三人提起民事诉讼或者尚未获得民事赔偿,起诉要求社会保险经办机构支付工伤保险待遇的,人民法院应予支持。”该款仅规定了“未提起诉讼或未获民事赔偿”情形下工伤保险应予赔偿,但并没有规定“已获民事赔偿”的情形下职工还能否获得工伤赔偿,因此也无法解决竞合的问题。

该解释第8条第3款规定:“职工因第三人的原因导致工伤,社会保险经办机构以职工或者其近亲属已经对第三人提起民事诉讼为由,拒绝支付工伤保险待遇的,人民法院不予支持,但第三人已经支付的医疗费用除外。”该款则仅强调了“已提起侵权之诉”不排除工伤保险赔偿,仍然没有解决“已获侵权赔偿”是否还可以获得工伤赔偿的问题。

综上所述,我国现行立法并未对工伤保险责任与侵权责任竞合的问题作出明确的统一规定,因此各地实践存在不同的做法,但整体而言,采取“兼得并扣除”模式的地区占多数,即当工伤事故与第三人侵权发生竞合,受害职工可以分别依照不同的法律获得救济,但是必须根据《社会保险法》第42条的规定扣除医疗费用,即“医疗费用不双赔”。

但本书认为,虽然该模式有利于保护劳动者的权利,但是从横向公平的角度考量,工伤保险基金是用以保障所有受伤职工的公共基金,而在受害人已经获得侵权损害赔偿的情形下,如果仍然动用工伤保险基金进行赔偿,实质上间接损害了其他工伤劳动者的预期赔付利益。因此,补充模式应为更公平合理地处理二者竞合问题的模式,即当侵权责任与工伤损害赔偿责任发生竞合时,原则上应由侵权人承担侵权责任,但工伤保险基金承担侵权人给付不能时的先行支付责任,同时工伤保险基金承担侵权人赔偿不足的补充责任。这样,既可以很好地实现对受伤劳动者的补偿,又能保证工伤保险基金得到更有效的利用。

四、举一反三

某日,小明骑电动摩托下班回家途中,迎面飞驰过来一辆逆行小汽车,小明倒地受伤。汽车司机立即将小明送到医院,垫付了医药费。事后在交警的调解之下,汽车司机愿意承担小明全部的医疗费用,并且承担相应的侵权责任。后来,小明在同事的提示之下,觉得属于工伤,遂去申请工伤认定,希望既能得到肇事司机的赔偿,还能得到单位的工伤保险待遇。

结合本节内容,分析以下问题:

1. 小明此次受伤是否属于工伤?

2. 小明得到侵权损害赔偿之后,能否主张工伤保险待遇?

后　记

从2000年开始，我就给法学院的本科生讲授“劳动与社会保障法”这门课程，虽然在课堂上也运用案例来说明问题，但终归仍遵循传统模式与教材框架，按照常规知识谱系展开教学，不敢有所逾越。然而，令人不解的是，学生们在完成课程考试之后，会爽快地把知识一股脑儿还给老师，在生活中遇到具体案例时，又回头来进行碎片化的咨询。而他们所提出的问题，大多是我在课堂上反复讲授强调过的知识点。

“为什么教学的效果无法持久？”“怎样培养本科生解决问题的能力？”这些问题开始在脑海中挥之不去。从2012年开始，我试着在课堂上进行问题导向式的改革，打碎传统的知识结构体系，以经典案例为元问题，将其中所涉及的各类劳动与社会保障法的知识在同一专题中集中讨论。这样的尝试固然让热衷于“知识体系”的同学一时难以接受，但是经过一段时间的实践，教学效果迅速显现，同学们的学习热情和解决实际问题的能力大大增强。

2018～2019年，我开始尝试“线下＋线上”课堂模式改革。当时有两种改革模式可供选择：一种是线上讲基础线下做拓展；另一种是线下做串讲线上讲专题。前一种模式运用较普遍，但是存在一个较大的困局：由于基础知识趣味性不够，部分学生在线上学习过程中不能集中精力，结果出现一些“线上假学习”的现象。针对这种情况，我尝试了第二种模式，即“线下基础知识—线上专题案例—线下答疑交流”的设计，其中线上课程按照基本的知识结构体系进行编排，每一小节都以专题案例讲解的形式展开。这样的安排大大激活了学生线下学习的主动性和自觉性，真正保证了“线下＋线上”课堂的效果和活力。

线上课程专题的内容均为劳动与社会保障法实践中的热点或难点问题，同样值得以文字的方式加以系统化呈现，以配合学生线上学习的文本需求，本书即为实现这一目标的载体，也是教学改革过程中水到渠成的产物。

本书的完成离不开各方面的支持，感谢湘潭大学法学院的任堂忠、刘琦、贺惠慧、肖思慧、肖敏、李文颖、田珍、宁婷、魁殿富、杨钺、刘翔宇、李文伟等同学，他们在本书的写作过程中起到了重要的辅助作用；感谢吴勇先生以及在本书完成过程中与我探讨过专业问题的各位同人，他们所提供的专业意见和精神支持是本书得以顺利完成的重要条件。

感谢法律出版社陈妮编辑，她的耐心沟通与细致建议使本书得以顺利出版；感谢湘潭大学精品教材立项出版的资助和湘潭大学法学院、知识产权学院提供的良好学术氛围。

没有他们的支持与陪伴,我难有勇气回归寻找教学的“初心”。

王　霞

2020 年 1 月